FBI十大惊天大案

FBI SHIDA JINGTIAN DAAN

翟玉峰◎著

全国百佳图书出版单位
ARTTIME 时代出版传媒股份有限公司
时代出版 安徽人民出版社

图书在版编目（ＣＩＰ）数据

FBI十大惊天大案 / 翟玉峰著. —合肥：安徽人民出版社，2014.4

ISBN 978-7-212-07238-4

Ⅰ.①F… Ⅱ.①翟… Ⅲ.①刑事犯罪—案例—汇编—美国 Ⅳ.①D971.24

中国版本图书馆CIP数据核字(2014)第057163号

FBI十大惊天大案

翟玉峰　著

出 版 人：胡正义

责任编辑：任　济　王大丽

封面设计：鹏轩文化

出版发行：时代出版传媒股份有限公司 http://www.press-mart.com

安徽人民出版社 http://www.ahpeople.com

合肥市政务文化新区翡翠路1118号出版传媒广场八楼

邮编：230071

营销部电话：0551-63533258　0551-63533292（传真）

印　　刷：北京凯达印务有限公司

（如发现印装质量问题，影响阅读，请与印刷厂商联系调换）

开本：670×960　1/16　　　印张：21　　　字数：290千

版次：2014年5月第1版　2014年5月第1次印刷

标准书号：ISBN 978-7-212-07238-4　　　定价：36.00元

目录

前言

提到美国FBI，每个人都会有不同的看法。有人说，FBI是窥人隐私的可耻走狗；有人说，FBI是料事如神的破案精英；有人说，FBI是保家护国的神秘侦探；还有人说，FBI是以暴制暴的职业杀手。而很多美国大片，都浓墨重彩地对FBI的形象进行了较为细致的刻画。

在有些美国大片中，FBI被塑造成正义的化身，他们是美国政要在危急时刻从天而降的救人英雄，是警方在破案无望时翘首企盼的及时救兵，更是让各类凶犯闻风丧胆的恐怖煞星。而在另一些作品中，FBI则又成为知法犯法、冷酷无情的执法者的典型代表。这些具有高度渲染色彩的作品，无疑使那些本来就对FBI不甚了解的人更为困惑。那么，FBI到底是何方"神圣"？到底享受着怎样的权利又承担着怎样的义务呢？

FBI是联邦调查局的简写，是美国司法部下属的一个局制机构。联邦调查局的前身是20世纪初期，西奥多·罗斯福总统授权司法部长成立的一个小型的侦探机构。

1909年，这个侦探机构以调查局的名称存在于美国执法界。成立之初，它只被作为美国政府调查犯罪的一个秘密部门，在土地诈骗、全国性银行诈骗、反垄断犯罪以及跨州界犯罪等几个方面，承担调查的职责。由于这些工作的保密性很强，调查局在成立之初并没有引起多少美国民众及美国政要的注意，它甚至由于自身的低调而几度险遭政府的取消。

而就在调查局岌岌可危的时候，第一次世界大战爆发，在国际形势变得更为错综复杂的情况下，调查局因其在刺探情报方面的优势而得以保留。在一段时期内，美国国内"红色恐怖"事件日益猖獗，然而在这本该大显身手的时刻，因为负面影响较为显著的调查行动，使得这一机构在走入美国人民视野之初，便蒙上了一层不太光彩的阴影。再加上当时调查人员在对德裔工人中怠工分子的斗争中，未能取得令人满意的成绩，就连政府对这一机构也仍然颇有微词。

1924年，胡佛上任调查局局长一职后，立即以严格的标准对探员们展开训练，并培养出一批训练有素、聪明能干的精英探员。调查局的这些探员在打击反对禁酒令的不法之徒时发挥了重要作用，而正是这一作用使联邦调查局的形象得以挽回，探员们甚至因此赢得了"政府的人"这一光荣称号。

此后，随着调查局在国内发挥的作用日益重要，它的地位也变得不一般起来。1934年，调查局成功破获绑架并杀害林白幼儿案，使得这一机构一举扬名全世界，以致在人们心目中的形象也因此添了几分神奇的色彩。1935年，调查局正式更名为美国联邦调查局，体现了美国政府对这一机构的认可与重视。此后，美国联邦调查局的调查范围也逐渐扩大到全国。

二战之后，联邦调查局应总统要求承担起反间谍、反破坏和反颠覆的任务。在胡佛局长的带领下，联邦调查局很快粉碎了纳粹的间谍网，并基本肃清了混在民众之间的破坏分子。然而，随着形势的发展，联邦调查局在取得丰硕的锄奸战果的同时，也制造了大批的冤假错案。到了麦卡锡主义猖狂的时代，联邦调查局更是为虎作伥，成为政治迫害者的帮凶。

20世纪70年代以来，随着"水门事件"等各种要案调查过程的公开，联邦调查局的诸多问题都不可避免地被曝光在公众面前。探员们因为非法夜间搜查、非法闯入他人住所，以及非法跟踪和监听，甚至暗杀他人等违法问题，引起了美国国民的强烈不满，也使联邦调查局名誉扫地。直到凯莱出任局长后，联邦调查局才又见起色。

1978年，韦伯斯特接任联邦调查局局长，他走马上任后便宣布，联邦调查局的工作将严格按照法律程序进行。即便他最初上任时饱受争议，但也确实在凯莱局长治理的基础上，使得联邦调查局的违法行为更为收敛，工作过程更为严谨，并逐步向完全合法化的方向靠拢。

20世纪90年代，恐怖分子活动猖獗，联邦调查局也随之调整战略部署，加强了反恐怖活动的力量。如今，联邦调查局除了在反对恐怖主义方面坚定地履行着自己的职责外，更在预防和控制暴力犯罪、打击贩卖毒品行为，以及反对外国间谍活动等方面都发挥了重要的作用。值得一提的是，联邦调查局在处理这些犯罪案件中所拥有的最高优先权，也是其他机构所无法匹敌的。

为了揭开FBI的神秘面纱，本书重点从联邦调查局调查暴力犯罪的职能出发，列举出了联邦调查局历史上较为重要、影响深远、在FBI历年侦破大案中最具代表性的十桩惊天大案，包括"格林河杀人案""辛普森杀妻案""索命杰克""不要和陌生人说话""连环杀手的报警电话""令人发指的'女士杀手'""'十二宫'连环杀人案""拉斯维加斯的黑寡妇""'小丑'杀人案"以及"穷途末路的'罗密欧'与'朱丽叶'"。

在这些案件中，凶手令人发指的行为不只招致了民众的愤怒，更是因为难以侦破而引起了居民的恐慌。有些案件的侦破工作甚至持续了数十年之久。而在侦办这些臭名昭著的杀人案件的过程中，有执着破案、奋力追凶的破案典范，也不乏推测失利，甚至漏洞百出的失败探员。编者整理了大量的资料，尽最大努力还原了联邦调查局十桩大案的真实状况，客观讲述了联邦调查局的办案过程。相信通过这些客观讲述，读者可以对联邦调查局增加些许了解。

第一桩

格林河杀人案

FBI 十大惊天大案

美丽的格林河突然出现三具尸体，警方翻阅卷宗时发现此前已有三起类似案件，六名受害者存在多个相似点，警方将六起案件合并侦查，定性此案为连环杀手凶杀案。联邦调查局抽调精英，组成特别行动小组，专门负责这桩连环杀人案的侦破。然而，这六桩命案只是一个开始。在接下来的时间里，人们陆续在格林河附近，甚至较远的州内，发现遇害者的尸体。与此同时，格林河杀人案的凶手加里·里奇韦三次进入破案人员的视线，又三次被释放。直到首位被害人的尸体被发现将近二十年后，真凶加里·里奇韦才真正落网。

一

　　在美国怀俄明州的最高山峰甘尼特峰上，有一个格林湖，而宁静优美的格林河就源出于此。格林河全长约105公里，是科罗拉多河众多支流中最大的一条（美国许多独具特色的峡谷便汇聚于此）。格林河的河水清澈见底，河的两岸分布着很多绿色的鸡血石，这可能也是格林河被称为绿河的原因。每年，格林河都会迎来大批游客，他们或是在河边垂钓，体验静坐的乐趣；或是在峡谷划艇，体验探险的刺激。

不只游客，许多当地人也总爱到格林河来享受休闲的乐趣。罗伯特·安斯沃斯就是其中的一员。罗伯特41岁，就住在格林河附近，每逢天高气爽之日，他总会跳进自己的小橡皮筏，享受一番顺流而下的乐趣。

1982年8月15日，天高云淡，微风轻拂，罗伯特像往常一样跳进自己的小橡皮筏中，打算顺水漂流一番。他惬意地躺在皮筏中，时而闭目养神，时而侧面欣赏两岸的风光。两岸有很多垂钓者，他们有来自附近的垂钓爱好者，也有专门慕名而来的游客，不管熟识与否，罗伯特都快乐地向他们打着招呼。

慢慢地，罗伯特的小橡皮筏进入了格林河的深处，两岸的草木愈加茂密起来，几乎要隔断了他望向岸边的视线。于是，罗伯特将目光望向清澈的河水。这一望不要紧，他的眼睛立刻瞪得溜圆——原来，他的眼前出现了一个人，而且那人正用直勾勾的眼神瞪着他。

眼前的景象让罗伯特一个激灵从小橡皮筏上坐起，而由于太过突然，他差点从小橡皮筏上翻下去。罗伯特费了好大劲才将橡皮筏稳定住，接着他又深深呼了一口气，总算是有惊无险。他微笑着向那人道歉说："对不起，吓到你了。"但那人的表情没有任何变化，这让罗伯特有些纳闷，而随着橡皮筏的靠近，他再次向那人看去，原来是一名看上去非常年轻的黑人女性，她的双目圆睁，身上居然一丝不挂。罗伯特恍然大悟，原来是一个塑料模型啊。她的脸距离水面大约有两英寸，整个身体半直立着漂浮在水中，脚上好像被什么东西固定住了。

罗伯特苦笑了一下，也不知道是哪个顽皮孩子的恶作剧，不过，这确实怪吓人的，还是把她捞起来吧，不然让胆小的人看到，还不把三魂七魄都给吓没了。于是，他拿起自备的木杆，来打捞那塑料模型。由于用力过猛，罗伯特一下子掉到了水里，他本能地四处乱摸，想借助四周的物体稳定身形。他摸到了那个模型的手臂，一股寒意顺着脊椎直冲头顶，什么模型，分明是一个真人，确切地说，是一具尸体。罗伯特大叫着游向远处，眼前居然又出现了一具半裸的女尸。罗伯特简直被吓得魂飞魄散了，他头也不回地向岸边游去，边游还边激动地大叫着……

由于身体虚脱，罗伯特简直是连滚带爬地从岸边来到了马路边。四周非常安静，罗伯特虽然害怕，却再也没有动起来的力气。此时，他的心脏在剧烈地跳动着，身体微微颤抖，显然是被刚才的情形吓坏了。过了大约一个小时，罗伯特隐约听到了说话声，抬眼一看，是三名骑着自行车的路人。罗伯特大叫着把他们拦下，断断续续地将自己的遭遇和他们说了一遍。三名路人壮着胆子到河边打探虚实，发现事实确如罗伯特所说，于是他们连忙带着罗伯特去警察局报案。

过了半小时，一名警员开着警车带着罗伯特回到发现尸体的地方。起初，这名警员怀疑罗伯特串通那三名路人在搞恶作剧，于是只是怀着应付的心理前来探查。然而，当这名警员按照罗伯特的指引找到那两具女尸的时候，神情突然变得严肃和慌张起来。他立刻打电话给警局，请求上级派人来支援。几分钟后，警局组织的大批警力就来到了现场。

二

警察到来后做的第一件事，就是将现场封锁起来，并在附近搜寻物证。一番搜寻后，警察非但没有找到多少有利于破案的线索，反而又从距离发现沉尸地点大约30英尺远的草丛里发现了第三具尸体。很快，警方就从尸体的情况判断出，这又是一起他杀案件。受害人是一名年轻女性，年龄大概在20岁以下。她的衣衫凌乱，身体有多处伤口，显然曾经在死前奋力挣扎过。女孩的脖颈上还牢牢套着一条蓝色的裤子，而警方初步判断，这条裤子就是凶手作案的凶器。

经过调查，警方很快确认了三名死者的身份：草丛中的受害人年仅16岁，名叫奥伯尔·米尔，死亡时间不足24小时，死因为机械性窒息；河中两具女尸分别为17岁、死亡时间大约3天的辛西娅·海因兹和31岁、死亡时间超过7天的玛西亚·查普曼。玛西亚是两名孩子的母亲，两周前她的家人向警方报案说她失踪了（辛西娅和玛西亚的死因也是机械性窒息）。

机械性窒息死亡，这几个敏感的字眼引起了警方的注意。警方重新调阅了卷宗，原来早在这三具尸首被发现之前，警方便已经接手了几起这样的案件：1982年2月，华盛顿警方就接到报案，在距离格林河数英里远的空地上，人们发现了一具女尸；1982年7月，人们在格林河附近发现一名女死者，经查，此人名叫温迪·李·科菲尔德；同年8月9日，人们又在格林河附近发现一具全裸女尸，受害人名叫黛博拉·邦纳。几名死者皆为机械性窒息死亡。

短短半年的时间，就发生了六起凶案，死者明显都是被他人窒息而死，抛尸地点又恰巧都在格林河的附近。过多的相似之处，使得警察作出了将案件合并侦查的决定。他们认为，作案者肯定是一个连环杀手，而如果不及时将他抓获，还会有更多的惨案出现。

于是，警察局局长杰克森立即向上级（联邦调查局）详细汇报了格林河凶杀案的情况，并请求上级调侦查专家前来协助办案。联邦调查局对这一连环杀人案件非常重视，局长亲自下令，派出以资深犯罪心理学专家约翰·道格拉斯以及鲍勃·凯珀尔为代表的几十名联邦调查局探员组成特别行动小组，专门负责格林河杀人案的侦破工作。

特别行动小组的成员们很快在戴伍·雷切尔特探长的带领下高调展开了调查。案件侦破远远没有联邦调查局的成员当初想象的那样顺利——由于联邦调查局的成员行事过于高调，致使大批热心市民都蜂拥而至，志愿协助探员们进行案件的侦查工作，而这其中虽然大多数是出于好意，但也不乏怀着唯恐天下不乱，甚至扰乱探员视听的心情来凑热闹的人。这些不怀好意的市民，有的声称自己就是格林河杀手，有的谎称自己的丈夫或者丈夫的父亲有犯罪嫌疑，有的甚至捏造了邻居作案的事实……特别行动小组疲于应对四面八方涌来的海量信息，而更令他们痛苦的是，居然没有一条线索是有用的。

约翰·道格拉斯和鲍勃·凯珀尔经过分析，建议探长戴伍调整侦查方向。约翰和鲍勃认为，这六名受害者生前是彼此认识的，而且她们还有一个共同的特征，即她们的年龄都比较小，而且都是妓女。此外，他们还认为凶手对这样的弱势群体下手比较容易得手，而卑微的身份又导致她们即使出现意外，也不容易引起人们的察觉和关注。于是，约翰和鲍勃建议特别行动小组，从当地的卖淫场所入手进行调查。几天之后，探长戴伍下令将调查方向转向西雅图市的脱衣舞俱乐部等卖淫场所，希望能获得有关凶手的蛛丝马迹。

由于联邦调查局探员与妓女的身份悬殊，他们很难获得妓女的信任，对他们提出的大部分问题，妓女们要么避而不答，要么给出假消息，而这就使得探员们虽然忙得焦头烂额，但却一无所获。

令特别行动小组成员精神一振的是，其中一名非常合作的妓女向他们透露了自己不久前曾遭遇性侵的经历（这名妓女详细地向办案探员描述了袭击者的体态和样貌特征）。特别行动小组立刻根据这条线索展开了调查，而且不到一天的时间，就将该名嫌疑人带回了特别行动小组的办公地点。然而，经过调查，探员们失望地发现，该名嫌犯根本和格林河杀手没有任何关联。很快，那名嫌犯被释放，而案件依然没有什么实质性的进展。

探员们继续在妓女中间找寻着线索。这时，21岁的苏珊·威德马克以及15岁的黛布拉·埃斯蒂斯为特别行动小组带来了新的希望。

三

苏珊当时已经入行五年。她告诉探员们，自己在两天前曾被一名男子暴力强奸。当时，那名中年男子提出要和她"做生意"的要求，苏珊以为他只是普通的嫖客，于是她就直接坐进了他那辆蓝白相间的小货车里。谁知道，汽车刚刚启动，苏珊便被一支手枪抵住了头。汽车一路狂奔到一条废弃的公路上，然后，她遭受了那名男子的暴力强奸。完事之后，这名男子让苏珊重新穿戴整齐，强迫她回到车子里。男子发动了车子之后，一直用黑洞洞的枪口对着苏珊的脑袋，而在前行的路上，那名男子边开车还边和苏珊说着格林河的凶杀案，仿佛是在暗示苏珊，自己就是格林河杀手。苏珊越听越害怕，为了避免自己成为格林河的第七具女尸，她冒着被打死和摔死的危险跳下了货车，逃离了那名男子的魔爪。

黛布拉也有类似的经历，时间追溯到1982年8月末的一天，黛布拉独自一人从僻静的马路上回家。期间，一辆蓝白相间的货车缓缓地行驶过来，停在了她的身边。车主主动提出让黛布拉搭便车，黛布拉感激地接受了车主的善意邀请。可是，她刚坐进车里，眼前就出现了一个黑洞洞的枪口。在车主的威逼下，黛布拉被迫和他发生了关系。事后，车主用一条绳子将黛布拉的双手牢牢捆住，将她丢进了密林的深处。

特别行动小组立刻按照苏珊和黛布拉的描述，将货车以及车主的情况通报给各路卡，而几天之后，负责在西雅图市区进行盘查的警察就发现了一辆符合条件的小货车，并对那名货车司机实施了逮捕。经过调查，探员们得知，车主名叫查尔斯·克林顿·克拉克，是一名屠夫（他的名下有两把经过注册的枪支）。经苏珊和黛布拉指认，确定查尔斯就是对她们进行性侵的男子。

探员们连夜展开行动，对查尔斯的住宅进行了搜查。虽然很快他们找到了查尔斯藏在家里的那两把手枪，但令他们感到沮丧的是，并没有在查尔斯家中搜获任何与格林河杀手有关的证据。除此之外，在格林河凶案发生的那段时间，查尔斯有充足的不在现场的证据。

探员们并不甘心，继续调查着查尔斯，希望能找到新的线索。就在联邦调查局探员与查尔斯僵持之际，又有家属来警局报案——19岁的玛丽·布里奇特·米汉失踪了。当时，玛丽已经有八个月的身孕，一天她出去散步，就再也没有回来。

约翰和鲍勃与探长再次就案情展开了讨论。约翰仔细研究了格林河杀手作案手段的一系列特点，他分析这个杀手应该是一名非常情绪化但又非常自信的男子，而且在熟识他的人们眼中，他很有可能是一个少言寡语的人；凶手显然很熟悉格林河的地理情况，他的房子应该就在出事地点附近；而从死者都是女性这点来看，杀手很有可能心理变态，而且他对女性怀有很大的仇视心理；针对其变态心理而言，他一般会多次仔细回味自己的作案经过，而由于他的自信，他极有可能会冒着风险再次出现在抛尸现场，甚至在特别行动小组办案的过程中，他很有可能就在围观者的行列中——他会特别关注案件的进展；又基于死者集中于性工作人员，约翰推测，杀手极有可能是一个非常狂热的宗教分子。

约翰的推论得到了探长戴伍的认同，职业敏感告诉他，凶手可能就混迹在协助办案的志愿者当中，而且他极有可能会提供一些虚假的线索来将办案人员的注意力引至错误的方向。

四

于是，戴伍命令办案探员对志愿者的身份进行排查。很快，一名44岁的失业男子引起了联邦调查局特别行动小组的注意。这名男子名叫艾维利，曾经是一名出租车司机，后来一直处于失业状态。探员们经过调查，发现艾维利曾经与大部分受害人有过亲密接触，而这在百无头绪的特别行动小组成员眼中，无疑是一条重大的线索，以致他们耗费了大量的精力来对这名志愿者进行调查。但是，探员们后来再也没有发现任何值得他们注意的线索，而他们逮捕这名志愿者的理由，竟然是在规定时间内，这名男子没有缴纳停车罚单。显然，对这名志愿者的调查，除了证明他与本案无关外，就只能证明探长的判断出现偏差了。

1982年9月26日，警方接到报案，人们在西雅图塔科马国际机场南侧的一栋废弃房屋里又发现了一具女尸。特别行动小组立即出动，经过调查，死者为17岁的吉赛尔·劳沃恩，她是一名性工作人员，早在两个月前就离奇失踪。由于死者的脖子上有一只袜子，所以特别行动小组的探员初步判断，死者就是被这只袜子勒死的。戴伍注意到，吉赛尔失踪时的发色为金色，而受害之后，却变成了黑色。显然，凶手的时间非常充足，他不只能够从容地犯罪，还有时间将被害人的头发染掉。而这也说明，凶手的心理是有问题的，如果不尽快将他捉拿归案，只怕会有更多无辜的受害者出现。在这种情况下，戴伍感觉到了沉重的压力。

破案尚无进展之际，失踪的人员却还在增加。从1982年8月到1983年4月这段时间，警方共接到了14名女性失踪报案，受害人大多为性工作者，年龄最小的15岁，最大的也只有23岁。虽然特别行动小组的成员进行了多方调查，但他们却没有找到任何一条线索，而只能根据受害者的身份特征判断，她们是碰上格林河杀手了。

又是性工作者，特别行动小组再次把破案方向转向被害人的特殊身份上来，而且他们决定让自己的探员假扮妓女，引蛇出洞。很快，一个名叫加里·里奇韦的男子主动向这名卧底探员搭讪，探员们于是对加里进行了调查。由于吸取了上次失业男子艾维利的教训，特别行动小组没有将全部希望以及重点放在对加里的调查上，又考虑到加里并没有对卧底警员作出行凶的举动，所以探员们只是将加里关押了两周便释放了。

1983年4月30日，警方再次接到失踪报案，一位名叫玛丽·马尔瓦尔的妓女失踪（报案者是她的男朋友）。就在那天晚上，他看见自己的女朋友坐进了一名男子的小货车内，而联想到最近的格林河妓女被杀案，他的心里非常不安，于是他立刻驾车尾随那辆货车。据报案人回忆，货车是深绿色的，货车司机似乎意识到有人跟踪，加快了车速，报案人虽然一路疾驰，但他还是在一个交通岗被货车司机甩开了。

事情过去6天之后，警方接到玛丽·马尔瓦尔的哥哥打来的报警电话，说他和父亲在一个交通岗发现了那辆深绿色的小货车，他们一路跟踪，一直到了西雅图市南348号大街。警方立即将这一线索报告给戴伍探长，戴伍探长命令两名探员赶到那里。根据报案人的指引，他们找到了货车车主加里。对加里盘问几句后，那两名探员就失望地离开了。

案件调查依然处于僵局之中，杀手却依然肆虐地行动着。

五

1983年5月8日，警方迎来一位前来报案的小姑娘——小姑娘早晨在山谷发现了一具年轻女尸。得到消息的特别行动小组迅速跟着小姑娘赶往现场，发现女尸的头部覆盖着一个棕色的纸袋。办案人员将纸袋拿开，死者颈部的一条死鱼映入了他们的眼帘。除去死鱼，死者脖颈上露出了一道细细的红印，看来死者也是被勒死的。除了颈部，死者的左胸上部同样放着一条死鱼，而且死者双臂交叉放在胸前，左手腕部有一片新鲜牛肉，双腿间还摆放着一个空瓶子。尽管这山谷与格林河有数英里远，但探员们拿到的尸检报告显示，被害人曾经被水浸泡过。针对这一点，戴伍推断，这起凶案和格林河杀手有关。但除此之外，特别行动小组并未得到什么有利于破案的线索。

1983年一年的时间里，警方共接到了28宗女性失踪案件。根据这些信息和失踪人的特点，特别行动小组将24宗案件归于格林河杀手的名下。失踪女子年龄最小的仅15岁，最大的也只有26

岁。经过一年的搜寻，警方共找到16具失踪女性的尸体，其中有两具尸体的身份无法查明。

1984年1月，特别行动小组负责人增加到两位，除了戴伍，联邦调查局探员弗兰克·亚麻森也加入到了队伍当中。他上任后立刻组织召开了多次会议，并结合约翰和鲍勃的建议，制定了一套行动方案。方案明确规定将特别行动小组办案总部搬到离抛尸地点更近的近郊，将原来的大组分成若干小组，每组七人，各小组根据分工查案；根据约翰的建议，火速成立一个专门负责整理和分析不同渠道情报的新的情报分析小组。

另外，将办案原则作出调整，不再按照以往将嫌疑人作为凶手的角度查找线索，而是将嫌疑人定为无辜者，找出他不是真凶的证据。这样就能及时排除大量似是而非的嫌疑人线索，争取更多的破案时间。弗兰克还要求将手头的犯罪嫌疑人分为几类，对嫌疑重大者，要优先进行细致的排查。

就在特别行动小组重新调整部署的时候，又有被害人的消息传来。1984年2月14日那天，人们在距离西雅图市区40英里的90号州际公路附近发现了一具尸骸。探员们调查发现，死者为女性，名叫丹尼诗·路易丝·普拉杰，生前为性工作者，结合她的身份和凶手的作案手法，他们不得不把她和格林河凶手联系起来。从那天到1984年4月末，警方又先后收到9具尸体被发现的消息。而此时，抛尸地点已经不仅仅局限于格林河附近了——废弃公路附近的垃圾场成为了另一个重要抛尸场所。

想到被害者的身份，约翰分析，凶手可能认为被害者属于

"垃圾"，认为她们理应被清理，而且既然是垃圾，当然要扔在垃圾堆里。特别行动小组将所有的抛尸地点都标在地图上，于是一个"死亡三角区域"呈现在他们眼前，而他们就按照这个区域划定排查范围，分组对区域内及四周的居民，尤其是前科犯案人员展开了调查。

4月中旬，一名协助探员破案的通灵师芭芭拉告诉弗兰克探长，凶手将会把一具尸体抛在90号州际公路的一个地方。弗兰克对此表示怀疑，因为那个地方已经因为发现过尸体而被列入警戒区范围内了。不过，本着不放过一丝线索的原则，他还是派了两名探员前去查看，果然，探员们在现场发现了一具新的被害人尸体。虽然尸体已经高度腐烂，但经过调查，特别行动小组还是确认了死者的身份。死者名叫阿米娜·阿格谢尔菲德，是一名36岁的餐厅服务员，她有两个孩子，于1982年7月7日失踪。虽然无论从职业还是年龄，阿米娜都不像是与格林河杀手有关，但由于没有其他线索，特别行动小组也将其列入了格林河连环凶杀案受害者之一。

1984年5月26日，又有一具尸骸被两个路边玩耍的小孩子发现。特别行动小组证实，死者为15岁的科琳·布罗克曼。除此之外，探员们还再次在现场取到了凶手的鞋印，他们根据鞋印将凶手锁定为格林河的连环杀手。

1984年8月，专案组接到消息，两名在旧金山监狱服刑的犯人向狱警报告说了解关于格林河杀手的详情。弗兰克和戴伍研究后，立刻派出人手找那两名罪犯录口供，但令人失望的是，办案人员未获得有利的破案信息——那两名罪犯只是闲得无聊，所以想出这个办法来消遣。

虽然特别行动小组不断地遭遇罪犯的戏耍，但鲍勃却突然有了灵感，或许他可以寻求连环杀手泰特·邦迪的帮助。

六

泰特·邦迪是一名等待执行死刑的囚犯，他生于1946年，由于家境贫寒，被初恋女孩拒绝，从此开始自卑，性格变得内向，而且偏激。他经过奋发图强，逐渐成为华盛顿的一名政界新星。这时，此前拒绝他的女孩主动对他投怀送抱，这加剧了他对女人的厌恶和反感，也激起了他强烈的报复心理。也因此，他走上了犯罪的不归路。在公众面前，他是事业有成的政界新秀，而在那些崇拜，甚至讨好他的女孩面前，他则成为了一个杀人狂魔。他总是在玩弄那些女孩之后，又残忍地将她们杀害。被警方逮捕之前，他的手下已经有50多起命案。

鲍勃和泰特交谈了两天，泰特此前虽然对格林河凶案一无所知，但却根据鲍勃提供的线索以及自己的犯案经历为特别行动小组提供了一些有用的消息：一个连环杀手绝不会一大早就离开家强迫自己去实施杀人行为，他只会在心情好，感觉安全的时候才去杀人，这样他才能确保自己的安全，确保犯案的同时不会因为疏忽而被抓，或者留下对自己不利的线索；虽然连环杀手可能会回到自己的抛尸地点，但不是为了将尸体运走，而是为了看看是否有行人经过，是否已经被发现，他甚至可能会回去看现场有没有遭受破坏；连环杀手往往会存在与警察玩游戏的心理，他们可能会故意抛出一些错误的线索，误导警察破案。而鲍勃想到此前约翰关于凶手是协查办案的志愿者的判断，再次将自己的注意力放在了有协助办案经历且有犯罪嫌疑的人员身上，并着手对这些人进行调查。

从第一具尸体被发现到1984年年底，特别行动小组先后找到28具被害者的尸体（另有与之相关的14宗失踪案件尚未侦破）。

1985年6月的一天，美国俄勒冈州的一位农夫在自己的土地上用推土机推出了两具尸体。死者分别为23岁的丹尼诗·布什和19岁的雪莉·谢里尔。同样，她们也是西雅图市的性工作者。特别行动小组的成员们对此头痛不已——丧心病狂的杀手居然将活动半径扩大到了别的州，而这无疑会让破案更加困难。

七

由于死者的特殊身份，案子在开头并没有引起美国公众的广泛关注，而随着案件的发展，人们开始担心，罪犯如此猖獗，自称是精英组成的特别行动小组却几乎无任何计策，罪犯会不会将魔爪伸向性工作者以外的普通民众？自己会不会成为罪犯鱼肉的对象呢？西雅图市民的愤怒和恐惧使他们组成了游行队伍，自发聚集到了特别行动小组的临时办案地点以及市政厅的门前，要求一个说法。

事实上，此时的联邦调查局探员们也并不好受，接手此案之前，这些FBI们几乎是无往不利的，而就是一个格林河杀手，却让联邦调查局的荣誉蒙羞了。自侦办这件连环杀人案以来，很多人每天持续10个甚至12个小时的工作，他们害怕让自己的父母家人失望，害怕让他们来承受被杀的恐惧。据办案人员回忆，由于长期办案，不断发现新的尸体，他们无论走在哪里，总会闻到一股腐烂的恶臭的肉味。

到了冬天，人们再次发现了3具尸体，其中有一具还没有找到头颅。后来，特别行动小组证实，这具无头女尸的头颅早在1983年冬天便被发现了。显然，杀手试图通过这种手段来干扰特别行动小组的调查工作。而公众则认为，这是凶手对FBI办案能力的嘲弄。

1987年4月，加里，这个热心关注案件进展情况的西雅图市民，再次以重要嫌犯的身份走入特别行动小组探员的视线。有一名探员发现，加里穿的休闲鞋正好与格林河杀手的鞋码一致。虽然特别行动小组对加里进行了测谎实验，但自始至终，加里都是一副镇定自若的样子；虽然加里过于镇定自若本身就是有违常理的，但却不能就此得出他撒谎的结论。

特别行动小组又对加里的房屋、交通工具，甚至他工作地点的储物柜都进行了详细的搜查，获取了包括他家地毯纤维以及工作地点的油漆样本等在内的数百个物证。除此之外，技术人员还对加里的毛发以及唾液进行了取样。特别行动小组将所有与加里相关的证物都提交到了华盛顿州巡逻犯罪实验室，希望通过将这些与残留在被害人身上的证据进行对比，能得到加里与受害人有明显关联的证据。然而，由于当时侦破手段有限，特别行动小组依然没有获得更多对加里不利的线索，以致他们再次因为证据不足将他释放。

不久，人们在和美国华盛顿州接壤的加拿大大不列颠哥伦比亚省发现了两具新的尸体。除了这两具尸体，人们还发现了过去几年中其他受害者的一些残肢（比如一块下颚骨等）。

两年后，加利福尼亚州圣地亚哥警方根据报案，先后在当地找到20多具尸体。由于怀疑是格林河的连环杀手所为，所以原来负责格林河案件的特别行动小组负责人之一的戴伍，带着几名探员到圣地亚哥协同当地警方共同侦破此案件。

到1988年年底，特别行动小组又将嫌犯目标锁定在威廉·斯蒂文森的身上。此人曾是美国华盛顿大学药理系的一名高材生，后来因盗窃罪被捕入狱，在特别行动小组针对格林河案件对他进行调查时，他已经是一名越狱在逃的逃犯。探员们深入调查时得到这样的线索，威廉早在学生时代就表现出对妓女的怨恨，他曾多次在公开场合散布妓女是世界上最肮脏的垃圾之类的言论，并多次宣称要将妓女杀掉。

1989年的夏天，逍遥在外近九年的威廉终于被弗兰克探长捉拿归案。探长带领探员们对威廉的住所，甚至他父母的家里，都进行了彻彻底底的搜查，生怕一不小心就将重要线索遗漏掉。然而，弗兰克再次体验到失望的滋味——证据越多，就越能够证明威廉与此案无关。

1989年10月，特别行动小组又在西雅图市第55号大街发现两具年轻的高度腐烂的被害人遗体。四个月后，探员们找到丹尼诗·布什的头颅，而她的躯干部分，早在五年前被用推土机工作的农夫推了出来。

到1991年7月底，关于格林河凶案的侦破工作已经将近十个年头，先后发现被害人尸体49具，平均每年花费办案经费将近200万美元。而除了这些尸体，案件没有需要的线索，没有可以控告的嫌疑人。于是，特别行动小组奉命解散，此案暂时被搁置起来。

八

2001年4月，在结束对格林河凶案的调查将近十年后，已是司法长官的戴伍探长再次抽调联邦调查局探员以及相关专家组建了专案组，重新开始对格林河凶案的调查工作。他们一遍遍地翻阅当年的资料，并对当时搜集的与此案有关的上万件物证重新进行了分析比对。由于当时DNA技术已经趋于成熟，他们将被害者体内提取的精液样本和当年被列为嫌疑人的精液进行了比对。

9月，法医发现受害人玛西亚·普查曼阴道里残留物的男性DNA图谱的剖面与加里唾液DNA图谱完全一致。随后，法医又将加里的精液与另一受害人奥伯尔·米尔的阴毛残留物进行对比，也得到了一致的结论。显然，DNA联系起了加里和受害者。截止到将加里抓获，专案组已经掌握了加里的DNA与四名被害女子体内提取的精液样本数据吻合的证据。

2001年11月30日，几名联邦探员在加里下班的路上将其逮捕。在被捕之初的两年时间里，加里死死地抱着侥幸心理拒不招供，以致联邦调查局的探员们和他不断进行着心理的较量。与此同时，当地警方也加派警力展开了对加里的详细调查，不断寻找新的线索。

加里在1949年2月18日出生于美国犹他州的盐湖城。加里一家共有三个孩子，加里是家中的老二。加里的父亲性子柔弱，不只不敢对妻子有任何的违背，就连面对自己的孩子，他也从来都是一副唯唯诺诺的样子。与父亲相比，加里的母亲则强悍很多，她脾气火爆，动不动就会对全家人大发脾气，有时甚至会对周围的邻居破口大骂，以致街坊邻居都不愿与她接触。在加里的记忆中，母亲从来就没有对他们几个孩子有过好感。不过，对于其他两个孩子，加里的母亲虽然牢骚过多，却并不经常打骂。

对于加里，她则显得尤为挑剔，从加里有记忆开始，他做的任何事情都没有得到过母亲的认可，所以他从来不知道受到母亲表扬是什么滋味，而对于母亲的怒吼，他则早已深有体会。据邻居回忆，加里的母亲好像异常不喜欢加里。对于其他孩子，她只是少有笑意，而每次见到加里，她却总是一副怒气冲冲的样子，他们对加里母亲怒骂加里的场景早就司空见惯了。

提到幼时的加里，加里父母的邻居回忆说，他是一个懂事的孩子，对人有礼貌，就连对总是打骂自己的母亲，他也少有微词。加里进入学校的时候，曾接受过一次智商测试，他以80分的成绩被列为智商较低的学生行列。而在整个学习生涯中，他确实各方面都非常平凡，没有什么过人的表现。在他的同学和老师眼中，他还算是规矩，对人也比较友善，只是他的性格有些孤僻，还有些健忘。

在联邦探员对加里进行审讯的过程中，问到他的母亲时，他表现出了焦躁的情绪："别提那个女人，她根本就是个婊子。我早就该杀了她。"而对于父亲，他显然也并没有什么好感："哼，我才不想要这样的父亲，他根本不配做我的父亲，他是男人中的耻辱，男人就应该有个男人的样子，怎么能连个女人都怕。"

1969年，加里高中毕业之后开始入伍服役。1970年8月，他和相恋几年的女朋友结婚。由于还要服兵役，再加上服兵役期间曾被抽调到东南亚巡逻艇工作，他和妻子可以说是聚少离多。这就使得二人的感情开始出现裂缝。加里在性方面的要求极为强烈，为了解决性饥渴问题，他在服兵役期间多次寻欢作乐，和多名妓女发生关系，而与此同时，他那同样性欲旺盛的新婚妻子也始终和其他男子保持着亲密关系。

加里退伍回到家乡后，没有像想象的那样迎来妻子的热情欢迎，反而收到妻子要求离婚的消息。虽然加里起初不想离婚，但当他看到妻子的"新欢"时，他便愤怒地签下了离婚协议。他曾多次咒骂自己的第一任妻子，说她不要脸，说她是下贱婊子。而警方从他的第一任妻子那里得到了这样的证词："这个人简直就是一个动物，他满脑子里都想着做爱，一天会要求几次，而且不是在屋子里，而是要跑到附近的树林里去。"

加里和第一任妻子离婚之后，在一家卡车公司找到了一份油漆工的工作，并在1973年再婚。在联邦调查局探员调查加里的背景时，加里的第二任妻子回忆道："他这个人非常奇怪，我们搬到新家的时候，他立刻就会将院子里和在我们家地盘上的树全部砍掉；他经常神出鬼没，常常我一觉醒来，会看到他从外边回来，身上沾着湿土或者泥；我们在树林里散步的时候，他会突然消失不见，然后又在我不注意的时候从背后跳出来吓我；他总是练习轻声走路，以至于他后来走路的时候简直像猫一样没有一点声音；他还喜欢在户外做爱，而且有性虐待的倾向，这实在让人难以忍受；他曾经多次驾车到发现尸体的地方，说是去看热闹，还说要帮助警察破案。"

1981年5月，加里的第二任妻子再也受不了他的古怪行为，和他结束了婚姻关系。在此之后，加里又结交了一些女子，但这些女子都因为受不了他而离开了他，所以加里有很长一段时间过着单身的生活。直到1985年，他遇到自己的第三任妻子。1988年，他和第三任妻子正式举行结婚仪式，走向了他的第三次婚姻。婚后，他们有了一个儿子。而这个儿子，居然成为了他犯罪的诱饵——加里在认罪后的供词中提到，每次在作案的时候，他就会把车子停在路边，他一边做出修车子的样子一边寻找着猎物。每当合适的猎物出现时，他就会问别人是不是搭便车，还总是拿出儿子的照片，假扮成慈父的样子，以此消除别人对他的戒备之心。

加里的邻居告诉警察，从加里的表现来看，他对妓女的心理是非常复杂的：一方面，他不停地向邻居抱怨说妓女正在祸害整个国家，而另一方面他却几乎从未停止过嫖妓。另外，加里除了本身宗教信仰强烈之外，还加入了一个非常神秘的邪教。警方分析，也许就是因为加里难以抑制的性欲和他的宗教信仰相冲突，再加上他对妓女的仇恨，才使得他走上犯罪的不归路。

九

在调查加里的上班情况时，他的老板告诉警方，每逢有失踪案件发生时，加里总会有迟到早退或者请假不来的情况。而警方曾在多个被害人的身体上发现过细小的油漆喷点，也和从加里工作的地方提取的油漆样本相一致。加里的工友告诉警方，加里总让工友们称呼他为"G·R"，而"G·R"也恰好是格林河的简拼。

除此之外，一直参与调查此案的一名联邦调查局探员马特·海尼也提供了一些破案线索。1980年，加里曾经因为试图勒死一名性工作者而遭遇指控，但他声称是那名妓女殴打他在先，他一怒之下才出手还击的，法庭因此判他无罪。1982年，加里曾经因超速开车遭到警方拦截，而当时他车上的女子便是格林河凶案中的受害人之一。

在铁证如山的证据面前，加里对杀害四名女子的罪行供认不讳，但对于杀害其他人的罪行，加里则拒不承认。联邦调查局探员和当地警方获得的证据，也无法证实他与另外的案件有关。此外在加里尚在警局羁押期间，当地警方又从不同地点发现了4具尸体残骸。这就意味着，如果加里拒不认罪，他们将面临多宗失踪少女下落不明，将近40多宗案件未被侦破的事实。

在正式起诉加里之前，联邦调查局专案组和当地警方掌握了加里参与其中七宗谋杀案的罪证，尽管凭借这7起杀人案件，检察官足以控告加里一级谋杀，足以将他送上死刑台，但为了早日将其他案件侦破，为了安抚其他受害者家属，检察官决定与加里达成认罪求情协议，只要加里能积极配合警方调查，供出其他抛尸地点，并且供认所有罪行，就可以向法庭求情。这样虽然他需要在狱中度过余生，但至少可以免去死刑的惩罚。

加里接受了检察官的提议，开始配合当地警方和联邦调查局探员的调查，而当地警方也很快按照加里的供词找到了更多受害者的尸骸，并确认了更多受害者的身份。尽管犯下了如此严重的罪行，但加里却丝毫没有悔改之意。在记者对案件进行采访时，戴伍回忆道："我们开着车子带他出去寻找抛尸地点，整个过程，加里就像是在享受一场公路旅行，他满脸骄傲地指出那些抛尸的地点，他的脸上洋溢着一种快感，他甚至下车到每个地方，好像是在重温美好的记忆，这让我们感到恶心。"

✝

2003年11月5日，加里在法庭上承认，二十年来，自己先后杀害了48名女性，绝大多数受害者都是妓女。在法庭上，这个冷血杀手平静的表情，就好像是在陈述一件非常平常的事："我知道没人会在意妓女们的生死。就算她们失踪了，也不会有人注意到，更不会引起社会的关注。这样，我就不会被抓，我就能够铲除更多的妓女。她们该死，她们是这个社会的垃圾，我只是在为社会除害而已。我可以轻易地将她们哄上我的车子，我折磨她们，让她们昏迷，然后死掉。如果我杀死她们，我就能永远占有她们，而她们就再也不会堕落了。我知道没人会关心她们的存在，也不会有人会去为她们报案的。"

在40多名受害者中，有18人未满18岁，还有12人年龄介于18到20岁之间。法官读到受害人的名字时，加里大部分的时间都毫无反应，因为他根本就不记得受害人的名字，也记不清她们的长相。提到杀人的经过，他说道，他首先会和受害者发生关系，然后将受害人掐死，而且他会一边计时一边用力，直到数完一分钟，他才彻底将受害人杀害。

在审判过程中，加里这个被称为"格林河杀人狂魔"的杀手始终是一副冷漠的样子，有时他的脸上甚至会浮现瘆人的笑意，这让受害者的亲属更为愤怒，他们请求重判这个冷血无情的家伙。最终，法庭判处加里这个冷血杀手终身监禁。自此，持续二十多年的格林河凶杀案终于告破，而"格林河杀人狂魔"也正式开始了他漫长的牢狱生涯。

第二桩

辛普森杀妻案

FBI 十大惊天大案

辛普森曾经是风靡全美的橄榄球运动员，1994年，他因涉嫌杀害妻子尼科尔·布朗和妻子的男朋友罗纳德·戈尔德曼遭到起诉。联邦探员在案发现场以及辛普森的房子里发现了大量可以指控辛普森杀人的有力证据，然而历时9个月的刑事审判过后，辛普森却被陪审团认定为无罪，他仅被民事法庭判定为两人的死亡负责。这一案件轰动了全美，震惊了司法界，而关于辛普森是否有罪的讨论也从未停止。2006年，辛普森出版《假如我干了》一书，以第一人称的假设语气详细描述了杀害妻子和妻子男友的过程，再次引起轩然大波，将自己推至舆论的风口浪尖。

一

1994年6月12日晚，10点35分左右，斯克林莱特·施瓦布带着自己家的狗，走在洛杉矶南邦迪大街上，突然迎面跑来另外一只狗。斯克林莱特将那条狗抱起来，发现它的爪子上有斑斑血迹。他以为这条狗受了重伤，看看小狗的身上没有任何证明它身份的标牌，而且它的后边也并没有主人跟随，便决定先把小狗带回家，等给它包扎好再作其他打算。

时间大约是11点40分，斯克林莱特的邻居苏克鲁·博兹泰佩夫妇过来拜访，看到他的家里多了一条狗，而且小狗好像非常狂躁，便询问是怎么回事。搞清真相后，苏克鲁·博兹泰佩夫妇决定帮小狗找到主人。他们让小狗在前边带路，自己跟在后边。零点左右，这些热心的邻居尾随着小狗来到了南邦迪大街875号，认出这是尼科尔·布朗的家。

他们从半开着的门走进去，发现走道上有大量的血迹，而且血迹一直延伸到了屋内，当他们不安地向屋内看去时，眼前的景象更是让他们大吃一惊：仅穿着单衣的尼科尔扭曲着身子躺在血泊之中，受伤的喉咙处还有鲜血流出，她的脊椎骨也裸露了出来。尼科尔的身旁是一名男子，年轻英俊，身上有二十几处伤口，他的一只眼睛圆睁着，很是恐怖。见到这种景象，邻居们立刻打电话向当地警方报了警。

凌晨2点10分，联邦调查局拉斯维加斯分局探员马克·福尔曼驱车来到南邦迪大街875号，对现场进行勘察。不久，探长菲利普·万纳特和探员托马斯·兰格以及一些技术人员也先后赶来。他们迅速对案件展开调查：女性死者尼科尔35岁，白人，是橄榄球高手辛普森的前妻；男性死者名叫罗纳德·戈尔德曼，25岁，是附近一家意大利餐馆的服务员，也是尼科尔·布朗的男朋友。罗纳德为人善良热情，和周围人关系友好，排除了因与人结怨被杀的可能。

据后来探员们了解的资料显示，罗纳德当日晚上9点36分从餐馆打卡下班，9点50分左右离开餐馆步行至尼科尔的家中。邻居回忆说，他们在大约10点15分听到尼科尔家中的小狗叫得很厉害。在案发现场，探员们发现了一个不十分清楚的脚印，脚印上还有隐隐约约的血迹。脚印并不属于两位死者，探长菲利普判断，这脚印很可能是凶手留下的。尸体旁边有一顶颜色较深的毛线织成的帽子，技术人员从毛线帽中提取到了一些毛发以及纤维。在尼科尔和罗纳德的尸体之间，有一堆碎纸片，距离尸体不远处，探员们还发现了一只带血的手套。

从谋杀现场来看，房屋内物品没有被翻动的迹象，凶手杀人的目的显然不是谋财害命，于是此案件被初步定性为室内情杀。在现场调查之际，菲利普发现了楼上熟睡的两个孩子，他们是尼科尔和辛普森的孩子。显然，由于睡得熟，他们对楼下惨剧的发生毫不知情。菲利普考虑后，决定前往辛普森家，一来是将两个孩子交由辛普森照看，二来是想看看辛普森能否为案件提供一些线索。

这时，马克自告奋勇地表示要给大家带路，他告诉探长，由于自己曾经参与调解过尼科尔和辛普森的家庭纠纷，因此非常清楚辛普森的住宅地址。于是调查这件凶杀案的探长菲利普就由马克指路，带领一行人驱车赶往32公里外的辛普森住宅。

凌晨5点左右，探员们来到北罗金厄姆大街360号辛普森的住处，按响了辛普森的门铃。门铃响了好久，却不见有人前来开门。正在这个时候，辛普森家附近停靠的一辆白色吉普车引起了这些探员们的注意。马克主动要求前去查看，他仔仔细细地查看了该辆车子，回来告诉探长说自己发现驾座旁的车门上有血迹。

菲利普探长和另外几名探员大惊失色，于是决定进入辛普森的住宅内，展开紧急搜查。

随后，马克抢先翻墙入内，从里面将大门打开，将其他探员放了进去。这些联邦调查局探员们一脸警惕地进入大门，对整个建筑进行观察后，他们决定从公寓后面绕进辛普森的屋内。于是，他们绕到公寓后面，这时屋里出来一名白人青年，他告诉探员们，自己是辛普森的朋友基图。他说，辛普森已经于当夜乘飞机离开洛杉矶去了芝加哥，参加一场约定好的高尔夫球商业比赛。

当被问及此前是否发现有什么可疑的动静时，基图告诉探员们，自己在熟睡时曾经被客房墙外地震一般的响声惊醒，时间大约是晚上10点45分，当时墙壁上的挂画甚至都开始摇晃，而他当时由于过于疲惫，没在意就又睡了过去。马克听后非常疑惑，他立即前往基图所说的客房，四处搜索，其他同事也开始在屋内找寻与案件相关的线索。

20分钟后，马克·福尔曼大声招呼其他的探员，告诉他们，自己在辛普森的客厅外墙与内墙之间，找到了一只带有血迹的棕色皮手套，手套是右手戴的，很可能和在案发现场找到的左手手套是一对。然而，奇怪的是，探员们却并未发现手套附近有其他可疑的血迹或者是脚印。对此，马克认为，可能是由于深更半夜过于黑暗，凶手在潜逃之时惊慌失措，落下了手套。

除了这些，探长还在辛普森的门口、走廊以及车道上都发现了些许血迹。探员们据此怀疑，辛普森与尼科尔和罗纳德的死有密切关系，他很有可能就是此案的凶手，于是探长宣布辛普森住宅为凶案第二现场。在其他探员搜查的过程中，探长菲利普离开现场去洛杉矶市法院正式申请搜查许可证。而在楼上的卧室里，马克·福尔曼又发现了一双袜子，上边有非常明显的血迹。另外，马克还在辛普森的住宅里发现了一把锋利的刀。

搜查完毕，联邦调查局拉斯维加斯分局的探员们，通过调查找到辛普森在芝加哥酒店的号码，借助电话向辛普森通告了尼科尔被杀的案情，希望辛普森立刻回到洛杉矶协助调查。辛普森答应即刻从芝加哥启程。

二

回到洛杉矶之后，辛普森不顾自己的律师魏茨曼的反对，在无律师在场的情况下接受了探员们的问话，而且他表示自己一定会全力以赴地协助调查，希望探员们尽快找出真凶，他同时强调自己绝对没有杀害妻子。他告诉探员们，案发当晚他并没有和尼科尔见面，而是一直留在家里。

他的口供显示，当晚9点45分，他和女朋友通了个电话，然后到自己家中的小型高尔夫球场打高尔夫球；大约10点40分，他到洗澡间洗漱，洗漱完毕后便坐上刚好来接他的车，赶往洛杉矶机场。马克发现辛普森的手上有伤口，于是询问是怎么回事。辛普森回答说，是因为自己收到尼科尔被害的消息，心情激动，不小心将镜子打破，将手划伤的。结束一小时的问话后，技术人员经过辛普森的同意采集了他的血样，随后便离开了辛普森的家。

而辛普森则聘请鼎鼎有名的犹太裔律师罗伯特·夏皮罗为自己辩护。

由于已经将辛普森视为主要嫌疑人，所以探员们针对辛普森以及辛普森和尼科尔的关系展开了细致的调查。O·J·辛普森，48岁，是美国家喻户晓的超级橄榄球巨星，来自黑人家庭，从小就渴望出人头地，长大后他果然如愿以偿，成为一名在美国橄榄球历史上颇有建树的人物。

1977年，已经与第一任妻子玛格丽特离婚的辛普森，与年仅18岁的女服务员尼科尔一见钟情，两人很快开始恋爱，并于1985年结为夫妇。新婚不久，两人矛盾渐生——辛普森对橄榄球达到了痴迷的地步。为了玩球，他甚至常常把尼科尔赶回娘家，这使得尼科尔很是生气。由于双方的争吵日渐增多，所以他们的关系逐渐发展到了水火不容的地步。据邻居反应，辛普森常常对尼科尔破口大骂，有时甚至对其拳脚相加。

1988年冬天的一天，辛普森喝得醉醺醺地回到家，当时尼科尔已经怀有身孕，他用了"肥猪"的字眼来嘲笑尼科尔，还把她驱逐出了家门。从1989年开始，尼科尔就多次因被辛普森毒打受伤住院，而她也曾多次报警说辛普森毒打她。比如，在1989年冬天的一天，警方就突然接到尼科尔的紧急报警，说是辛普森对她施行家暴。警察立刻赶往辛普森家里，报案人尼科尔只穿着内衣，身上的短身衬裤湿淋淋的；她的一只眼睛红肿着，眼眶周围还有些淤血；她的脸上有一条明显的伤痕。显然，她刚刚遭受了毒打。

尼科尔边哭边向出警人员诉说："是辛普森把我打成这样的，他想杀死我，他要杀了我，你们帮帮我。不然，他会杀了我的。"警察边安抚尼科尔的情绪，边做着笔录："他有没有枪？"尼科尔点点头，"有，他有很多支枪。"尼科尔紧紧抓住警察的胳膊："我都报过几次警了，每次你们都是来了问上几句就离开了，你们走后他还是会伤害我。你们就不能把他抓起来吗？"这时，辛普森满脸不耐烦地走出来："这是我们两个人之间的事，我们自己能够解决，请你们不要插手，赶快离开吧。"警察为辛普森作了笔录，并将案件报给当地法庭。在法庭上，辛普森始终保持沉默，法官根据警方提供的证据判定辛普森犯有"虐待妻子罪"，并强制他接受为期半年的心理治疗。然而没过多久，辛普森便又开始对尼科尔施暴。

　　辛普森还和其他的女人保持着不正当关系。有一次，辛普森和其他女人在一起时，正巧被尼科尔撞上。尼科尔一边追着辛普森和那名女子，一边破口大骂，直到被维持秩序的警察拖走。由于两人的关系实在无法继续下去，所以双方终于在1992年结束了婚姻关系，而法庭将他们的两个孩子都判给了尼科尔抚养。离婚后，辛普森也并没有放过尼科尔，他曾经多次骚扰尼科尔，他甚至要求和她恢复婚姻关系，但尼科尔坚定地拒绝了他。

　　1994年6月17日，联邦调查局拉斯维加斯分局的探员们拿到了受害人的验尸报告：受害人尼科尔的喉管被刀切断，罗纳德的前后颈、胸、腹以及大腿上共有22处刀伤，死因为颈部静脉断裂，胸腹腔失血过多（两名受害人的刀伤出自同一把单刃匕首）。另外，法医分析警察得到的物证后发现，在辛普森家里发现的手套和在受害者家里找到的手套是一双，手套上的血迹是辛普森本人的；在辛普森卧室找到的袜子是辛普森的，而上面的血迹则是尼科尔的。

法医提供的血型检验结果显示，两名受害人的血型和现场滴落的血的血型并不相同，而现场滴落的血迹DNA却与辛普森的完全相同，现场提取的毛发也属于辛普森。

探员们就血脚印的线索请教了相关专家，也走访了鞋业卖场。原来，血脚印是来自一种意大利产的限量版男鞋，按照血脚印鞋的大小，鞋号应为12码，而辛普森的鞋号正好为12码，甚至他经常去的商店也刚好有售这种男鞋。显然，种种证据都将凶手与辛普森联系了起来。洛杉矶检察院于是向当地法院提起诉讼，理由是他涉嫌犯下谋杀尼科尔和罗纳德的双重谋杀罪。

三

6月17日8点30分，罗伯特·夏皮罗接到联邦调查局拉斯维加斯分局准备逮捕辛普森的消息，他与辛普森联系，约定第二天12点钟陪同辛普森去警局接受调查。然而，就在第二天上午11点30分，罗伯特准备催促辛普森出发的时候，却意外地发现，此前在楼上休息的辛普森已经没了踪影，而在空荡荡的房间里他只留下一封信，信中写道："我没有杀害尼科尔。她是我最爱的人，一直都是。我怎么忍心伤害她，如果真的说我哪里做得不够好，那就是我爱她还不够深……请大家不要为我难过，请大家相信我，相信真正的辛普森。"罗伯特通过对信的内容的分析，认为辛普森可能是要自杀。于是，罗伯特立刻将此事告知了负责逮捕辛普森的探长菲利普。

下午3点钟，菲利普探长拿到联邦调查局总部签署的逮捕令，将辛普森列为在逃通缉犯，并通过电视媒体公布了辛普森的资料，号召民众们协助进行调查，一旦发现辛普森的踪影立刻报警。一小时之后，罗伯特向公众公开了辛普森的诀别信，并通过电视安慰辛普森不可产生轻生的念头。为了及时将辛普森找到，探员们在出动数十辆警车的同时，也调用了几架飞机进行搜索。此外，闻风而来的新闻机构也出动了直升机。

下午5点钟，菲利普探长接到举报，有人在405号州际公路发现了辛普森的车子。据报案人描述，车内共有两个人，辛普森坐在副驾驶座上。附近的巡警立刻追赶上辛普森的车子，要求开车人停车接受检查。开车人是辛普森的朋友考林斯，他叫嚷着："别过来，辛普森正用枪指着我。"巡警立刻将车速减慢，一边缓缓跟踪，一边联系了联邦调查局拉斯维加斯分局的探员。很快，更多的警车朝辛普森的车子方向赶过来（美国媒体对这一追捕的空前盛况进行了直播）。

晚上8点，考林斯将车子停靠在辛普森的住所附近，而紧接着，辛普森就被随后赶来的探员们拘捕了。

辛普森并没有对检察机关提出的两项谋杀指控予以承认。按照美国法律的相关规定，案件是否上诉需要由23人组成的大陪审团来进行评判，然而仅仅隔了两天，大陪审团便由于受到媒体对于案件的渲染而无法做出公正评判，宣布解散。另外，控方找到的两位目击证人基尔·谢沃丽以及约瑟·卡玛切诺都被取消了证人资格。

基尔·谢沃丽是尼科尔的邻居，她曾告诉侦办此案的探员们案发当晚她亲眼看到辛普森匆忙从尼科尔的住所离开；约瑟·卡玛切诺是一位经营刀具店的老板，他作证说在案发三周之前，辛普森曾经从他的店里购买了一把德国制造的刀具。由于他们先后把自己的证词出售给媒体，所以他们的诚信遭到了法院的质疑，而他们的证词则被列入了不可采信的行列。大陪审团重新组成后，为避免受到舆论干扰，陪审员被要求与外界隔离，此后，法院又重新执行了对案件的预审环节。

经过长达七天的法院预审之后，法官认为辛普森一案的证据充分、可信，可以进行上诉。到7月中旬，辛普森案件已经正式被当地最高法庭受理。

为了打赢这场官司，辛普森请到了全美国最有实力的办案专家组成了辩护团。除了罗伯特·夏皮罗，还有精通DNA知识的巴瑞·瑟克，精于刑事鉴定的亚裔法庭科学博士李昌珏，曾任肯尼迪遇刺案首席法医的拜登，胜诉率高达97%的李·贝利，曾任洛杉矶市副检察院长的著名黑人律师约翰尼·科克伦以及哈佛法学教授阿伦·德肖维奇等人。由于辛普森的辩护阵容过于强大，媒体将这一辩护团称为"梦之队"。事实上，这一案件检控方的实力也不可小觑。比如，检察官玛西娅·克拉克就是一位开创了每次案件都上诉成功神话的女中豪杰。

1995年1月25日，在尼科尔以及罗纳德被杀害将近五个月之后，涉嫌杀害他们的嫌疑人辛普森开始正式接受庭审。检控官认为，案件事实清楚，证据确凿。而审判一开始，就不像检控官想象的那般容易。更让人没想到的是，在接下来的九个月时间里，检控官以及法官、陪审团乃至全体美国民众，都因为辛普森的案件而经历了难以想象的煎熬。

在最初开庭的时候，检控官信心十足地开始了控方陈词。法庭上，助理检察官克里斯托弗·达顿首先慷慨陈词，这样做的目的主要是为给参加审判的陪审团人员留下比较好的印象，向他们证明检控方根本不存在歧视黑人的意思，以此来博得有半数以上是黑人的陪审团人员的好感。

克里斯托弗向陪审团申诉了自己的观点：1994年6月12日10点到10点15分之间，辛普森杀害了尼科尔和罗纳德，理由是辛普森嫉妒两个人的感情，而且他有暴力倾向，曾经多次对受害者尼科尔进行毒打。此外，克里斯托弗还在法庭上呈出了一段尼科尔的录音资料，时间是在1989年的元旦，尼科尔受到辛普森的毒打而向警方求救。在电话中，尼科尔的声音颤抖着，她的情绪非常激动，并一直向警方重复辛普森要伤害自己，从录音中，人们能很清楚地听到辛普森的声声怒吼。

除了录音资料，达顿还出示了多张尼科尔遭受辛普森毒打住院时鼻青脸肿的照片，还传召辛普森的多名邻居证明辛普森的确常常对尼科尔拳打脚踢。而尼科尔的邻居也证明，辛普森曾多次在离婚后去过尼科尔的家中，对尼科尔进行骚扰。可见，辛普森存在明确的杀人动机。

四

　　辛普森接受律师团的建议，在整个开庭过程中几乎一言不发，由律师来做出应对。对于尼科尔以及罗纳德的死，辩方律师认为，尼科尔可能是死于贩毒集团或者黑手党之手。理由是尼科尔曾经吸毒，她很可能因为大量购买毒品未及时付款而被黑手党杀害，而割喉致死也和黑手党的杀人手段相吻合。罗纳德可能是刚好在尼科尔家中，所以受到了牵连。另外，罗纳德工作的意大利餐厅曾经多次有雇员被杀或失踪，罗纳德之死可能也和自己是这一餐厅的员工以及其他雇员被杀有关。

　　对控方提出的杀人动机的问题，辩方律师则不以为然，他们认为，即便是有家暴的经历，也不能因此判定辛普森就是杀害尼科尔以及罗纳德的凶手。首先，克里斯托弗提供的录音和达顿提供的照片都发生在1992年，辛普森和尼科尔离婚之前，而凶案发生的时间是在1994年。用两年之前甚至更久之前的错误推理出辛普森杀妻的结论，这种逻辑显然有些站不住脚。

　　至于辛普森在离婚后多次去往尼科尔的家中纠缠尼科尔这一点，辩方也找到了证人，证明两人曾经有过复合的打算，而辛普森不久之前还夜宿尼科尔家里。另外，在得到尼科尔被害的消息后，辛普森表情悲痛，可见他对尼科尔有很深的感情，因此，他并不存在杀人动机。

　　控方认为辛普森在离婚后依然没有停止对尼科尔的伤害，又传召了被害人尼科尔的妹妹丹尼斯·布朗出庭作证。丹尼斯·布朗的大量证词证明，尼科尔在与辛普森结婚后长期受到辛普森的凌辱，在离婚后还常常遭受辛普森的威胁和骚扰。控方还拿到了辛普森的朋友罗恩·西普的证词，他证明辛普森曾有过做梦都想杀死尼科尔的言论。可见，辛普森的确是预谋杀人。

辩方律师提出了相反的意见：案发当晚，辛普森需要按照先前的计划乘坐飞机赶往芝加哥，他也预约了司机开车接自己的时间。如果他是凶手的话，则意味着在短短1小时左右的时间内，他要驱车赶往案发现场，选择合适的时间出手，用刀子杀害尼科尔以及身强力壮的罗纳德，然后在不被人注意的情况下逃离现场，回到家中，将沾有血迹的衣服以及刀子都处理掉，将可能留在身上的血迹清洗干净，乘司机的车赶往机场。别说是辛普森，就算是有经验的杀手，都可能会遇到不可预测的困难。

而假如是辛普森预谋作案的话，他怎么会放弃使用枪杀的方式而是选用刀具，在现场甚至自己家中留下大量很有可能暴露自己身份的血迹等线索。更何况，他已经与司机有约，还要赶赴机场，单单证物的处理就需要花费大量的时间。假如真的是辛普森杀人，那只能说明他是由于一时情绪失控。

按照常理，这种情绪很难一时间平复下来，杀人后的案犯总会出现慌张失措的情况。但一位来自洛杉矶机场的服务员作出证明说，辛普森在登机之前神态平静，无任何异常。和辛普森同往芝加哥的摄影师宾格海姆也证实了这一点，他说，在飞机上，他曾经和辛普森饶有兴致地谈论高尔夫球，而辛普森当时看起来心情愉悦，没有什么反常。辛普森在芝加哥期间所住酒店的服务员也出庭作证，他告诉法庭，辛普森于黄昏时分到达酒店，他虽然略显疲惫，但精神好像还不错。在进自己的房间之前，他在大厅里停留了一会儿，还兴致勃勃地给慕名而来的球迷签了名。种种迹象表明，辛普森当时并没有任何异常情况，而这则说明他并没有作案。

从法医出示的鉴定结果来看，被害人死亡的时间大约是在晚上10点到10点15分之间，而辛普森给出的口供是他当晚9点40到10点45分之间一直留在家里，但却没有人可以证明这一点。据此，控方认为辛普森存在作案时间，而且控方还传召了当晚送辛普森去芝加哥机场的司机帕克，帕克作证说，10点25分左右自己到达辛普森门前时，辛普森家的门铃没有人回应，宅前并无辛普森的车子。

10点45分左右，自己再次来到辛普森宅前，发现眼前闪过一个黑影，这黑影直接从街外翻墙进入辛普森的家中，而在此之后，他再次按响门铃，辛普森居然从屋内出来，并向帕克作出解释说，自己太困就睡着了，现在刚刚睡醒。尼科尔邻居的证词显示，尼科尔的小狗在10点15分的时候叫得很厉害，而帕克并未看到辛普森的车子，说明他并不在家。帕克在10点45分左右看到黑影翻墙而入，而住在客房的基图也在10点45分左右听到一声巨响，控方认为，这黑影应该就是辛普森。这则说明，帕克听到的是辛普森翻墙落地的声音。由此而言，杀人凶手就是辛普森。

五

辩方立刻提出了反对的声音，他们指出，辛普森当晚9点45分到11点的时间内，一直待在家里，而且他们还提供了罗莎·洛佩茨的证词。她证明在检控官所说的案发时间内，辛普森的车子一直就在外边停着。辩方认为帕克提供了假的口供。另外，从联邦调查局拉斯维加斯分局出具的现场勘查报告来看，从罗纳德身上牛仔裤上发现的血迹有向下流的痕迹，说明他在当时并未立即死亡，而是挣扎着与凶手展开了搏斗。他的随身物品都散落在案发现场的不同地方，也证明了打斗的范围非常大，搏斗程度非常激烈。

这显然需要用很长的时间，而辛普森根本无法在前后一小时的时间杀害两个成年人，并完成隐藏证据、按时赶赴机场的一系列工作。辩方还指出，如果辛普森真的是凶手，他一定不会首先邀约一个司机，因为这样稍有不慎，就像人们看到的那样，这名司机就会作出辛普森在案发之时并不在家的不利证词。辩方还请到了证人证明，案发之时，辛普森的车子就停在辛普森宅前，这显然和帕克所说的情况有冲突。

控方认为，尼科尔死于喉咙被割断，这个过程并不需要很长时间。他们还在法庭上进行了模拟实验，认为辛普森完全有条件在杀害科尼尔和罗纳德后逃离现场。对此，辩方则出示了辛普森的住院报告，证明辛普森的腿由于早年的伤而多次入院接受治疗，他的腿因旧患的原因反应并不灵敏，甚至走路都有些一瘸一拐。显然，这足以说明他的动作慢于常人，而杀害尼科尔以及罗纳德的凶手行动是敏捷迅速的。

另外，由于辛普森的伤，翻墙入内显然不太可能。即便真的翻墙，据基图的口供显示，他听到的是地震一般的响声，连墙壁上的挂画都开始摇晃，而区区翻墙怎么会有这么大的动静？辩方律师还出示了辛普森的身体检查报告，证实他的身上并无任何搏斗的痕迹，而这也就是说，凶手根本不是辛普森。

控方则认为，当时的声音也可能是来自辛普森藏匿血衣等证据之时，由于撞到东西，发出的巨大声响；辩方则指出，假如真的是辛普森，辛普森是在自己家里，而且明知道有朋友在家中借宿，怎么会在藏匿证据的关键时刻那样不小心地碰撞到其他物品？控方认为是在黑暗中藏匿，辩方则指出如果在黑暗中藏匿，则必定会发现更多可疑的脚印或者其他杂乱的痕迹，然而现场并未有此发现。辩方认为，可能是杀害尼科尔和罗纳德的凶手想嫁祸给辛普森，在往辛普森家中放置证据进行栽赃时由于不熟悉辛普森家中的情况而与家中的物品产生了碰撞，发出了巨大的声响。而帕克见到的黑影可能就是要嫁祸辛普森的真正凶手。

针对辩方提出的无打斗痕迹，控方指出了探员们在案发第二天对辛普森进行问询时发现辛普森的手上有伤口。他们认为，这伤口是辛普森在案发现场与被害人打斗时受伤的。

针对这一问题，辩方律师则传召了辛普森的助手卡西·兰达，证明辛普森的手是辛普森在酒店听到尼科尔被害的消息后不小心打破玻璃划破的。

控方提出，侦办此案的探员们在案发当天在辛普森的车门上发现了血迹，而在进入到辛普森的家中搜查后，又在辛普森的住宅内发现了血迹，并且这些血迹被证实是属于被害人的。于是，控方要求出示当日探员们得到的大量证据。

六

接着，双方就探员们于案发当日所获证据是否可用展开了辩论。辩方律师代表首先对出示证据提出了反对，他们认为，在尼科尔被杀的当天晚上，探员们未经辛普森允许，就私自闯入辛普森的住宅，并且在没有搜查许可证的情况对辛宅进行了搜查，而他们的这些做法显然违反了宪法的相关规定，因此，他们认为当日探员们所搜获的所谓大量证据，都不可以作为呈堂证供。

控方传唤了当日参与搜索的探员，他们表示，在案发当晚，他们从尼科尔家中出来之后，直接就来到辛普森的家里，并不是因为怀疑辛普森与这件案子有关。而是因为，一方面，尼科尔的两个孩子在失去母亲之后暂时无人照料，所以想把孩子送往辛普森那里；另一方面，他们希望从辛普森那里获得一些有效的破案线索。在发现停在辛宅外的辛普森的车子车门上有血迹之后，他们由于担心辛普森也和尼科尔一样遭遇了不幸，或许辛普森宅内正在进行一场杀戮。于是，他们在事情紧急的情况下，才未经允许破例进入辛普森家中的。在听基图说起房中的声响后，他们担心疑犯就藏匿在辛普森家中，于是便展开了紧急搜查。他们据此认为，自己的程序虽然有违常规，但也符合法律规定。辩护律师表示探员们的证词不可信，因为他们从一开始就把辛普森当成了这一案件的唯一嫌疑犯，他们就是想来个突击检查，从而获取他们想要的证据。在双方的激辩之后，法官伊藤判定，探员们当日所获材料可以作为证据出示给陪审团。

在检控官将探员们拍摄的辛普森住宅内的血迹的照片展示给陪审团看过之后，辩方又指出，罗纳德因为被刺22刀大出血而死，他曾经带着伤与凶手展开激烈的搏斗，那么凶手的身上也肯定沾满了血迹。按照常理分析，凶手在逃走的过程中留下的血迹应该是由多到少。然而，联邦调查局拉斯维加斯分局出具的证明却只是在辛普森的车子上发现了极少的血液痕迹，而在车道以及通往住宅的大门前却发现了较为明显的血迹。也就是说，如果凶手是辛普森，那么则出现了血痕由少到多的矛盾。

辩方还再次将矛头指向联邦调查局拉斯维加斯分局探员、取证人员以及参与调查的法医：他们首先指出参与调查的探员在搜查时的处理不当，认为既然案发当晚这几名白人探员曾经在案发后进入案发现场，他们的衣服和鞋子上就很有可能不小心沾上死者或者凶手的血迹。因此，既然已经进入第一现场，就不应该再由同一批人进入到辛普森家里，否则，他们很有可能将第一现场的血迹带入辛普森家，从而造成血迹交叉感染，影响血迹的检验和案件的判定。

从探员们提供的案发现场的照片来看，在尼科尔的肩膀上有几滴血滴，无论是从血滴的形状还是从滴落方向上分析，这些血滴都不可能是尼科尔本人的。按照常识进行推理，这些血滴很可能是正流着血的人从尼科尔的尸体旁走过时滴落的。假如这些血滴并非来自另一死者罗纳德，那应该就是来自杀害他们的凶手。辩方专家要求对这些血滴进行血型查验，并将结果和罗纳德以及辛普森的血型进行对比。然而，联邦调查局拉斯维加斯分局负责检验的技术人员却失望地告诉大家，由于没有意识到这些血滴会这么重要，法医在对尼科尔的尸体进行解剖之前，就把这些血滴给清洗掉了。

辩方律师李昌钰要求查验凶案现场得到的那些碎纸片，因为他发现碎纸片中间有半个鞋印，这半个鞋印既不是来自罗纳德，也不是来自辛普森，因此，他认为在凶案现场还有其他人存在，而很可能这个人，也就是半个脚印的主人就是杀死尼科尔以及罗纳德的真凶。这次，辩方律师又得到了斥责办案探员的机会，因为探员们在调查之后就再也没注意那些纸片，谁都不知道这些纸片去了哪里。

七

控方对探员们的这些失误造成的被动局面很是尴尬，然而很快，玛西娅·克拉克就拿出了新的证据——根据法医鉴定，死者都是死于一把单刃匕首，而探员们在辛普森的家中则找到了这样一把锋利的匕首。

辩方律师辩道：经过对在辛普森家中搜到的刀子进行检测，发现那把刀从未沾染过血迹，而根据鲁米诺反应原理，如果沾染过血迹，无论怎么冲洗，血迹还是能够被检测出来的。

控方又拿出新的证据——探员们在辛普森的房间里找到的袜子上的血迹是尼科尔的，而袜子则属于辛普森。因此，他们认定是辛普森杀害的尼科尔和罗纳德。

对此，辩方律师则反驳道："假如确实如此，辛普森穿着沾有血迹的衣服和鞋子回到家里，又穿着带有血迹的袜子走到自己的卧室，为什么探员们没有在门把手以及地毯等上面发现血迹？而且，袜子的四周也并没有出现任何血痕。既然探员们没有搜到血衣以及血鞋之类的东西，又为何单单找到一双带血的袜子？难道辛普森在将其他证物都藏好后又单独将袜子放置起来？"

控方立刻指出，并不只有袜子，还有一双手套。探员们在尼科尔以及辛普森家中各找到一只手套，经查，这两只手套刚好为一双，手套上有辛普森的血迹。他们认为，辛普森戴着这副手套作案，在搏斗中伤到了自己的手，血迹就是当时留下的。辩方律师再次强调辛普森的助手的证词，并继续说道："假如确如检控官所言，辛普森是戴着手套行凶的，并在当时因为受伤而将血迹留在手套上，那为什么他的手已经有了伤口，而所戴着的手套上却丝毫没有划破的痕迹呢？如果他是在将受害者杀死之后戴上的手套，那么手套的里面为什么没有留下丝毫血迹呢？总不至于是辛普森在将尼科尔以及罗纳德杀害后，在现场包扎起伤口，然后戴上手套，再用这两只手套触碰被害人，使手套沾上血迹，最后再抛掉一只手套，将另外一只带回家里去的吧？"

为了证明辛普森的清白，辩方还要求辛普森当庭试戴那副手套。当辛普森将自己的大手勉强伸入到手套中去后，庭上所有人都惊讶地发现，那副手套显然与辛普森的大手对不上号。辩方律师乘胜追击："大家看到了，我的当事人戴着这么小的手套，连做简单的屈伸运动都会变得非常不便。如果在这种情况下还要拿着刀子对抗两名成年人，恐怕很难取胜吧？"

控方也不示弱，他们请出手套制作业的专业人士，指出手套在遇到血迹之后可能会出现收缩的情形。但辩方则认为，这副手套是一种高级手套，它们在制作之时便经过了预缩处理，即便沾到血迹也不会发生收缩。控辩双方不停地进行着激烈争论，而一些陪审员则认为，这手套好像确实小了点。

控方提交探员们关于现场发现的脚印的鞋子来自一种意大利限量版男鞋，而辛普森刚好常去的一家店有售这种鞋子，而且辛普森的鞋号也和脚印所代表的尺码相同。辩方认为，如果就此得出结论，那么被起诉的应该还有很多同时具备穿12码鞋子的人以及进售这种鞋子的鞋店的人。

控方指出，在案发现场发现了辛普森的毛发。而辩方则就此事再次质疑联邦调查局拉斯维加斯分局调查人员的办事能力。原来，探员们在赶到现场后，在等待技术人员来临的过程中，用了尼科尔家中的床单将尸体遮盖起来，而这样提取到辛普森的毛发可能就不足为奇了。因为据证人所说，辛普森曾经于前不久在尼科尔家中留宿。

此外，辩方律师还指出了法医的失当之处，即法医在案发后迟迟不赶赴现场，而这样可能会使作案时间的判断出现偏差，也容易造成一些线索的遗漏。法医在对尼科尔的尸体进行检验时，竟然忘了对尼科尔是否遭受到性侵进行检查，这极有可能遗漏非常重要的凶犯线索。另外，从探员们拍摄的尼科尔裸露背部的照片来看，她的背部有一道抓痕，而法医竟然没有对这道抓痕进行任何的检验。

检控方又向法庭提交了新的证据，即当日的血迹化验以及DNA检验结果。经过比对，探员们在尼科尔家中发现的几滴血迹的DNA与辛普森的DNA完全吻合。对此，辩方律师指出，如果血迹受到不当处理或者污染，那么DNA检测报告的可信程度将大打折扣。

辩方提交的取证过程的照片证实，当时参与取证工作的实习调查员安德烈·马佐拉对工作非常不负责——她的手曾经接触过现场的足印，而在用镊子提取地上的血迹时她的手也不是干净的。这样，她很可能在提取证据时就将证据污染。另外，根据资料显示，在采集完辛普森的血样之后，马克·福尔曼并没有立刻将血样带回证物科进行封存或者检验，而是带着血样又回到案发现场，逗留了约三个小时之后才将证物带回。这显然是对证物的不恰当处理。

控方则向法庭提交了用三种不同试验方法对血迹样本所作的分析报告，报告结果将疑点都指向了辛普森。显然，仅仅是由于取证不规范或者对血样处理不当而质疑证物的可信度，是没有说服力的。

八

辩方这时则抛出了一个令人惊讶的论点——他们认为控方提

供的有些证据是伪造的，而伪造者就是参与调查的探员马克·福尔曼。

辩方抛出此论点的理由如下：

第一，根据法医出示的血迹检验报告结果，现场发现的血迹大小均匀且外形完整。辩方认为，如果是辛普森在与罗纳德搏斗中被刺伤流下的血，那么血痕应该由大到小，绝不可能大小均匀。同样，如果是辛普森在与罗纳德搏斗过程中或走动时甩落的血迹，那血滴就会以撞击的状态掉落在地，血滴外形就不会那么完整。而如此完整且均匀的血迹，很可能是被人为滴下的。另外，辩方在血迹中检测出了高浓度的防腐剂成分，从人体直接采集的新鲜血样根本不含有这种成分，除非人为添加。事实上，探员们在抽取辛普森的血样后为便于保存确实曾添加了防腐剂。

第二，探员们在辛普森家中找到的袜子上的血迹也令人怀疑。辩方律师指出，袜子左右两侧的血迹完全一样。然而按照常识分析，如果袜子被人穿在脚上，那么袜子上的血不可能从脚的一边渗透到脚的另一边，然后将袜子的另一边染红。要达到袜子左右两侧血迹完全一样的效果，只有一个可能，就是袜子根本没有被人穿在脚上，而是血直接被滴在了袜子上。那么，这显然说明是有人栽赃陷害。辩方传召了当时为辛普森采集血样的塔诺·帕瑞提斯，询问他当时采集了辛普森多少血液。他肯定地回答是8毫升，并出示了当时的采样单。而辩方根据几次血样检测记录推算，所有检测消耗血液不超过6.5毫升，而另外的那些则不知所踪。因此，辩方认为，这些血液被用来伪造证据了。

第三，马克·福尔曼说自己在发现血手套时手套上的血迹没有干。但是，辩方律师则认为他在撒谎。他们指出，检方提出的案发时间约为当晚10点到10点10分之间，而福尔曼在辛普森家中发现手套大约是在次日凌晨6点10分左右，时间相隔约七小时。辩方通过对案发当日气温等外界情况的模拟，证明在当时的条件下，手套上的血迹经过7小时必定早已被风干。而马克·福尔曼一口咬定血迹是湿的，只有一个可能，就是福尔曼在凶案现场悄悄将当时血迹未干的手套放入证据保护袋封存，再利用去辛普森住宅调查的机会将手套放入辛宅，伪造证据。这样，就能满足时间跨度虽然长，但血迹依然未干的条件。

第四，现场发现的几滴血迹，带血的袜子和手套，辛普森车子上的血痕，都是马克·福尔曼单独发现的，他在案发当晚还自告奋勇为负责侦办此案的探员带路到辛普森家搜查。更为关键的是，辛普森的加入防腐剂的血样曾经被他带到过案发现场。

检方对马克·福尔曼进行了询问，并针对这些疑问作出了辩论。首先，按照联邦调查局拉斯维加斯分局的工作条例，探员在获取证据后必须将证据登记编号之后，才可送交刑事化验室进行存档，而当时负责登记编号的探员就在案发现场参与调查，因此他有理由携带血样回到犯罪现场；其次，塔诺·帕瑞提斯当日在采集辛普森血样之时，可能并未认真测算采样数量，而只是估计了8毫升这个数值，并填写了资料；第三，马克·福尔曼在联邦调查局拉斯维加斯分局一向表现优异，因此发现众多线索以及主动带路也不足为怪；第四，马克·福尔曼与辛普森无冤无仇，所以没有陷害的动机存在。

辩方认为，马克·福尔曼存在伪造证据的动机，他曾经参与调解过尼科尔和辛普森的家庭纠纷，所以对尼科尔与辛普森的情况有所了解，而且他还是一名种族歧视者。况且，受害者尼科尔和罗纳德·戈尔曼都是白人，辛普森却是一名黑人。

九

法庭上，马克·福尔曼坚决否认自己具有种族歧视的观点，而控方也尽力为他进行辩护。辩方指出他曾经多次发表种族歧视言论，并传召证人凯瑟琳·贝尔作出证明，而凯瑟琳·贝尔证实马克·福尔曼曾多次以"黑鬼"这一侮辱性词汇来称呼黑人。控方则认为即便有种族歧视，也未必有伪造证据的行为。马克·福尔曼本人在庭上则坚决否认曾使用"黑鬼"这一字眼。辩方却对马克的否认很是高兴，因为根据美国法律，出庭证人如果撒谎，那他的证言可被视为无效。

于是，辩方开始以此为突破口，希望通过证明他撒谎来否定他的证人资格。辩方律师李·贝利在法庭上步步紧逼，用严谨的逻辑和高超的盘问将马克·福尔曼逼到无路可退的境地后，又在法庭上播放了一段录音，那是马克·福尔曼接受一位女剧作家采访的谈话录音，录音中他多次使用"黑鬼"来称呼黑人。显然，辩方想以此证明他在撒谎。

但是，检方却提出了反对意见，他们认为谈话录音属于文学创作的素材，未免有些夸大和失实，不可以作为合法证据，但法官依旧裁决可以让陪审团作为参考。马克·福尔曼并未料到有此结局，当辩方律师咄咄逼人地询问他在法庭上给出的证据是否属实时，他竟然希望以嫌犯沉默权来拒绝回答，而这显然违背了他作为联邦调查局探员所应该承担的作证的义务。总之，他的沉默无异于不打自招，而他的证词也将失去法律效力。

其实，辩方的辩驳也并非无懈可击。比如，他们请出的证明辛普森车子在案发当晚一直停在辛宅前的证人，在被要求将手放在《圣经》上发誓没有说谎时，却出现了犹豫的情形，而在提到案发当晚帕克第二次按门铃辛普森出来后的口供时，辩方却先后将睡着了改为打高尔夫球，后又改为正在洗澡；辛普森既然没有杀人，为何在联邦调查局拉斯维加斯分局将要逮捕他时却选择了潜逃。虽然这种种情形令人生疑，在结案陈词中，主控官玛西娅·克拉克作了近乎完美的打动人心的陈述，但还是未能取得诉讼辛普森两项谋杀罪的胜利——辛普森在刑事诉讼中被宣布无罪释放。

+

然而，此案并未就此宣告结束——关于辛普森是否是真凶的争论依然在继续。在辛普森刑事诉讼案结束后，美国许多白人纷纷提出抗议，认为当时黑人占席位较多的陪审团徇私，从而导致辛普森在证据充分的情况下逃脱了法律的制裁；也有人指出是辛普森将近1000万美元的消耗使得他得到了众多刑侦名家为他辩护。这些刑侦名家通过他们的智慧以及经验，对控方发出过多次攻讦，从而使案件审判时间过长，他们甚至通过大打"种族牌"的方式，影响了陪审团对证据的信赖程度，最终使陪审员作出利于辛普森的判断。

参与辛普森案的一名陪审员则指出，手套的大小和马克·福尔曼的证词，在他对辛普森罪行评判中起到了非常重要的作用。在其后进行的民事诉讼中，辛普森被法庭判定对两位受害人之死负有责任，并被判缴纳罚金3800万美元。值得一提的是，十几年后的2006年，辛普森在题为《如果我干了》的新书中，用假设的语气，详细叙述了自己杀死尼科尔的经过，这又引起了美国民众的广泛讨论。

该书出版商朱迪思·里甘在事后发表声明，称自己相信辛普森就是杀死尼科尔的真正凶手。两年之后，辛普森当年的一位辩护律师麦克·吉尔伯特也在自己的书中透露，辛普森曾经吐露实情，说是由于尼科尔手持刀开门他才痛下杀手的。对此，辛普森随后作出否认，并称将保留对麦克·吉尔伯特的起诉权。直到现在，法学界对辛普森是否为真凶的争论仍然存在。

第三桩

索命杰克

FBI 十大惊天大案

联邦探员伊恩·科尔曼奉命参与一位妇女无辜被杀案件的侦破工作，现场搜集到的证据少之又少，没有嫌疑人，也没有目击证人，案件几乎毫无头绪。而令这位联邦探员以及当地警方更为头痛的是，这位妇女的死亡只是一个开始，随之而来的接二连三的死亡和遭遇枪袭案件，让这位联邦探员和众警员陷入了忙乱而繁杂的调查中。在这些案件当中，最为相似的一点，就是每桩命案或者袭击案的现场都出现过一张署名杰克的小纸条。消息很快传开，人们高度恐慌，甚至为这名连环杀手冠名"索命杰克"。但人心惶惶的同时，也有人乐见此景，甚至有人趁机模仿索命杰克，做出杀人的举动，企图在犯案的同时，将杀人罪名栽赃给杰克。无疑，这使得联邦探员及警方的破案工作更加艰难。

一

在距离佐治亚州亚特兰大大约12公里的地方，有一个叫作伊斯特波因特的城镇。尽管它只是一个不足4万人口的小城镇，然而警方对它的关注程度却不亚于任何一个人口密集的大型城市，因为每年这里都会发生10起以上的严重刑事案件。著名的"索命

杰克"杀人案，也发生在这里。

杰克是一起连环凶杀案凶手的化名，他冷酷无情地剥夺了五个无辜人士的性命，并且作案手段高明，让警方伤透了脑筋。

事情要从2001年5月4日说起，这天晚上，丹尼·杰罗姆局长接到911报警中心接线员的电话，说在里约克大街23号发生了一起凶杀案。闻讯后，丹尼·杰罗姆当即联系其他警员火速赶往凶案现场，随后自己也开车向里约克大街奔去。

报警的是受害人的儿子罗杰·威尔逊，他告诉赶来的警长，他住在亚特兰大，尽管他工作的地方距离他家并不遥远，但由于工作繁忙，他不常回家。当天是他母亲的生日，他特意没有给母亲打电话，想下班之后直接回来给她个惊喜。然而，他来到母亲家门外高叫母亲的名字时，却没有如往日一样迎来微笑的母亲。在这个时间，母亲绝少外出，于是罗杰疑惑地开门进去，在经过车库时发现车库的门大开着，他以为母亲在车库里，就踱步上前，却看到自己的母亲坐在车内，双目圆睁，胸前的衣服被血染红了大片。

丹尼·杰罗姆一边查看现场，一边用录音笔记录下案情：

"现在是2001年5月4日晚22点20分。出事地点位于某大街某号车库内，受害者是一名妇人，生前遭受枪击，身上多处中弹，初步判断死亡原因为枪伤……"

在丹尼记录案情的同时，随行警员将现场保护了起来，并开始查找可疑线索，搜集相关证物。随后，警方汇总了案发现场的资料，受害人名叫帕米拉·克拉克，45岁，死因为中弹，死亡时间大约在24小时以前。被害者室内无任何翻动的迹象，现金以及其他贵重物品均未遗失，排除了因财杀人的可能。难道是仇杀？警方询问罗杰其母帕米拉的人际关系如何，得到的答案是帕米拉生前为人随和，待人友好。

由于找不到明显的作案动机，而警方现场勘查发现的线索并不太多，所以破案毫无头绪。按照警方推测，这种无明显犯罪动机的案犯往往会持续犯案。意识到情况的严重性后，警方立即上报，要求联邦调查局佐治亚调查署派人进行协助调查。很快，一位名叫伊恩·科尔曼的联邦调查局探员奉命前往伊斯特波因特辅助当地警方办案。

伊恩·科尔曼在看完当地警方的调查资料后，决定再次前往案发现场进行探查。他仔细观察了汽车玻璃上的痕迹，从凶手射出的子弹穿过车窗玻璃直射受害人的胸口这一点，判断凶手是近距离杀人，手法干净利落。由于现场没有遗落下一颗弹壳，所以警方就无法利用弹壳来判断弹头是从哪只枪内射出的，也无法找到这把杀害帕米拉的手枪。不仅如此，现场也没有留下一丝指纹。因此，伊恩推测凶手是一个心思缜密的人，他可能在作案前便谋划周全，在作案后又检查了现场，对有利于破案的痕迹进行了处理。

随后，伊恩和丹尼局长一起在死者住处附近走访，看看在案发前后有没有什么可疑情况发生。然而，起初的调查结果却让人非常失望——连续几天，受访的邻居都表示没有发现任何异常，既没有听到任何动静，也没有看到任何可疑的人。正当警方感觉毫无头绪之时，一位叫做杰西卡的目击证人出现了。

二

杰西卡是一名大约四十几岁的妇女，她告诉警方，5月3日晚上，她下班回家的时候发现有个人一直站在阴影里，这让她有一丝不祥的感觉，于是她加快了回家的脚步。在走到家门口的时候，她听到过一些类似枪声的响动。

这对警方无疑是一个好消息，而为了确保消息的可靠性，警方仔细询问了杰西卡，得知案发时间大概在晚上八点，嫌疑人是个黑人，短发，身高一米八左右。杰西卡告诉警方，自己当时距离嫌疑人大约40米，因此只能提供这些资料。她还强调，由于那天晚上实在太黑，即使借着灯光看到那黑人的模样，也会是模糊的，自己可能在日后见到嫌疑人也无法将其认出。警方让杰西卡做了实验，但根据杰西卡的视力，在距离人40米开外时，她根本无法看出罪犯是黑人还是白人，这让警方有些怀疑杰西卡提供的线索的可靠性。即便如此，伊恩·科尔曼以及丹尼还是根据杰西卡的描述得出一个结论，案犯在杀人时要么极为专注，根本不知道杰西卡看到了他，要么他并没有把这位妇人放在眼中。但无论从哪一点而言，都说明凶手是一个心理素质极强的人。

几天之后，伊恩和丹尼拿到了帕米拉的尸检报告，帕米拉的确是在儿子发现她24小时前就已经遇害。她身上共有四处枪伤，三处是在身体躯干的左侧，另一处位于腋窝附近。致命伤口在胸口，子弹直接射穿了帕拉米的心脏，这也进一步证实帕拉拉是被近距离射杀的。奇怪的是，死者明明中了四枪，验尸官却只在她身体内发现了三颗弹头。弹头的口径为10毫米，警方再次对车库中那辆汽车进行了搜查，终于在驾驶座旁边的座椅上找到了第四颗口径为10毫米的弹头。

找到弹头的同时，伊恩还在这辆车中发现了很多邮件以及现金。罗杰告诉警方，母亲通常下班后会将从门外邮筒取出的信件放在车里，在下车后将信件拿回屋子里。除此之外，他们还发现了一些玩具的包装纸，看起来像是小孩子拿来玩的。因此，警方推测可能有小孩在车内呆过，但罗杰却坚决否认，他觉得母亲的车子内不可能出现小孩。警方于是将这些包装纸等东西用证物袋装好，送到位于华盛顿的犯罪实验室进行检验。

根据已经得到的线索以及尸体报告，警方大胆猜测了凶手的杀人过程：5月3日晚上7点半左右，凶手躲藏在帕米拉的必经之处等待帕米拉回家，在帕米拉从门口将信取出，将车开进车库的时候，凶手冲到汽车左侧，近距离地将子弹射出，而子弹穿过车窗玻璃，进入到了帕米拉的体内。他先后开了四枪，其中有一枪射出的子弹穿透了帕米拉的身体落到了副驾驶的座椅上。看起来，凶手熟知帕米拉的作息习惯，而且手腕非常有力。

除了这些推测，警方掌握的全部证据就只有子弹、帕米拉的尸体以及汽车。显然，这些只能说明这是一起持枪凶杀案。而要破案，就必须要找到更多的线索或者证据。

接下来，警方决定从帕米拉的人际关系入手，希望以此能找到她被害的原因。警方首先询问了帕米拉的亲属以及朋友。帕米拉的亲戚都非常尊重她，听到她死亡的消息后都泣不成声，而帕米拉的邻居和帕米拉的关系也都非常要好。警方对这些人的情况进行了摸底，确认这些人并没有撒谎，也都没有可疑之处。

在这种情况下，警方决定将重点放在对帕米拉工作关系的调查上。帕米拉是佐治亚州感化院的一名感化官，平时的工作是负责管教那些重罪缓刑犯。伊恩和丹尼认为，帕米拉每天都需要和那些冷酷的重刑犯接触，而她也有权将缓刑或假释期的犯人送进监狱，可能就是因为这个原因她得罪了那些自己管教的犯人。由此而言，或许正是这些犯人中的某人在离开监狱后因为怨恨而将她杀害的。

警方来到帕米拉工作的感化院，仔细搜查了帕米拉的办公室，但并没有查到可疑之处。伊恩重点翻看了帕米拉的工作记录，发现她工作非常认真负责，在工作期间曾经处理过80名缓刑犯。他根据这份工作记录列出了非常详细的名单，并着重划出了曾经被她送入监狱并在近期出狱的人的名字。

随后，警方开始按照名单调查这些与帕米拉打过交道的犯人。警方除了询问名单上的人5月3日晚上去了哪里，有没有证人证明，还询问了他们对帕米拉的印象。在询问过程中，伊恩得出一个结论，帕米拉的确是个很受欢迎、很有爱心的感化官——她得到了大部分犯人的尊重和爱戴，在他们之中拥有很高的威信。

丹尼局长在翻阅感化院资料时，发现了一名叫做伯尼·韦斯特布鲁克的可疑人物，他曾经在监外服刑期间因为吸毒被帕米拉送回监狱。由于他的住处离帕米拉家不远，所以他很了解帕米拉的作息。由此而言，他不只具备杀人动机，也具有作案的条件和机会。

　　警方首先拿出伯尼的照片让杰西卡进行辨认，杰西卡觉得伯尼与自己当时看到的人非常相像。于是警方申请了逮捕令，将伯尼带到了警察局。尽管杰西卡认为当日看到的人就是伯尼，而且警方还在伯尼家中搜到了一把口径为9毫米的手枪以及子弹，但令警方失望的是，经多方调查后，警方证实伯尼当晚与自己的女朋友在一起，还有其他的目击证人可以为他作证。如此一来，侦破工作再次陷入了僵局。

三

　　正在警方为寻找凶手而绞尽脑汁之时，6月7日晚，警方接到报案，一位名叫伊比·阿奇博尔的老人遭到枪杀。报案的是老人的邻居，而庆幸的是，邻居及时将他送往附近的医院，经过抢救，他脱离了生命危险。警方赶到医院，见到了还在医院守候的报案人。他告诉警方，自己是听到老人的喊叫才跑出来的，并没有看到凶手的样貌。

　　在伊比·阿奇博尔德脱离危险期后，警方拿到了伊比的口供——当晚，伊比正在屋内看报纸，突然感觉屋外有人，他边问来者是谁边走向门口查看，然而刚一开门，一颗子弹就穿过他的胳膊，射进了他的胸口，由于冲力作用，老人一下子被弹到了墙边。此时，老人虽然想挣扎着站起来，但鲜血却以极快的速度流了出来，致使他很快变得虚弱，不能动弹，而那名凶手，就静静地站在他的面前，直到他昏死过去。

老人昏死后很快清醒过来，大声呼救后，引来邻居，将他送往医院。遗憾的是，他只记得自己刚一开门就中了弹，而对凶手的样貌、肤色、甚至男女都没有看清楚。显然，如果不是凶手射来的子弹受到伊比胳膊的阻挡偏离了预定轨道，没有击中伊比的要害，那么伊比肯定也难逃一死。

从伊比的描述来看，这又是一个近距离杀人案件。伊比就住在帕米拉家几里外的地方。在伊比家中，警方找到了凶手的手枪喷出的火药，还有一枚口径为10毫米的弹壳。除了这些，警方还在门口找到了一张纸条，上面用黄色荧光笔写着"我在监狱待了八周，有人需要为此付出代价。杰克。"这次，凶手居然留下了名字，但这只不过是个非常普遍的化名。

从现场勘查结果来看，伊比的财物均未丢失，也未遭到任何破坏。很多相似性表明，杀害帕米拉的凶手就是这个自称是杰克的人。值得说明的是，凶手好像是在杀人作乐。而他在时隔一个月后作案，显然是有备而来，即他应该是对受害者进行一番了解后才动手的。而这样的情况下，他几乎不会给警方留下任何可用的破案线索。

就在警方在伊比家进行调查时，几公里外的一名市民也受到了枪袭。时间大约是在伊比遭袭后一小时，一名女子拨打了报警电话，说自己屋外有人求救。警方从伊比家赶往现场，在报案人家门前，警方看到了倒在血泊中的受害者。受害者的身后，有一道鲜血染成的痕迹，显然，这是受害者一路爬行到报案者门前时流下的血。伊恩一边用简易的方法帮伤者止血，一边告诉身边的警员赶紧叫救护车。伤者似乎有话要说，然而他的嘴动着，却发不出任何声音。

急救车将伤者带往医院后，警方对受害者的身份展开了调查。受害者名叫伊斯雷尔·伦德尔，是当地一家日用品销售员。警方顺着伊斯雷尔留在路上的血迹找寻着线索，他发现了停靠在十字路口的一辆汽车，汽车的后车窗上有明显的弹孔，从现场分析来看，子弹应该是透过驾驶座椅的椅背，直接射到受害者身上的。

此外，伊恩在现场找到了5发口径为10毫米的弹壳，这和在伊比家中找到的一模一样，而且警方随后还在这辆车子里找到了一张署名为杰克的留言条，留言条上写着"快点找到我。杰克。"凶手又是杰克，短短两个小时他居然连杀两人，可见此人的凶残和嚣张。警方找到伊斯雷尔的家人，证实这辆车子属于伊斯雷尔。几个小时后，医院传来消息，伊斯雷尔因伤重身亡。显然，警方从伤者口中得到线索的希望破灭了，所以警方只能通过其他途径寻找新的线索。

由于伊斯雷尔遇袭是发生在大街的十字路口，因此伊恩相信应该有很多目击证人。于是，他们以十字路口为中心划定了调查范围，想在这个范围内寻找目击证人。

很快，一名叫做艾薇尔的中年妇女找到伊恩，说出了一些她知道的情况。艾薇尔告诉伊恩，在案发之前，她正站在自家的窗户边焦急地等待着丈夫下班回来，却发现街道不远处一直有一名黑人男子来回走动。她当时对此没有在意，然而15分钟过去了，这名男子依然在那里走来走去。她感觉有些不对劲，又想到一个月前镇上曾发生过一起命案，凶手还没有找到，所以她就提高了警惕。她继续仔细观察着这名男子，打算如果发现更多异常就立即报警。

由于男子一直背对着她，她并没有看清楚男子的样貌，不过，她看到男子的身边停着一辆黑色克莱斯勒。一开始，她并不确定车子就是男子的，直到男子打开那辆车子的车门取出一瓶水喝，她才确定车子就是男子的。她知道这种车子的型号叫做大捷龙，然而由于距离有些远，她并没有看清车牌号具体是多少。

后来她的丈夫回到家，她忙着为丈夫准备晚饭，就忘了那名黑人男子的事。直到听说附近发生了命案，她才记起这回事来。伊恩结合艾薇尔和杰西卡的证词，发现两人同时说到嫌疑人是一名黑人男子。虽然不能有证据确定这两件案子有什么联系，然而伊恩还是感觉到，杀害帕米拉的人就是这个自称杰克的杀手。

四

帕米拉的案件尚未侦破，惊魂未定的市民们又得知有两名受害者遭到了枪袭的消息，以致小镇的气氛更加紧张起来，市民人人自危，恐惧笼罩着整个小镇。而伊恩和警方也很焦虑——此案不破，必将有更多受害者出现。

6月13日，警方再一次接到了枪击报警电话。报案人是一名青年女子，当时她正在客厅随着电视机内的健身节目练习瑜伽，并没有听到枪响，只是窗户边的电视机突然发出了刺耳的声音，然后就没了图像，于是她走到电视机前查看，发现电视机的背后有一个子弹孔。在这种情况下，她不敢出门查看，立即躲到卧室，并报了警。显然，如果不是因为她家的电视机位置靠近窗台，子弹穿过窗户后打偏进入电视机的后部，最后卡在电视机里，那这名女子就会成为下一个受害者。

听到警方的分析，这名女子的神情更加紧张了。她告诉警方，在电视机被损坏之前，自己曾经听到翻杂志的声音，此外就没有什么动静了。在这名女子的窗户下，警方又捡到了一张"杰克"留下的纸条，上边写着"看看会有多少人死在我的枪口下"。

拿着这一纸条，伊恩突然回忆起，他们在帕米拉的汽车中也发现过这样的纸条。只是当时他并没有将纸条放在心上，他当时想只不过是小孩子的恶作剧罢了，至多就是一部侦探小说中的句子。伊恩立即回到警局，从帕米拉的案件档案中找出那张纸条，上边用黄色荧光笔写着"该死的警察"。看来，这是杰克这个疯狂的凶手留给警方的挑战口讯。伊恩把连续几次收到的纸条放在一起仔细对比，不出所料，几张纸条的字迹非常相似，而且都是用黄色荧光笔写的。不难看出，凶手就是那个自称是杰克的人，而这个杰克非常嚣张，他一点都不惧怕警方，还有心要到处宣扬自己是个连环杀手，他甚至可能是故意制造恐慌。

伊恩仔细观察着这些纸条，大小几乎一样，但纸的边缘非常毛躁，这说明这些纸条不是用刀裁开的，而是凶手用手撕开的。

还有什么线索呢？伊恩盯着纸条上的字——"该死的警察""我在监狱待了八周，有人需要为此付出代价""快点找到我""看看会有多少人死在我的枪口下"，他的目光忽然停下来，然后抓起那张"我在监狱待了八周，有人需要为此付出代价"的纸条。难道，凶手是在给他们提供线索，他曾经被关在监狱八周？还是，他只是想留下这个纸条来扰乱警方的视线，误导警方的侦查方向？

伊恩打电话给自己联邦调查局的搭档亚历克希亚·威奇，将自己的进展以及纸条的疑惑告诉了他。亚历克希亚·威奇是一名优秀的犯罪心理学家，他在电话那头稍作停顿，便展开了分析："就你提供的情况来看，这个杀手是一个疯狂的家伙，依我多年的经验分析，这种疯狂的杀手都很狂妄，他们相信自己杀人不会被任何人抓住把柄，他们相信警方没有能力找出或者阻止他们；他们认为自己是掌握生杀大权的死神，可以任意夺去或者践踏别人的生命；他们以杀人为乐，变态而且偏执，而这个杰克留下的纸条，无疑是在和警方叫板，他自信自己不会被抓，因此也不会隐瞒自己的真实心理，甚至在疯狂以及偏执心理的作用下，他会写下真话。说不定，连杰克这个名字也根本不是他的化名，而是他的真实名字。所以，不妨调查一下最近有过短暂收监经历的犯人，顺便留意一下那些叫做杰克的人。反正，除了这一点，你们还没有找到其他什么可用的线索。"

伊恩也赞同这位老搭档的看法，他和丹尼商量后作出了新的任务部署：第一，从"我在监狱待了八周"这个线索入手调查相关的犯人，看有没有符合作案条件的嫌疑人；第二，调查那些名字中含有杰克的人，寻找可疑线索；第三，从受害者的背景入手进行调查，看几位受害人之间有没有什么联系。

警方很快按照这些部署展开行动，他们耐心地翻阅了相关犯人的档案，走访了这些犯人以及亲属，通过询问他们在案发时的去向以及证人，一一排除了他们与凶案的关系。调查名叫杰克的人的警员们也非常失望，他们从佐治亚州庞大的人口数据库中找出330个叫作杰克的人，根据当时手上的资料，警方判断凶手是个中年男子，且身体强壮有力，根据这些特点，警方从年龄以及身体特征的角度，排除了那些名叫杰克的老人与小孩，又结合作案地点的分析，警方逐步将嫌疑对象锁定在三个伊斯特波因特居民身上。

警方仔细调查了这3位名叫杰克的人，最后，也因为这些人不符合作案条件而将他们排除在嫌疑人行列之外。看来，杰克这个名字是不能给警方带来更多的线索了。警方仔细调查了受害者的背景，获得了200多页的背景资料，他们甚至调查了受害人的车子有没有在同一地点出现过，有没有在同一加油站加过油……然而，几位受害人之间，唯一共同的地方，就是他们都生活在伊斯特波因特。

凶手是个狂妄自大的人，从他对警方的蔑视来看，他应该也不屑于流窜作案，再加上他对受害者帕米拉的情况如此熟悉，那么，他很有可能就生活在这个城镇。伊恩甚至预感到，凶手的下一次枪袭还会发生在当地，而且他的目标可能是任何一个市民。

在破案线索有限的情况下，伊恩认为必须提高市民的警惕性。伊恩立即将自己的想法告诉丹尼，丹尼对此表示赞同。

于是，警察局开展了大规模的警告行动，除了通过媒体详细曝光了整个案件，还公开提醒所有市民提高警惕，注意自身安全。警局还通过电脑系统自动给生活在该城镇的所有家庭都打了电话，所有接电话的人都收到了注意自身安全的提醒。警方还通过语音系统通知市民，一旦发现可疑人物，就要立即向警局汇报。如此一来，市民们在提高了警惕的同时，也加重了内心的恐慌，以致整个城市都陷入了恐怖的阴影中，到处流传着神秘杀手的故事，人们甚至给这个杀手起了一个代号——索命杰克。

在惧怕凶手的同时，人们也对警方的办事效率提出了质疑，认为是警方的无能导致这个杀手肆无忌惮地作案，是警方无力破案而使整个城镇被恐惧的阴霾所笼罩。市民们甚至集结起来，公开要求警方尽快破案，还市民以安宁。

五

对此，虽然伊恩和警方都大为恼火，但他们却无计可施，无法向市民解释这个凶手是多么狡诈。为了尽快破案，伊恩和以丹尼为首的伊斯特波因特市警察局的同仁们都时刻保持警惕，他们24小时都待在警察局，分析所有受害者的背景、凶案现场的线索以及凶手的作案规律，希望在杰克下次出手之前将他捉拿归案。然而，到目前为止，他们的破案进展依旧缓慢。警方分析，这个杰克可能是一个冷血的职业杀手，平日里以杀人为乐，而他很有可能看到了警方在媒体上播出的警告通知，他甚至可能接到了警方提醒市民提高自身安全意识的电话。

如果真的是这样，他必然会隐藏起来，等风声过去后再度犯案。正在伊恩和警方都一筹莫展之际，伊恩接到了亚历克希亚·威奇的提示："像杰克这种疯狂作案的人，是不会因为警方大张旗鼓地发出警告而收手的，警方越紧张，气氛越恐慌，他就越是得意，他会认为这是对他完美作案的高度赞赏，而在他的眼中，警方就是一批无能的家伙，所以他一定会再度顶风作案，来挑战警方的耐心，也证明自己的高明。这种嚣张的人是不会自甘寂寞的，他一定会再度下手，而为了让警方崩溃，他甚至可能会把警察作为自己的下一个袭击目标。"

如果果然如此，那市民最起码可以松一口气了。伊恩这样想着，而从他多年的办案情况来看，亚力克希亚的推断的确有一定道理。那么，与其继续分析这些看过千百遍的线索，还不如采取一些其他的办法。

警局位于城镇中心，四周都较为繁华，想要犯案并不容易，更何况警察多是结伴行动。为此，伊恩想到一招引蛇出洞的方法，让警方分散警力，单独出现在城镇的各个地方。既然凶手如此狂妄，想必也不会放过袭击警察的机会。伊恩立即和丹尼以及其他警员召开了会议。警员们早就对这个杰克恨得咬牙切齿，他们纷纷摩拳擦掌，表示要作为诱饵引杰克犯案。

丹尼选择了一些身手比较好的警员们，嘱咐他们穿上防弹衣，并在身上装好跟踪设备。警员们开始分开行动，他们装作若无其事的样子在城镇的各个地方走动着，巡逻着。跟踪设备的这头是警局巨大的监视器，监视器前可以很清晰地看到各个"诱饵"警员周围的情况。伊恩和丹尼紧张地盯着监视器，各个"诱饵"警员四周均无异常。一天，两天，三天过去了，案犯似乎没有要行动的意思。难道，这个分析是错误的？凶手根本无意对警方动手？

正在警方困惑之际，丹尼接到哈普维同仁的电话，说在当地发生了一起凶手案，两名年轻的女子遭遇枪杀，死在自己的车子内。哈普维警方还在案发现场找到了口径为10毫米的手枪子弹，同样没有发现弹壳，而且杀手作案时距离受害人非常近，子弹也是穿过汽车的挡风玻璃射进受害人胸膛的。除此之外，哈普维警方还在挡风玻璃前的雨刷器下发现了一张用荧光笔写下的字条，上面写的是"你们一定抓不到我。杰克。"收到这个消息后，伊恩的第一反应就是，杰克又出现了。但是，凶手不是本地人吗？怎么又到了周边的城市？难道是伊恩和警方的侦查方向出错了？这个凶手难道是一个流窜作案的连环杀手？还是这个杀手为了转移警方的注意力，而故意跑到其他地方犯案？

为了尽快搞清这些问题，伊恩和丹尼立即动身前往哈普维。他们仔细地查看了案发现场，死者是一对姐妹，现场的确和发生在伊斯特波因特的几起案件非常相似，纸条也确实是用黄色荧光笔写的，就连纸条的大小也与前几次规格相同。虽然丹尼几乎确定凶手就是杰克，但伊恩却很快觉察出，这件凶杀案和发生在伊斯特波因特的案件还是有些不同。伊恩立即将这个疑点指给丹尼探长，丹尼立刻恍然大悟："这张纸条上的字写得工整秀丽，根本就不是那个杰克的，而很有可能是出自一个女子之手。"

伊恩和丹尼请教了笔迹鉴定专家，证实纸条上的笔迹确实出自女人之手。伊恩和丹尼松了一口气，看来此案并非杰克所为，他们当时的判断应该没错，凶手杰克应该就是本地人。而哈普维警方很快找到了更多的线索，还找到了这件案子的目击证人，根据目击证人的描述，他们很快抓到了真正的凶手。

真正的凶手是这两名年轻女子的朋友克瑞斯汀那。原来，克瑞斯汀那和那两名女子在同一脱衣舞俱乐部工作，她和两姐妹之间因为争抢顾客而发生了一些矛盾，再加上克瑞斯汀那和两姐妹中的妹妹艾莉爱上了同一个男人，那个男人最终选择了艾莉，因而克瑞斯汀那对两姐妹怀恨在心，而在电视上看到索命杰克案的报道之后，她决定仿照杰克的手法杀人。

于是她开始从报纸、电视等媒体上寻找更多关于杰克杀人的报道，并不断演练杰克杀人的步骤，就在认为自己的模仿足以以假乱真之时，她决定将这个完美的计划付诸实践。

她选择在7月12日晚上动手。当晚下班，已经是深夜23点，所以街上的行人寥寥无几。停车场内，克瑞斯汀那眼看着那两名女子钻进自己的汽车，就立即冲了出去，她从容地用安装好消音器的手枪击毙了姐妹两人，然后模仿杰克的方法，捡走了散落在地上的弹壳，将事先写好的纸条夹在汽车挡风玻璃和雨刷器之间。她认为这样就可以将这件凶杀案嫁祸到杰克的头上，而自己就可以逍遥法外了。只是，百密一疏的是，她忘了自己的字迹和杰克的并不相同，而正是这一点，暴露了此案的凶手并非是杰克的真相。

在克瑞斯汀那的房间里，哈普维警方找到了她用来杀害两姐妹的那把手枪以及消音器。证据确凿，陪审团很快认定克瑞斯汀那有罪，最终，法官认定克瑞斯汀那犯有一级谋杀罪，并判处她监禁75年。

虽然这件凶案并非杰克所为，但杰克的杀人手法也为凶手提供了模仿以及浑水摸鱼的机会。如果不尽快将杰克捉拿归案，恐怕会有更多人借机实施犯罪，而警方的侦破工作也必将愈加困难。而要想避免这种情况出现，就必须尽快找到杰克这个连环杀手，这使得伊恩以及丹尼紧皱的眉头更加紧锁了。

六

7月21日晚上10点，911报警中心接到报案，说一名女子在布朗大街遭遇枪袭。接线员立即将这一情况汇报给在警局研究案情的伊恩以及丹尼。丹尼一边要求值班人员通知其他警察，一边发动车子，和伊恩一起赶赴凶案现场。

案发现场居然就在警察局附近。警方到达的时候，救护车还没有到。伤者已经陷入了昏迷状态，她左侧的身体被四颗子弹击中，浑身是血地倒在车里。根据当时的情况，伊恩几乎立刻就确定凶手是杰克。报案人称，9点55分左右，自己下夜班回家，突然听到几声枪响，他立刻赶到现场，发现了这名受了重伤的女子，于是立刻拨打了急救电话，并报了警。

警方一边等救护车来一边将现场保护起来。伊恩在勘察现场的过程中发现了4枚口径为10毫米的弹壳，这无疑是一个令人惊喜的消息。要知道，在前几次的凶案中，杀手只留下了若干子弹，而将弹壳取走了，或许这次凶手较为匆忙，他居然没有将现场收拾干净。而警方因此终于获得了弹壳这个能证明凶器的非常重要的物证。

除了弹壳，伊恩还有其他的发现，即凶手在汽车上留下了子弹痕迹以及非常明显的V字图案。通过分析这些，伊恩几乎能想象得到凶手架手枪瞄准的姿势，以及是以怎样的射击角度向受害者开枪的。显然，这又是一起近距离杀人案，而且凶手几乎是在和受害人面对面的情况下开的枪。换而言之，受害人应该看到了凶手的真面目，如果真的是这样，那么只需等到伤者醒来，警方就可以知道凶手的样貌了。

急救车呼啸着来到了现场，医生立刻对昏迷中的伤者展开了急救。然而，一阵手忙脚乱之后，医务人员告诉伊恩，伤者的伤势非常严重，她的血压正呈直线下降趋势，很有可能会抢救不过来。说完，急救车就鸣叫着带着伤者赶赴医院。现场，伊恩有些不能接受这个消息，难道，杰克枪下又要多一条无辜亡魂，伤者指证这条线索又要断吗？

沉默片刻，伊恩重新打起精神，投入到对现场的再度搜查中。按照以往的经验，现场应该还有杰克留下的纸条，然而，他和丹尼以及众警员搜遍全场，也没有发现纸条的踪影。由于当晚并没有起风，所以伊恩推测凶手很可能由于匆忙忘了留下纸条。

除去纸条，这名伤者和帕米拉·克拉克的遇害过程极为相似，二者都是在汽车里遭到了射杀，而且是近距离射杀，子弹都穿透了车子的挡风玻璃。因此，伊恩确定，伤者就是被杰克所害。

在伤者的车上，伊恩找到了伤者的证件，得知此人名叫伊西多·拉弗蒂，是佐治亚州感化院的一名感化官。感化官？难道伊西多和帕米拉认识，两者之间会有什么联系吗？大清早，伊恩就再次来到感化院，院长证实，伊西多和帕米拉是同事，两人在一个办公室工作，平时关系非常要好。这么说，凶手并不是在随便杀人，他是有预谋的。

院长还告诉伊恩，伊西多是两个月前搬到感化院为员工提供的房子来居住的——不久前她刚刚结束了一段婚姻。听说，伊西多和她的丈夫克里夫·韦克是协议离婚，在和伊西多离婚后，克里夫还曾到感化院来找过她。

在伊西多被枪杀的现场附近，丹尼探长正带领着警员寻找着目击证人。终于，有位住在案发现场后面那条街的妇女向丹尼提供了一些情报。她告诉丹尼，案发当晚，她曾经听到枪声，她从窗户往外看去，发现一辆黑色克莱斯勒大捷龙疾驰而去。她说自己家里就有一辆红色的类似的车子，所以她一眼就能认出车型，但由于车子的行驶速度太快，所以她没来得及看清车牌号。虽然没有车牌号，但丹尼相信，凶手应该就是杰克。

丹尼和伊恩会合后，各自通报了自己的调查情况。两人商量后决定，先把伊西多被袭的消息发布出去，看看有没有人会提供一些可疑的线索。

七

伊恩决定和丹尼一起把伊西多昏迷的消息告诉她的前夫克里夫，但他按了几次克里夫的门铃，居然无人应门。正在两人准备驾车离开的时候，一辆黑色克莱斯勒大捷龙开了过来，停在了克里夫的门前。车门打开，下车的正是克里夫。

"克里夫·韦克先生，您好，我是联邦特工伊恩，他是丹尼探长，我们想和您谈谈。"伊恩边和丹尼走向克里夫边说道。

克里夫看起来有些疑惑："我能帮你们什么忙吗？"

"是这样，您的前妻伊西多遭人袭击了，她中了很多枪！"伊恩边说边仔细观察着克里夫的反应。

"那关我什么事，你们也知道，我和伊西多已经离婚了。虽然我们现在是朋友关系，但是我们平素并不来往。"克里夫斜靠在车门上，双臂交叉放在胸前。伊恩知道，这个动作代表不信任和自我保护。

"既然你们是朋友，那朋友有事你是不是应该关心一下？"伊恩边说边将目光投向克里夫身后的汽车。

克里夫一脸无奈的样子，说："好吧，说说她发生了什么事吧。"

"昨天晚上21点50左右，伊西多·拉弗蒂在大街上被人连射了四枪，她流了很多血，被人发现时已经生命垂危，医生说抢救成功的希望渺茫。"伊恩大致讲述了伊西多受伤的事情，克里夫并没有流露出吃惊的表情，而且他既没有追问伊西多是否已经脱离危险，也没有询问是否捉到凶手。他甚至没有表示要去看望伊西多，好像他刚才听到的，只是一件和市场菜价一样平凡的事情，而不是曾经的妻子被谋杀这样震惊的消息。对于伊恩和丹尼而言，这显然是不符合常理的。

伊恩提出看看克里夫车子的要求，克里夫作出无所谓的样子，并点燃了一支烟。

丹尼开始对克里夫的车子进行检查，伊恩则盯着克里夫问道："你的车钥匙在哪儿？你的车子又是从哪里买的？"

克里夫回答车子是租来的，钥匙就放在车里。

伊恩很希望丹尼能在克里夫的车子里找到纸条、手枪或者子弹等与案件有关的东西，然而，丹尼示意他，车里并没有什么可疑之物。

"可以去看看你的房子吗？"伊恩边说边递给他一支烟。

克里夫将先前的烟头扔掉，轻松地点燃伊恩递过去的香烟，狠狠地吸了一口，然后朝门口指了指："请便，不过别给我整乱了。"

伊恩和丹尼先后进入克里夫的房子，而由于没有搜查令，所以他们都没有大动作地搜查，只是随意转了转。不过，在克里夫卧室床前的桌子上，伊恩却发现了几只荧光笔。

"可以随我们回警察局一趟吗？我们需要向您了解一些情况。"伊恩相信，眼前的克里夫就是杰克——这个人的表现过于镇定，他甚至极力作出配合伊恩的样子。显然，他是想打消警方对他的疑虑。不过适得其反，伊恩反而更加怀疑他。

克里夫同意去警局配合调查。伊恩和丹尼低声商议后，决定分头行动，即伊恩带克里夫回警局，丹尼则带着其他警员去伊西多和帕米拉的办公室，看看有没有什么有用的破案线索。

八

接待室里，无论伊恩说什么，克里夫始终一副泰然自若的样子。看来，这是一个心理素质极好的家伙，就连办案经验丰富的伊恩也不禁暗暗佩服起他来。

不一会，伊恩看到丹尼匆匆从接待室经过，直觉告诉他，丹尼应该有所发现。于是，伊恩借故离开接待室，叫住丹尼，问他有什么发现。丹尼递给伊恩一封信，信上写着"克里夫不想离婚，还一直骚扰我。我非常担心，他不许我离开他，说我一旦离开，他就会用枪打爆我的脑袋。帕米拉可能就是克里夫杀害的。他说他什么都干得出来，我如果不和他复合，他就会伤害我身边的人。而帕米拉曾经鼓励我离婚，还帮助我找律师。克里夫知道帕米拉帮我找律师的事后，他非常恨帕米拉，说帕米拉是多管闲事，他要让这个多管闲事的家伙闭嘴。克里夫肯定已经疯了，他可能会杀死我，如果我遭遇了什么不测，那凶手一定是克里夫。"显然，信是伊西多写的，她一定是多次受到了克里夫的威胁。

丹尼还告诉伊恩，在帕米拉遇害的第二天，伊西多就和克里夫离了婚。

显然，丹尼带回的物证加重了克里夫的嫌疑。很快，他们办妥了拘捕手续，正式逮捕了克里夫。

审讯室内，克里夫依然一副沉着之态。伊恩拿出伊西多的信，当着克里夫的面读了一遍，甚至直接问他信中所述是否属实。

克里夫狡辩道："我只是随便说说，又不会真的动手。开个玩笑而已。"

"开玩笑能让伊西多写下这封信？"伊恩质问道。

"我当时在气头上，所以说了几句重话，说完我就后悔了，还向她道了歉。她可能也是一时紧张写的，再说她平时就一直很胆小，又多疑。唉，真是拿她没办法。"克里夫一副无奈的样子。伊恩怀疑，克里夫是在用这种态度掩饰他内心的紧张。

"那你有没有打过伊西多？"伊恩继续追问。

"没有！绝对没有！我很爱她，怎么下得了手。"伊恩强调说。

······

连续几个小时，伊恩一直询问克里夫和前妻的事情。从审问中，伊恩了解到，两人的结婚纪念日是在6月7日，刚好是伊比·阿奇博尔以及伊斯雷尔·伦德尔遭遇枪袭的日子。伊恩猜想，应该是克里夫因为这个特殊的日子激起了心中的愤怒，一时冲动而接连袭击了两个人。

"能解释一下你租车的事情吗？"丹尼问道，他查过克里夫的信用卡，发现他在6月7日这天租了一辆车。

"那天，我想出去逛逛，就在附近的汽车租赁公司租了一辆车，就是现在开的这辆，克莱斯勒大捷龙。这很奇怪吗？租个车子而已。"克里夫反问道。

"同一天发生两起枪袭事件时，都有人看到过这辆车，你还不老实交代？"伊恩厉声问。

"是吗？可能我刚巧路过，或者，是跟这一样的别人的车子也说不定。"克里夫继续狡辩。

整个审问过程中，克里夫一直强调自己与这些案件无关，他甚至捏造事实，说有缓刑犯因为爱慕前妻而向她求婚，求婚不成就发誓要杀掉她。虽然他还建议警方从缓刑犯的角度入手追查案件，但伊恩以及丹尼对克里夫的话没有丝毫的信任。无论是从直觉还是从证据来看，克里夫都有极大的嫌疑。

伊恩提出让克里夫接受测谎仪的测试，令伊恩意外的是，克里夫居然答应在律师不在场的情况下接受调查。伊恩认为，克里夫是想通过配合来证明自己的清白，如果真的是他，那他的心理素质简直太强大了。

"你有没有朝伊西多开枪？"伊恩边问边将测谎仪打开。

"没有！"克里夫声音平静。在接下来问话的过程中，克里夫一直强调自己爱伊西多，尽管已经离婚，他依然爱她。"你真的没有开枪？""当然没有！她对我很重要！我不会做伤害她的事！我喜欢她！我非常爱她！"克里夫一直重复着。伊恩怀疑，克里夫是想通过这种方法深度催眠自己，如果他成功催眠自己，那测谎仪将不会发挥任何作用。

"你有没有去过帕米拉的车库？"伊恩加快了语速。

"去过，我和伊西多曾经去帕米拉家做客。"克里夫这样回答。

"6月7日晚上你在哪里？"

"我一直在家。"

"谁能证明？"

"没有人，就我一个人在家。"

"5月3日晚上呢？"

"在家。"克里夫不假思索地回答。

"你怎么记得那么清楚？"

"我晚上从来不出门。"克里夫一脸不屑的样子。

"你刚才有没有撒谎？"伊恩感觉从克里夫那里问不出什么，便决定停止问话。

"没有！"克里夫肯定地回答。"好的，测试结束了！"伊恩说着收起测谎仪。"我通过测试了吗？"克里夫一脸期待。"这个不能告诉你。"伊恩心里有些失望，而从测谎仪的波动情况来看，克里夫在接受审讯的过程中并没有出现明显的异常情况。伊恩开始怀疑这次测验的准确性，从多年的刑侦经验来看，有些罪犯拥有较强的心理素质，如果他们在接受测谎时已经做好心理准备，那么警方就很难借助测谎仪看出任何端倪。

克里夫被押出去后，伊恩和丹尼继续讨论着案情。如果克里夫·韦克就是那个自称杰克的连环杀手，那就必须要找到他和所有案件之间的联系。但是，目前伊恩和丹尼掌握的物证却是不充分的。经过检验证实，伊恩和丹尼在几个案发现场找到的所有子弹都是由同一把手枪射出的。这也就是说，只要找到作案凶器，所有的问题就会迎刃而解。

九

医院有消息传来，受害者伊西多已经脱离了生命危险。虽然她的状态还不适合接受警方的调查，但这无疑是个令人振奋的消息——只需再等上些时日，伊西多便可以恢复过来，警方就可以从她口中得到更多的线索和证据。

在为伊西多庆幸的同时，伊恩和丹尼组织了多次搜查凶器的活动。在搜查过程中，他们想到了在克里夫卧室找到的荧光笔。虽然从表面看来，这些荧光笔写出的字的颜色和字条的颜色是一致的，然而这却是一种非常普遍的艾利克斯荧光笔，任何人都买得到，所以即便颜料吻合，这也不足以证实纸条就是克里夫写的。在这种情况下，伊恩决定将这些荧光笔带回实验室，希望通过实验找到什么突破性的线索。

实验室的工作人员戴维·克鲁斯在对纸条进行检查的时候，发现了一些新的线索。戴维在杰克留下的其中一张纸条上发现了一处模糊的印记。印记就在那张纸条的边缘，不过，不是人的手指指纹，而是人的唇印。戴维告诉伊恩，根据这个唇印判断，凶手当初为了将纸张分割得大小相等，先将一张大纸折好，用嘴舔过这些折痕之后，才把它们扯开的，而这些唇印应该就是凶手在舔这些折痕的时候留下的。伊恩知道，印记中的唾液痕迹会暴露人的DNA情况，于是他急切地询问DNA检测结果如何。戴维笑笑，说纸张上的DNA与克里夫·韦克的DNA完全吻合，这就说明克里夫·韦克就是警方要找的杰克！而凭这个证据，就足以给克里夫定罪。

尽管没有找到凶器，但有了DNA这个铁证，凶手是克里夫已经毫无疑问了。至此，伊斯特波因特市多起连环凶杀案的真凶终于落网了。案件很快移交法庭，控方律师向法院申请判这个冷血杀手死刑。

在案件开庭审理5天后，伊西多·拉弗蒂也终于完全恢复了健康，她出庭指证是克里夫杀害的帕米拉，也说出了自己当日遭遇枪袭的过程。

7月21日下午，伊西多·拉弗蒂接到前夫克里夫·韦克的电话，说是晚上请她吃饭。

伊西多当时有些抗拒，毕竟已经离婚，也不想和他有过多的牵扯，于是她告诉克里夫有什么话可以在电话里说。

但是，克里夫并不甘心，他继续劝说伊西多："别这样好不好，伊西多，虽然我们离婚了，但做个朋友总可以吧。朋友之间见见面有什么过分的吗？放心吧，我只是约你吃饭。"

伊西多稍稍犹豫了一下，还是答应了克里夫的请求。克里夫说得对，即便当初和他离婚时发生过一些不愉快，不过现在都过去了，自己现在把他当做普通朋友，和朋友聚聚也确实没有什么。事实上，伊西多当初写克里夫·韦克将会谋害自己也确实只是一时的猜测和恐惧而已。此时，她早就忘却了当时的恐惧，丝毫没有意识到危险正慢慢靠近。

＋

当晚，伊西多如约来到一家酒吧。克里夫已经等在那里，两人聊了几句，便又起了争执，而且他们还争吵着走出了酒吧。走出酒吧后伊西多打开车门，刚要钻进去，车门就被克里夫从外面关上了。

他大声吼道："伊西多，你为什么要离开我？难道你不知道我多爱你吗？你不知道我心里只有你一个人吗？"

伊西多非常无奈："克里夫，别再说这些毫无意义的话了，我们已经结束了！你醒醒吧。"

"就因为帕米拉那个婊子的几句话，你就要离开我吗？那个多管闲事的家伙，死了活该！"克里夫一脸幸灾乐祸的样子。

"克里夫，帕米拉已经遇难了，请你尊重她。和你离婚是我的决定，和帕米拉无关。"伊西多一直很敬重帕米拉，所以不愿听到克里夫这样说她。

令伊西多惊讶的是，此时的克里夫脸上的表情非常奇怪，他的脸上竟然露出了诡异的笑容，说不清是在因自己的话而冷笑，还是因为一种莫名的情绪而感到满足。

伊西多突然有种不祥的感觉，她颤抖地问道："你怎么这副表情，难道，真的是你杀了她？"

"没错，就是我做的。谁让她多管闲事，我说过，你如果离开我，你和你身边的人都会付出代价的。"克里夫冷酷地说道。

伊西多浑身发抖，她吓坏了。片刻之后，她冷静下来，决定要去报警，为帕米拉讨回公道。于是，她一把推开堵住车门的克里夫，迅速钻进车里发动了车子。

虽然伊西多的车子行驶速度很快，但是在离警局还有几个街口的时候，克里夫却从另一侧穿了过来，以致她的车子戛然而止，而克里夫飞快地从车里冲出来，还没等伊西多踩下油门，克里夫就已经冲到她的车子前边，朝着她连续开了四枪。伊西多一阵疼痛后，便昏了过去。醒来时，她已经在医院里。

在法庭审判过程中，克里夫起初还妄图狡辩，但看到伊西多出现在庭上的时候，他放弃了挣扎，并很快承认了自己就是杰克。

他告诉法官，自己当初杀害帕米拉，就是因为帕米拉鼓励伊西多和他离婚。他恨帕米拉，而且帕米拉是伊西多非常尊重的朋友，如果杀了她，伊西多一定会非常难过，那她也就会像自己一样，体会到失去自己爱的人的痛苦。他甚至在作案之前想过在将帕米拉杀掉后，自己便饮弹自杀，但后来清醒过后，他改变了主意，他要看着伊西多痛苦，他要活下来，而为了迷惑警方，他以杰克的名义留下了那些纸条，又故布疑阵，再次杀害几名与帕米拉没有什么关系的人，使得警方摸不到头脑。在和伊西多见面的当天，他并没有想要杀她，但在争吵之中，他实在难以控制自己的愤怒，尤其是在伊西多驾车离去之后，他甚至感觉伊西多再次抛弃了自己，于是他追上前去杀掉了她。从他的这段供词中，伊恩也终于了解到为什么当初没有在伊西多遭枪击的现场找到纸条了。

审判很快接近尾声，有了证据以及克里夫的供词之后，法官最终判定克里夫·韦克谋杀罪名成立，判处他入狱服刑191年，并且不可以假释。

第四桩

不要和陌生人说话

一辆卡车突然起火，消防人员在现场找到烧焦的尸体并发现可疑的线索，警方很快认定这是一起凶杀案件，凶手纵火是为了焚尸，毁灭犯罪证据。联邦调查局很快介入调查，这名女子生前在酒吧认识的陌生男子成为首要嫌疑人。就在探员们锁定嫌疑人的同时，这名嫌疑人已经闻风而逃，联邦调查局联合当地警方展开追捕行动。然而，这名嫌疑人在逃亡之时也并未停止杀戮，各地惊现单身母亲的尸体，破案难度升级，简单的谋杀案凶手抓捕工作已经发展成为高难度的跨州追凶，而且是对一名特别有可能犯案的连环杀手的追捕。

一

1995年10月1日一大早，洛杉矶消防局的报警电话铃声大作，值班人员汤姆慵懒的神情突然变得严肃，他边听电话边仔细记录着什么。挂断电话，汤姆立即向上级报告，凡纳斯医院附近的停车场内有辆卡车起火了。消防人员迅速集合，并于5分钟后到达事故现场。经过3分钟的奋力抢救，火终于扑灭了，但在消防人员眼前却出现了一具烧焦的身体，而且尸体已经面目全非。现场的空气中弥漫着一股烧焦的烤肉的气味，以致一些消防员忍不住这股气味呕吐了起来。

消防员罗恩意识到这不是一起普通的起火事件，于是立即联系了洛杉矶凡纳斯警察局。警察局负责纵火凶杀科的警探们立即赶到现场，他们首先将现场保护起来，在犯罪现场调查组人员调查现场情况的同时，他们询问了停车场的警卫以及围观的群众，希望找到一些线索。给消防局打电话的是一名护士，她目睹了车子起火的整个过程。她告诉警方，天还没亮的时候，她下夜班回家，刚走到停车场附近，就看到一辆车子燃烧起来，而当她刚想去找警卫人员救火的时候，发现一个留着长发的男子从车子旁边跑开了。她没看清那个人的长相，此前也从未见过这辆车。火势越来越旺，她就直接拨打了消防局的电话（旁边的警卫也证实了护士的说法）。

犯罪现场调查组人员仔细检查了起火车辆，从受损模式来判断，起火地点应始于驾驶室，然后迅速向车子其他地方蔓延，而且这个蔓延的过程极为迅速。调查结果显示，这是一起蓄意纵火案。初步分析，犯罪分子在纵火过程中使用汽油作了助燃材料。从体型判断，尸体应该是一名女性，但由于遭受了严重的火烧，所以要通过尸检才能有进一步的结论。警方从大火中找到了一些遗留物，明显可以辨认的东西中有一个背包、一架相机以及一卷没来得及冲洗的胶卷。

技术人员仔细分析了遗留物，并对其中的一些文件进行了复原。在复原的资料中，他们找到了一个署名——埃莉诺拉·里曼。两个小时以后，洛杉矶凡纳斯警察局警员麦克查出了起火车辆的车牌号。通过查阅车辆管理局的资料，麦克确定这辆卡车的车主就是埃利诺拉·里曼。麦克认为，车里发现的尸体就是埃利诺拉，不过，要想得到确切的消息，还需要得到牙科记录以及尸检报告。

他决定从埃利诺拉的背景入手，看看她有没有亲人可以通过辨认警方找到的这些东西来确认她的身份。麦克从警局的数据库中以埃利诺拉·里曼和卡车车牌号为关键词搜索信息，很快找到埃利诺拉·里曼的消息——她是洛杉矶人，25岁，已经结婚，丈夫叫弗吉尼亚，有3个孩子。很快，麦克和其他两名警员就带着调查现场拍摄的照片来到弗吉尼亚的家里。

麦克首先说明了自己的来意，并掏出那些照片让弗吉尼亚辨认。当听到这个消息后，弗吉尼亚非常悲伤，他认出了复原后的背包和相机都是自己妻子的。麦克还把从车里找到的照片冲洗了出来，照片上的男女关系貌似非常亲密。弗吉尼亚看过这些冲洗出来的照片告诉麦克，照片上的人是他的妻子和另外一个男人。麦克注意到，在看完这些照片之后，弗吉尼亚变得有些愤怒，他快速翻看了那些照片，然后将照片还给警察，无力地坐在沙发上。

麦克始终注意着弗吉尼亚的一举一动，他分析过，埃利诺拉是死于蓄意谋杀，而就他所处理过的那些已婚妇女被谋杀的案子来看，她们被谋杀的原因往往会集中在保险和情杀两个方面。

麦克已经查过弗吉尼亚以及埃利诺拉的保险和财产记录，发现双方的账户都没有异常的情况，再加上埃利诺拉的这些与其他男子的亲密照片，麦克认为，她因为保险被杀的可能性基本可以排除。如果确实是死于情杀，那么，弗吉尼亚自然也在怀疑对象的行列中。麦克必须通过弗尼吉亚的一举一动来确定或者排除弗吉尼亚的作案嫌疑。

二

辨认结束，麦克开始就埃利诺拉以及弗吉尼亚的关系展开了提问："最近，你和埃利诺拉有没有吵过架？"

弗吉尼亚有些心不在焉："有，前两天，她和我生气了，还说要离婚，后来就带着东西出去住了。"看得出来，他还在为妻子和其他男子的亲密照片耿耿于怀，他甚至不愿提到妻子的名字。由此，麦克不由加重了对他的怀疑。麦克认为，很有可能是弗尼吉亚通过某种渠道知道了妻子和其他男子过从甚密，所以才对其痛下杀手，而现在，他很可能是摆出一副失魂落魄的样子来迷惑警方，从而打消警方对他的怀疑。

"那么，你们之间的关系怎么样？"麦克决定刺激弗吉尼亚的情绪，一方面，如果弗吉尼亚确实有所隐瞒，他就会对这些刺激产生一些反应，而麦克就可以通过他的反应看出一些端倪；另一方面，麦克也确实需要通过询问弗吉尼亚来了解埃利诺拉的一些情况。

看得出来，弗吉尼亚并不想提起这些事情，不过，他还是比较配合地回答了这个问题。他告诉警方，妻子嫌弃自己没有男子汉气概，认为自己过于懦弱，因此常常向弗吉尼亚发脾气，还赌气说再也不回到这个家里。麦克由此判断，他们两个人之间有很大的嫌隙，而且说不定两人的婚姻早就已经名存实亡。

为了获取更多的有用信息，麦克决定采取迂回的策略，他转而提问弗吉尼亚的工作情况如何，家庭其他成员去了哪里。

弗吉尼亚好像没有听到麦克的提问，他继续回忆着和埃利诺拉的事情。他告诉麦克，9月29日那天，他下班回到家里，埃利诺拉已经做好了饭，而且看起来她非常高兴。吃饭的时候，她告诉弗吉尼亚，自己买彩票中了三等奖，奖金有1500美元。弗吉尼亚也为这个消息感到开心，为了表示庆祝，他还和妻子干了一杯。"要是一直这样开心，该多好啊。"弗尼吉亚突然发了这样一句感慨，然后不再说话。看样子，他仿佛陷入到了回忆之中。

麦克立即抓住了1500美元这个线索，虽然奖金数额不是太大，但也足以让那些心怀不轨的人眼红了。或许那名凶手当时就是贪图这笔奖金，而在抢夺这笔钱的过程中，他发现了一些不可控的事情，于是为了避免事情败露，他点燃车子，将埃利诺拉困在车子里烧死。事情果真如此吗？

麦克追问弗吉尼亚接下来发生的事，弗吉尼亚回过神来，继续说道："餐桌的对面，埃利诺拉开心地规划着这1500美元的用途，她说要给孩子们提前买好圣诞礼物，还要带他们出去吃一顿大餐……我已经很久没见妻子那么开心地笑了，突然想起一件可以喜上加喜的事情，于是迫不及待地打断她说：'埃利诺拉，我也有一个好消息要告诉你，克拉蒙特马上就要成为我们银行的行长了，到时候，说不定他能提拔我当个大堂经理呢。'在我说完这句话后，埃利诺拉就不高兴了，她看我的眼神中充满了不屑，问我：'弗吉尼亚，你知道我为什么老是说要离开你吗？'她的这种态度刺痛了我，再加上当时，已经有人告诉我看到埃利诺拉和其他的男人在一起，我真想大声吼一句'还不是因为你的情人'。不过，我还是把这句话忍了下去，我不想再和她吵架，我想等这些事情都过去后，或许我们可以重新开始。"

"于是，我忍下心中的不满，向埃利诺拉道歉说：'亲爱的，我知道都是因为我，是我的能力不够，克拉蒙特接连升级，我还一直是一名普通的银行职员，我知道这让你很没有面子。不过，现在好了，克拉蒙特已经要成为我们银行的最高领导了，他是我的亲哥哥，他一定会提拔我当大堂经理的。等我当上大堂经理，我就可以带着你和我们的孩子出去旅游，而且咱们还可以换一套房子……''够了，够了'没等我说完，埃利诺拉就喝住了我。我停下来，她冷冷地看着我，然后继续说道：'你还像个男人吗？同样是从银行小职员做起，这么多年过去了，你哥哥都快成行长了，你却还是一个小职员，你自己不努力，只想着靠别人，整天像个哈巴狗似的跟在你那趾高气扬的哥哥后面，点头哈腰，唯唯诺诺的，你不觉得你的样子让人很恶心吗？'"

"我当时就觉得血往脑门上冲，我脱口而出：'我这样也比你强，我每天辛辛苦苦地工作，为了这个差事，为了这个家，忍气吞声，你却背着我和其他男人搞在一起，你对得起我吗？'埃利诺拉先是一愣，然后冷笑一声：'是啊，我是和其他男人在一起，他比你强一百倍。'听到她这么说，我简直都快气疯了：'他比我强，那你去找他，何必再和我纠缠。既然你的心都不在这个家里了，那人还留在这里干什么？'我看到埃利诺拉的眼泪流出来了，结婚这么多年，她只有在我冤枉她的时候才会流泪，天哪，我是不是错怪了她？我心软了：'埃利诺拉，那个男人和你……''不关你的事，你不是想让我走吗？好啊，我们离婚吧。'她说完冲进卧室，重重地将门关上，我追了两步，停下来，垂头丧气地坐到了沙发上。我到底哪里做错了，我们的婚姻到底出了什么问题？我正想着这些乱七八糟的事，埃利诺拉就拉着行李箱走了出来。我站起来拉住行李箱，说：'埃利诺拉……'我想把她留下来，我想和她好好谈谈。她说：'放手。'她的样子是那样的决绝，我愣在那里，任她离去。我知道，她肯定再也不会回来了，我失去她了。"弗吉尼亚掩面而泣，麦克和其他警员自然不想过问他们的家庭事务，可是事关案件，他们也只好耐心地听他说着，并仔细分辨着他的话的真伪，以及他的表情是真情流露，还是假惺惺做戏。毕竟，在找到其他证据之前，他的嫌疑是最大的。

三

"这是你们最后一次见面吗？"一位警员问道。

"是的，她走之后我们就再也没有见过面。"

弗吉尼亚仿佛还沉浸在那些回忆中，此时的他几乎没有防备，于是麦克抓住这个时机，装作漫不经心的样子问道："那天埃利诺拉走后，你做了什么？"

"我感觉很难过，于是就回到卧室，一直躺在床上，直到天黑的时候电话响起，我才起身。"

"谁的电话？"

"是埃利诺拉打来的。"

"埃利诺拉？她说了什么？"麦克有些疑惑。

"她说要和我分开一段时间，说我们各自都需要冷静一段时间。"突然，弗吉尼亚激动起来："我知道她是什么意思，需要时间冷静就是个借口，她一定是去找那个男人了，她知道我不想离婚，她想先和那个男人在一起，通过这件事刺激我，等我受不了了，就会提出离婚。她想把离婚的责任推向我。不，我才不会上她的当，我就要等她回来。"

麦克盯着这个有些歇斯底里的男人，暗暗猜度："这会不会就是他的杀人动机？"

"你后来有没有听到她的消息？"麦克追问道。

"没有了。"

"除了说和你分开一段时间，埃利诺拉有没有说其他的？"一位警员询问道。

"没有了。她没说其他的。"

"你再仔细想想，要知道，到目前为止，最有可能向埃利诺拉下手的，就是你。弗吉尼亚先生，如果没有其他的证据，你很有可能因此成为本案最大的嫌疑人。"麦克向弗吉尼亚挑明了其中的利害。

"天哪，怎么可能是我，埃利诺拉是我的妻子，我爱她。"

弗吉尼亚一脸惊讶。

"可你也因她而痛苦，不是吗？"麦克的声音中毫无感情。

"是，我承认我很痛苦，但是我不会杀她，我只是希望和她重归于好。我能原谅她。"弗吉尼亚看起来一脸真诚。麦克并没有再询问什么，而是陷入了沉思，就弗吉尼亚的表现来看，他的确不像是杀害埃利诺拉的凶手，但在不能确定他的表现是不是伪装之前，还不能排除他的嫌疑。何况，弗吉尼亚也是长头发，这和凶案现场那名护士提到的长发男子有重合之处。

"警官，相信我，我真的没有骗你们，她后来没有说过什么重要的事情了。"

"未必是看起来重要的事情，你们平时闲聊的时候她有没有说和谁不和，或者和谁有过节之类的？"

"没有，埃利诺拉的人缘向来都很好，邻居们也都很喜欢她。"

"她打电话的时候有没有说自己在哪里？"

"有，她说是在迈克莱德酒吧。"

麦克暗暗记下这个名字，其他警员又问了弗吉尼亚从29日到10月1日的去向以及证人等问题。把弗吉尼亚的说辞一一记录下来之后，麦克和警员们兵分两路，一路去核实弗尼吉亚的证词，一路去迈克莱德酒吧寻找线索。

在去迈克莱德酒吧之前，麦克首先和一名警员通过网络以及周围的人了解了这家酒吧的情况，查了查这家酒吧的主人和招待的情况。通过这些，他发现这家酒吧比较正规，主人和招待都没有犯案前科。到了酒吧后，麦克首先找到一位29日值班的服务员，他向这名服务员出示了埃利诺拉的照片，服务员一眼认出她就是这里的顾客萨拉。

服务员告诉麦克，萨拉是这里的常客，也是这里的会员，这里所有的服务员都认识她。29日晚上，她喝了很多酒，她大声嚷嚷着，自己中奖了，好像是中了1500美金。她不时拽住一名服务员，拿出一两张钞票，一边说自己中奖了，一边把钱塞给服务员。看样子，她已经喝醉了。萨拉还说要请全场的顾客喝酒，大家都跟着起哄，不过，她的男朋友过来制止了她。

"她的男朋友？你确定吗？"麦克总算找到了一些线索。

"应该是吧，他们的样子看起来非常亲密。像是男女朋友的关系。"

麦克将服务员的口供记录下来后，又找到这家酒吧的经理，查看了会员登记名册，确定这个萨拉的真名就是埃利诺拉。此外，麦克还询问了其他服务员以及酒吧的一些常客关于萨拉的情况。其中一名顾客回忆说，29日当晚，萨拉和一名男子聊得非常开心，那名男子是最近才出现在这个酒吧的，接连一周，他每天都会出现。只是从未见到他和萨拉有过任何交流，而当晚，他和萨拉的关系看起来一下变得非常亲密了。其他人也证实了这位顾客的说法，还有人记起这位男顾客的名字叫做格伦（他留着长发，还有两撇小胡子）。麦克清楚地记得，失火现场有位护士说过，她曾经在案发现场看到一名男子从失火车辆前跑开。难道当日出现在现场的就是这名叫做格伦的男子？

麦克和同事对望一眼，看来两人是想到一起了。他们继续听那些顾客们说着当晚的情形："谁也不知道格伦是从哪里来的，他也不是这里的会员，但是他看起来非常阳光，也非常帅气。他好像很有女人缘，每天晚上我们都能看到他带着一个女人离开这里。但是那天，别的女人和他说话他只是笑笑，他好像把全部注意力都集中到了萨拉那里，而且他一直眉飞色舞地和萨拉说着什么。他虽然制止了萨拉请人喝酒，却又好像非常大方，他给我们每人都送了一杯酒，还告诉我们要谢谢美丽的萨拉。大家都举杯向萨拉致谢，而萨拉也非常豪气地一连喝下好几杯酒。"

"当时我就坐在他们旁边，"一位顾客说道，"他们两个刚开始聊得非常开心，后来不知道怎么回事，萨拉提出要出去打个电话，她回来的时候，情绪非常低沉，脸上好像还挂着没有擦干的泪。"

"当时大概是几点？"麦克猜测，她应该是给弗吉尼亚打的电话。

"9点左右。"这位顾客回答。看来弗吉尼亚并没有说谎，他确实在这个时间接到过埃利诺拉的电话。

"接着发生了什么事？"麦克继续询问这位顾客。

"格伦先是问萨拉发生了什么事，萨拉掩饰地将眼泪擦去，说道：'没什么，眼睛有些不舒服。'格伦又追问了一遍，听到萨拉说没事后，他邀请萨拉去跳舞。记得当时他表现得非常殷勤，大家都能感觉到他对萨拉很有感觉。他用非常标准的绅士礼邀请萨拉，我们周围的人都跟着起哄。萨拉有些害羞地接受了格伦的邀请。很快，两个人在舞池中就疯狂了起来。他们两人跳了好几支舞，回来的时候，两人连续要了好几杯酒。快打烊的时候，格伦提出要搭萨拉的车子回家。他告诉萨拉，自己的家就在酒吧附近。我们都知道格伦的意思，萨拉应该也清楚吧，她没有拒绝。两人相拥着走出了酒吧。我们大家都认为，这两个人是非常般配的一对，他们男的帅气，女的漂亮……"

"后来呢？"麦克及时制止了这位顾客的长篇大论。

"后来，他们就走了。"

"从那天起，格伦有没有再来过酒吧？"

"没有，没有。"众人纷纷否认。

麦克将所有人的证词汇总起来，发现最有用的线索就是这个叫做格伦的男人。他留着长发，和失火现场护士所说的长发男子的口供吻合，而且现在看来，他很有可能是最后一个见到埃利诺拉的人，即便不是真凶，也一定是了解内情的人。由此而言，要想破案，就必须找到格伦。

四

"你们知道格伦住在什么地方吗？"麦克满含期待，因为找到他，破案就指日可待了。

"不知道，我只记得他提过，他叫格伦·罗杰斯。对，好像是这个名字，别的就不清楚了。"其他人也纷纷摇头，看来他们也只知道这些了。

"好的，谢谢你们，如果想到些什么，或者再次看到格伦出现，请立即打电话给警局。"随后，麦克就和同事有些失望地离开了酒吧。

回到警局之后，麦克立即通过警局内部系统查询到格伦·罗杰斯的住所（他就住在凡耐斯地区宾朗大街26号），而且麦克还找到了格伦的照片。第二天，麦克和另外一名同事再次来到迈克莱德酒吧，他们将格伦的照片和另外一些人的照片混在一起，拿给那些目击证人看。目击证人很快从所有照片中找出了格伦的照片，并非常肯定地告诉他们，那天晚上和萨拉，也就是埃利诺拉在一起的男人，就是他。

麦克立即将这些证明整理成资料，向法官申请了到格伦家进行搜查的搜查令。

在去往格伦家里的路上，麦克的车子经过了当时的失火现场。几分钟后，他们就到达了格伦的公寓。原来，失火现场和格伦的家只有几分钟的车程，而这致使麦克不由加重了对格伦的怀疑。到达格伦的公寓后，警方按铃，无人应门。经过商量，警方决定强行进入。强行而入后，警方发现格伦的家里并没有人，桌子上的面包已经发了霉，咖啡早就变了味道；地上散落着几只男士臭袜子，而且墙角还堆着一堆脏衣服。看来，格伦已经落荒而逃了。

警方在格伦的家里找到了一只女士钱包，钱包里没有钱，也没有可证明身份的证件。在格伦卧室的地板上，麦克发现了一枚戒指，他记得，弗吉尼亚的手上也有一枚相同的戒指。为了证实戒指的主人就是埃利诺拉，麦克将戒指拿给弗吉尼亚看，他一眼

第四桩

不要和陌生人说话

103

认出这就是埃利诺拉的戒指，他还告诉麦克，这是两人结婚时买下的。麦克也确认弗吉尼亚手上的那枚戒指和在格伦家里发现的那枚戒指是一对。由于所有的证据都指向了格伦，所以警方基本排除了弗吉尼亚的作案嫌疑。

几天之后，警方拿到了验尸报告，如警方所料，死者确实是埃利诺拉·里曼。然而出乎警方意料的是，验尸报告指出，被害人鼻子周围没有发现烟灰，胸腔内也没有发现灰尘或其他燃烧堆积物。但如果是活活被烧死的话，她会吸入大量烟尘，而从验尸报告来看，车上的火并没有侵入她的身体，这也就是说，埃利诺拉在失火时无意识或是已经死亡。死者的尸体骨骼报告显示，她的颈骨出现骨折，她断裂的骨头刺破了喉管导致其窒息死亡。正如验尸报告所说，死者死于颈骨骨折后断裂的骨头造成的窒息。通俗地说，死者是被掐死的。除此之外，验尸报告还指出，死者生前曾遭受性侵犯，而且在失火时身上没有任何遮盖物。

看完尸检结果，警方更加疑惑了——酒吧目击者的证词显示，两人关系看起来非常暧昧，而且按照酒吧目击者的描述，埃利诺拉当晚应该是接受了格伦的暗示，去了格伦的家里。那为什么会有性侵一说呢？难道是埃利诺拉中途改变了主意？还是埃利诺拉根本就对格伦毫无兴趣，暧昧一说全部是酒吧顾客以及服务员的臆想？无论如何，格伦在埃利诺拉被杀一案中都是有重大嫌疑的，而且由于尸检报告已经证实死者的身份，警方已经可以通过这份官方、合法的证明来正式对格伦以谋杀罪提起控诉。

很快，洛杉矶警方指控格伦·罗杰斯谋杀埃利诺拉·里曼，并上诉法院向格伦·罗杰斯发布逮捕令。由于被害人埃利诺拉·里曼在死后遭受了性侵犯，并惨遭凶手纵火毁尸灭迹，因此洛杉矶警方将格伦列为十大通缉犯之一，并上报给上级，而联邦调查局对此表示了高度关注，他们开始接手这件案子，并派出以卡罗拉·奥迪为首的10名探员赶赴洛杉矶警局，和当地警方一起来侦破这件大案。

五

到达洛杉矶警局后，卡罗拉·奥迪立即要求熟悉此案的麦克警官把格伦的名字以及样貌特征等输入与全美57000个执法部门相连的国家犯罪信息中心数据库。这就等于向全美国的执法部门宣告，格伦·罗杰斯是一宗强奸杀人案的重要嫌疑人。

除了列出凡耐斯警局的通讯地址以及电话号码外，卡罗拉·奥迪也将自己的名字以及电话号码留在了数据库联系方式栏上。只要全美任何一个执法部门得到格伦·罗杰斯的消息或发现他的踪影，他们就有权利向法官申请有效的逮捕令，将他抓捕归案。

卡罗拉仔细核对了国家犯罪信息中心中格伦的信息：格伦·罗杰斯，出生于1962年7月24日，白种男性，金色头发，蓝色眼睛，因涉嫌强奸并杀害埃利诺拉·里曼而受到指控。他很快牢牢掌握了这些信息以及麦克提供的与此案相关的资料，并开始带领联邦调查局特派小组和警察一起，查找格伦的下落。

卡罗拉四处寻找与格伦相识的人。他了解到格伦曾经在一些工地打工，于是走访了那些工地，并找到了和格伦一起打过工的一些工友。他亮明自己的身份后，工友们都十分配合，他们积极回答着探员们的问题。很快，卡罗拉掌握的关于格伦的资料又多了几项：格伦的脾气比较暴躁，平时喜欢喝酒，酒后常乱发脾气，甚至殴打女友，他的前几任女友都因他的暴力行为远离了他。不过，在听说埃利诺拉的遭遇后，工友们却并不认为杀人凶手是格伦。

他们认为，格伦虽然为人比较粗鲁，但在日常生活中表现的性格还是比较光明磊落的，他应该不可能做出这种丧尽天良的事情。卡罗拉很理解工友们的看法，当谋杀等可怕的事情发生时，人们总不希望案件和自己或周围的人有什么关系。虽然了解工友的看法，但卡罗拉依然有相反的看法，他根据格伦工友的话，推断出埃利诺拉可能就是在格伦酒后发酒疯的过程中被害死的。至于埃利诺拉被害的原因，则需要等找到格伦后才能确定。

"你们最后一次见到格伦是什么时候的事情？"一名探员问道。

"有两年多了吧，两年前我们在切尔克里酒吧一起喝过酒，后来他就离开了工地，我们再也没有联系了。我有一次还想找他帮忙，只是当时打了好多次他家的电话，总是没有人接听。"一位工友回忆说。

卡罗拉点点头，一边记录着工友的口供一边说："好的，谢谢你们的配合，如果有了格伦的消息，请立即通知警方。"

几天之后，卡罗拉接到格伦的一名工友的电话，说格伦当日给他打了个电话。卡罗拉立即根据这位工友提供的号码，查到了格伦的地址——格伦正在密西西比州杰克逊市郊的买哈图汽车旅馆345号房间。

六

卡罗拉立即运用内部号码拨通了密西西比州杰克逊市警察局局长詹姆斯的电话，告诉他立即派人去检查一下杰克逊市郊买哈图汽车旅馆345号房间，因为他怀疑一名杀人嫌疑犯就躲在那个房间。詹姆斯立即惊慌起来，如果市民知道有这样一名杀人嫌犯就在当地躲着，那警方必将面临难以想象的压力。而凶手如果流窜作案的话，一个地区警局根本就没有办法破案，作为警察局最高长官，他也必将面临很多错综复杂的职权问题。

为了避免格伦在当地作案，詹姆斯立即调动人马，在几分钟后赶到了买哈图汽车旅馆345号房间。遗憾的是，房间空空如也，格伦再次出逃。

按照卡罗拉的建议，密西西比州杰克逊市警察局立即发出全境通告，希望当地人踊跃检举，争取在格伦离开这里之前将他擒获。11月4日，警方接到了一位市民的报警电话，说自己的女儿被格伦·罗杰斯杀害了。詹姆斯局长得到这个消息后，立即和卡罗拉取得了联系。卡罗拉和几名联邦调查局探员立即出发，来到密西西比州杰克逊市警察局。和当地警察会合后，他们立即赶往凶案现场。

报警人名叫玛利亚，75岁，死者是她的女儿，34岁的单身母亲玛尔维娜·沃斯。玛利亚极力掩饰住悲伤，回忆了一些事情：10月7日那天，玛尔维娜打电话给玛利亚，说自己在博览会上认识了在那里做志愿者的格伦·罗杰斯，而且她被格伦的魅力倾倒，格伦好像也很喜欢她。不久后，格伦就住进了玛尔维娜的公寓里。

玛尔维娜很喜欢格伦，由于她担心儿子卢卡斯和格伦相处不好，所以她就将卢卡斯送到了母亲玛利亚处。最初，玛尔维娜确实很幸福，她给卢卡斯和母亲打电话时声音中总是有掩饰不住的愉悦。但半个月后，玛尔维娜开始后悔自己的选择。她告诉母亲，格伦的情绪非常不稳定，动不动就发脾气，她有些害怕。后来连续一周的时间，玛利亚都没有收到玛尔维娜的电话，而在此之前，她每天都会给母亲打个电话。

在这种情况下，玛利亚担心女儿出了什么事，就打电话给她。玛利亚详细回忆了她们最后一次通话和发现女儿尸体的情形："我给她打电话的时候，电话响了好久她才接。我问她最近的情况怎么样，怎么没有给我打电话，也没有过去看看孩子。她说自己太忙了，说过几天就会过来看我和孩子。我从她的语气中听出她非常不开心，我很担心，就问她是不是格伦对她不好，到底发生了什么事情。玛尔维娜告诉我，她很好，只是有些困倦，她还安慰我，让我放心。可是我听得出来，她过得并不好，我甚至能感觉到她在竭力掩饰什么。"

"我在电话中听到格伦的喊声，玛尔维娜有些慌张，她说了一句改天我去看你们，就匆忙地挂断了电话。从那天之后，我就没了玛尔维娜的消息，我打电话，她也不接。我开始以为是格伦不想让她接我的电话。后来看到警方发出的协查通告，我让卢卡斯辨认后，发现女儿新认识的男朋友就是警方要找的杀人犯。我非常不放心，就带着卢卡斯去找玛尔维娜，想告诉她，让她离开格伦。可是今天中午，我按了好久的门铃都不见有人应门，我就用卢卡斯的钥匙打开了房门，而进门后却发现玛尔维娜已经死在浴缸中，于是我就立即拨打了报警电话。我女儿一定是被格伦害死的，请你们一定要抓住这个杀人凶手。"

卡罗拉安慰了玛利亚一番，就去查看玛尔维娜的情况，他发现死者身上有多处血痕，初步看来是被不明硬物刺伤的；死者的喉管被人割断，看来是流血过多而亡。卡罗拉及其他探员四处搜寻着证据，而技术人员则拍摄了案发现场，并提取了很多不太明显的指纹。屋子中并没有发现凶器，屋内的一切物品都摆放如常，贵重物品也没有丢失，公寓的门锁完好，并没有强行进入的迹象。从这些线索来看，凶手应该是和死者熟识的人。卡罗拉还注意到，凶手在整个作案过程中镇定自如，他甚至在杀人后锁上了房门。应该说，这是个心理素质极强的冷面杀手。显然，格伦·罗杰斯是最大的嫌疑人。

七

卡罗拉仔细分析着案情。从两起案件来看，格伦的作案手法是通过魅惑受害人，将受害人引到一边后残忍地将她们杀害，然后逃之夭夭。但卡罗拉想不明白，格伦的杀人动机是什么？可以肯定的是，他杀人不是为了财物，因为通过技术还原，埃利诺拉死后，她的包里应该有1700美元的现金；而玛尔维娜家里也并未有任何财物损失，就连她皮包里的钱，也安安稳稳地躺在皮包里。那么，是为了感情吗？看起来好像是这样，两名受害女性都和格伦有非同寻常的关系。

然而，他仔细想过后，却发现了一个问题——无论是埃利诺拉还是玛尔维娜，都对格伦非常有好感，埃利诺拉在众目睽睽下送他回家，而玛尔维娜则为了格伦将儿子放在母亲那里。虽然不明白格伦的杀人动机，但卡罗拉知道，格伦心性残暴，如果不将他捉拿归案，恐怕会增添更多的无辜亡魂。于是，卡罗拉立即将情况向联邦调查局汇报，很快，他收到了联邦调查局的回复——联邦调查局除了交给他联邦颁发的追捕潜逃嫌疑犯的逮捕令外，还要求他将两案合并，并和几名联邦调查局探员一起协助各地警方办理这起跨州大案。

11月6日，卡罗拉接到佛罗里达州坦帕警方的电话，说格伦在当地华美达汽车旅馆又杀了一个人。卡罗拉赶到的时候，坦帕警方已经将现场收拾完毕。坦帕警员弗罗斯特告诉卡罗拉，警方赶到的时候，一名年轻女子死在浴缸里，她的头部、胸部以及手臂等多处被刺伤。警方没有找到受害人的能证明其身份的证件，所以无法确认死者的身份，只知道她的肩部有青龙文身。

死者的外套和鞋子都堆在房门口，警方还在水槽里发现了一条项链。弗罗斯特从遗留的证据中尝试推测了这起凶案的经过。警方在清理被害人的衣物时，发现她的衣服上有很多撕裂的痕迹，可见她遇刺时还穿着衣服；受伤位置在身体前部，看来凶手是正面袭击她的；被害者的鞋面上有大量血迹，可见她遇袭时并未脱鞋，而且是站着遭受了袭击；警方在尸体下发现了一块男士手表，佛罗斯特认为这应该归凶手所有。从她被放在浴缸里、浴缸里充满了水，以及地上散落的几条沾有血迹的毛巾来看，凶手应该是想清除掉自己的作案痕迹。

警方询问了报案的女清洁工，她说，当日清晨，退房时间过后，自己就去231室打扫房间，但房间外挂着请勿打扰的提示，而前一天她就因为这个牌子没有进去打扫房间。不过，这天，由于231的客人已经退房，所以她就直接用钥匙打开了房间。刚进门，她就发现了房门口鞋子上的血迹，她担心出了什么事，就连忙跑出去通知保安，并拨打了报警电话。

弗罗斯特询问过旅馆经理，旅馆经理对231的这名房客很有印象，因为这名房客于前一天到前台索要过写着"请勿打扰"的牌子，还和前台的服务员发生了争吵——本旅馆并没有这种牌子。这名房客随后又付了一晚上的租金，并警告前台不许派人去给他打扫房间。

卡罗拉查看了警方收集到的证物，那张来自电话簿的纸上歪歪扭扭地写着"请勿打扰"几个字，看来，他回房后自己从电话簿上撕了张纸，写上"请勿打扰"的字样，挂在了门上。弗罗斯特还告诉卡罗拉，据旅馆经理回忆，当晚231的那名房客曾经往一辆白色小轿车中装行李，但由于他当日又付了一晚上的租金，所以经理并没有想到他是要离开，而且经理还好心提醒这名房客晚上不要把东西放在车子上，以免丢失。

那名房客当时笑着回答，自己已经将包放好了，再拿上去太麻烦。而旅馆的登记卡显示，231房间的入住人正是格伦·罗杰斯。警方通过提取登记卡上的签名，采集到了格伦的指纹。技术人员经过比对，确定这就是犯罪信息中心登记在案的格伦·罗杰斯的指纹，于是他们联系了卡罗拉，而与此同时，警方通过媒体发布了协查通告。很快，一名妇女前来认尸。这位妇女告诉警方，死者是自己失踪两天的女儿蒂娜·玛丽·克里布斯。

八

妇女说，蒂娜是两个孩子的母亲，在两天前失踪。她告诉卡罗拉女儿失踪前和朋友们去了吉布森顿的演出时间酒吧。于是，卡罗拉立即带着当地警员到演出时间酒吧调查。这家酒吧非常具有家庭的气息，人们可以在那里看电视、聚会或者聊天。酒吧服务员告诉卡罗拉和警员们，蒂娜上周二的确来过这里，她当时喝多了，还非常大声地向朋友们介绍了一名长发的白人男性。警方立即取出几张照片让服务员辨认，服务员一眼就认出了格伦。

她告诉警员们，由于那名男性长得非常帅气，所以她忍不住多看了几眼，也因此对他的印象非常深刻。看来，格伦·罗杰斯的魅力果然不小。服务员回忆了当晚的情形：那天晚上，格伦和蒂娜以及蒂娜的朋友们聊得非常开心，格伦的样子很友善，他还请酒吧里的常客们喝酒。很快，他几乎和整个酒吧的人都熟稔起来。蒂娜好像对格伦很有好感，他们两人后来离开朋友单独在酒吧的一隅喝酒，并小声地聊着天。直到后来酒吧要关门的时候，蒂娜从服务员这里拿了最后一杯酒，而格伦希望蒂娜送他回去，还说自己就在附近的汽车旅馆住。蒂娜很爽快地答应了，她将酒一饮而尽，把酒杯放在吧台上就和格伦一起离开了。

蒂娜有一辆白色的福克斯，与华美达汽车旅馆经理看到的装行李的那辆车相同。卡罗拉更新了国家犯罪信息中心关于格伦的信息，补充了白色福克斯以及车牌号码等内容。

综合三起案件，卡罗拉发现，格伦无论是在迈克莱德酒吧、在玛尔维娜面前，还是在华美达汽车旅馆、演出时间酒吧，都从未掩饰自己的真实姓名，他好像并不惧怕被逮捕，他也没有为掩饰自己的身份而换用其他的车子，他开的车子不是自己的就是受害者的，而这样无疑会很大程度地暴露他的行迹。

针对这样的情况，卡罗拉请教了联邦调查局行为专家马克·詹姆斯。马克认为，格伦是一个聪明的人，别人依常理推测他会运用假名的时候，他反其道而行，而且他胆大、心细、又充满自信；他相信自己的魅力，相信自己能成功吸引受害者，也相信自己的能力，相信自己出手后不会被警方抓住。

马克分析，格伦对美国法律应该非常了解，他跨州作案，就是因为了解当地警方行动范围只局限于本州，一旦他到另外一个州，那么所有调查和抓捕几乎都会失去效力；通缉令对他来说作用不大，因为他温和友善的外表不会引起任何人的怀疑；他应该喜欢去酒吧，因为在这里他很容易找到自己想引诱的女人。但是，对于格伦的杀人动机，马克也无从解答。虽然受害者好像都遭受了虐待，但据此却不能推断出格伦杀人的动机。不过，马克从受害者都是单身母亲这一点，认为格伦有恋母的倾向。马克还提醒卡罗拉，根据格伦当时的情况，他很有可能会以更快的速度再次行凶，应该尽快和邻近的几个州取得联系，同时也应提醒已经出现受害人的几个州提高警惕。因为从格伦挑战法律和警察的角度来讲，他很有可能会再次回到那些州继续作案。卡罗拉立即电话联系了邻近州以及受害州的那些执法单位，他甚至将这些信息发布到了全国执法单位的邮箱，提醒执法者告诫管辖区域内的单身母亲提高警惕，少去酒吧，并注意不要轻易理会陌生的男子。

　　尽管联邦调查局以及各地警方都做了大量查找工作，但格伦却依然逍遥法外。1995年11月10日，路易斯安那州波歇尔市市民安迪·萨顿在寓所惨遭杀害。安迪·萨顿是一名单身母亲，法医在她身上发现了多处刺伤的痕迹。波歇尔市警察局警员调查了安迪的室友以及前男友。安迪的室友劳拉是一位服务员，她每天都要工作到凌晨，由于回家晚，她回来时总是轻手轻脚，怕吵着安迪。当天凌晨她回到家，听到房门嘭的一声关上了，她以为是安迪或者她的新男友格伦在关卧室的门，就没有在意。

　　天快亮时，劳拉被一阵敲门声惊醒，开门一看，是安迪的前男友保罗。劳拉告诉保罗安迪和新男友在一起，保罗不死心，就冲进了房门，直奔安迪的卧室，而劳拉边大声提醒着安迪边尾随进去。然而，她也和保罗一样愣住了——安迪的被单被掀开，下面是死不瞑目的安迪。

九

劳拉告诉警方，安迪和新男友格伦在一家酒吧相识，两人约会没多久。格伦有一辆白色福克斯轿车。警方将格伦的名字输入国家犯罪信息中心，很快看到另外三张通缉令以及卡罗拉的联系方式，于是立即和卡罗拉取得了联系，将相关情况告诉了他。

卡罗拉把格伦的照片传真给路易斯安那州波歇尔市警局，警局通过媒体向市民公开了这件案子，并呼吁市民们留意格伦的踪迹，发现可疑情况及时和警方联系，同时警告市民们远离这名可怕的杀人犯。由于实在无法确定格伦的下一个目的州会在哪里，卡罗拉及其他探员商量后联系受害州以及邻近州的警方，建议他们在州与州之间设置临时检查站，这样能防止格伦·罗杰斯四处作案，也能有效缩小联邦调查局探员们的抓捕范围。

除此之外，卡罗拉还上报联邦调查局总部，通过媒体将格伦的相貌特征以及车牌号等信息发布到全国各地。各地警方也配合着展开行动，他们在车站张贴告示，还通过交通广播来呼吁司机们留意一辆白色福克斯轿车。在各地家庭住宅区的布告栏警方则贴出了通缉告示，并开通了协查热线，鼓励市民们提供相关的破案线索。

协查热线公布后，各地警方都收到了很多关于格伦·罗杰斯的信息。而事实上，警方调查后发现，真正有用的信息几乎没有。正在卡罗拉一筹莫展之际，他的同事联邦调查局探员哈里森为他提供了思路——追逃案件中，凶手最有可能躲到熟人或者亲友的家里。

从格伦的档案来看，他的家人以及朋友大多数分布在肯塔基州。于是，卡罗拉开始将注意力转移到这个地方。卡罗拉首先把格伦的情况通报给肯塔基州的警方，并建议当地警方在州与州分界线设立临时检查站。不到一天的时间，卡罗拉就收到了来自肯塔基州警方的好消息——格伦被肯塔基州的公路巡警们抓获。

卡罗拉立即启程赶往肯塔基州，在那里，他见到了那位首先发现格伦·罗杰斯的警员瑞福斯特。瑞福斯特告诉卡罗拉，当时格伦驾驶着一辆白色福克斯轿车行驶在肯塔基州的州际公路上，由于时速过快，格伦被瑞福斯特拦截下来。瑞福斯特边开罚单边询问格伦的名字，格伦非常镇定地说"格伦·罗杰斯"。瑞福斯特轻轻抬头看了他一眼，如果不是自己此前接到通知，他真不想将连环杀手和眼前看起来一脸和善的人联系起来。

然而，无论是格伦·罗杰斯的名字，还是他驾驶的车辆，都明白无误地告诉他，眼前这个人就是杀害多名单身女性的连环杀手。考虑到自己单枪匹马，又不明了格伦是否携带武器，瑞福斯特并没有立即采取行动——他不动声色地开好罚单，把罚单交给格伦后又详细指明了缴纳罚款的地址，然后就对格伦放行了。

格伦的那辆白色福克斯刚刚离去，瑞福斯特就立即和其他公路巡警取得联系，很快分散在附近的巡警们便聚集起来展开行动，上演了一场警车齐鸣追逃犯的好戏，即各路警车都呼啸着追赶格伦的白色福克斯。而格伦非但没有停下来，反而加快了行驶速度，一连闯了两次红灯，以致行人们都惊慌失措。虽然这给警方带来了一定的障碍，但很快警车们就追上了格伦的车子。瑞福斯特试着朝格伦的车子轮胎开了几枪，不过可惜，他只打中了格伦的汽车尾部。

瑞福斯特希望和同事们一起将格伦的车子逼停在路边，但格伦居然冲撞了几辆警车之后，又进入到一个路人较多的路段。顾及到行人的安全，警方既不敢开枪，也不敢和格伦一样随意冲撞。很快，格伦的车子几乎要甩开警方了，更为可恶的是，他居然开着车子在公路上逆行，以致公路上的车辆及行人乱成一团。而幸运的是，他的车子中途抛锚，警方及时赶上了他，并将他的车子包围了起来。

格伦似乎并没有携带枪支，他缓缓地抱头走出车子，瑞福斯特则提着手铐走上前去，就在瑞福斯特刚刚走到格伦跟前时，格伦作势转身关车门，猛地飞起右脚踹向瑞福斯特。瑞福斯特其实早有防备，他不慌不忙地闪向一旁，然后一脚踢向格伦的左小腿，以致格伦一声惨叫后倒在地上，成了警方的俘虏。

不到两个月的时间，4名妇女死于格伦之手，他的行为可以说是罪大恶极。而更让人惊讶的是，在短短一个多月的时间，格伦·罗杰斯的足迹就先后从加利福尼亚州到密西西比州，从佛罗里达州到路易斯安那州，又到肯塔基州。如今，这个穷凶极恶的刽子手终于落网了。

卡罗拉核对了格伦所驾车辆的信息，从车辆识别代号来看，这辆白色福克斯确实为蒂娜所有。技术人员对这辆车进行了取证，很快，他们通过几条血迹斑斑的内裤、一些毛发，以及几个女士挎包将格伦与几名受害人联系起来。

卡罗拉将案情进展向联邦调查局总部汇报后，奉命带领几名联邦调查局探员和五个州的警察一起在肯塔基州进行了案情总结。卡罗拉等联邦调查局探员将自己手上的资料和各州警察的资料都总结起来，共享了案情相关资料。与此同时，联邦调查局实验室对所有的证物进行了处理和分析。考虑到佛罗里达州蒂娜一案的证据比较充分，公诉的胜算比较大，所有办案人员商议后，统一将资料和联邦调查局提供的证物及分析数据交到佛罗里达州警局那里，会同当地公诉人展开新的证据分析。

弗罗斯特在演出时间酒吧的宣传资料中找到了一张蒂娜和格伦的合影，照片上格伦的手表和在浴缸发现的那块手表一模一样，酒吧服务员也证实这块表确实为格伦所有。除此之外，格伦在华美达汽车旅馆的登记卡上留下的指纹、签名笔迹以及手写"请勿打扰"字样，他开的原为蒂娜所有的车子以及车子里找到的有蒂娜DNA的内裤及毛发，都是指证这名杀人犯的有力证据。

✝

1997年11月7日，蒂娜·克里布斯遇害两年后，凶手格伦·罗杰斯被认定犯有一级谋杀罪，被判死刑。随后，格伦被押往洛杉矶，接受埃利诺拉·里曼被害案的审判，在那里，他再次被判处死刑。

在将格伦押往洛杉矶后，卡罗拉和当地警方一起审问了格伦。格伦的样子丝毫没有在押犯人的颓废相，他很快就坦白了杀害埃利诺拉的经过。他交代说，在离开酒吧来到自己家里后，自己希望和埃利诺拉发生关系，没想到遭到了埃利诺拉的拒绝，而且埃利诺拉说自己还没有离婚，也并没有打算离开丈夫和自己的孩子。格伦非常恼怒，他认为埃利诺拉欺骗了他，于是粗鲁地强奸了她。

在这个过程中，埃利诺拉拼命反抗，格伦就用双手掐住她的脖子，直到她不动为止（那时，她已经被活活掐死了）。之后，格伦把车子开往凡耐斯停车场，将埃利诺拉放到驾驶座上，便返回住所休息。一觉醒来后，他突然记起自己并没有给埃利诺拉穿上衣服，又想到警方可能会通过精液认定找到自己。于是他就想出了毁尸灭迹的方法，带着汽油回到停车场，企图通过纵火将卡车连同埃利诺拉的尸体一并销毁。但是，天有些亮了，他来不及等火将车子完全烧毁就匆忙离开了现场。

卡罗拉慢条斯理地问道："那其他女性呢？你杀害她们的动机是什么？"事实上，这个问题已经困扰了他好久。

格伦的脸上呈现出一种享受的表情："那些女人，实在太笨了，她们贪图享受，我只是样貌出众，就把她们迷得神魂颠倒。不管我说什么，她们都照做，在我面前，她们就好像是一只千方百计讨主人欢心的小哈巴狗。可是，她们为什么又要企图离开呢？想背叛我？除非她们死了。不过，她们的身材还是挺不错的，我很喜欢……"

卡罗拉不想听他多说，起身离开了审讯室。身后，这个时而做享受状，时而抓狂的连环杀手还在喃喃自语。卡罗拉明白，格伦是受自己严重的恋母情结以及变态心理的影响，做出种种伤害他人性命的行为的。至于他形成这种变态心理的深层次原因，卡罗拉不想追究，但这个杀人狂魔，必定不会逃脱法律的制裁，死亡的脚步也已经靠近了他。

考虑到格伦·罗杰斯已经难逃死刑的处罚，路易斯安那和密西西比州的公诉人从受害人家属的角度考虑，决定不再对格伦提出控诉。1999年9月3日，格伦·罗杰斯被处以绞刑。至此，这个使11名孩子失去母亲的连环杀手，终于得到了应有的惩罚。

第五桩

连环杀手的报警
电话

FBI 十大惊天大案

前程大道附近废弃的房子里接连发现女性尸体，犯罪现场调查小组没有收获多少有利破案的证据。而令联邦探员们懊恼的是，每次发现尸体，都是因为接到了杀人凶手的报警电话。凶手的这种行为用意何在？是想自首还是在和联邦探员们玩躲猫猫的游戏？为了迅速破案，联邦探员决定通过杀手的电话来获取更多线索。然而，行动尚未展开，探员们通过电话查找嫌疑人的消息就被媒体当做新闻泄露了出去。如此一来，凶手不再打来电话，而探员们和凶手之间唯一的联系也中断了。

一

　　1997年7月3日傍晚，堪萨斯城炎热而漫长的一天即将结束。或许是人们工作了一天的缘故，也或许是天气的原因，整座堪萨斯城都非常安静，就连一直以忙碌著称的911报警中心也出现了难得的清净。就在工作人员们以为这一天将以平安无事告终的时候，电话铃声却响起来了。45号接线员梅琳拿起电话："你好，这里是911报警中心，我是第45号接线员。"

　　报警人听起来像是名男性，他好像非常从容镇定，但奇怪的是，他只简单地说了句"在堪萨斯城前程大道蒙特加尔街26号的车库中有两具尸体"后便不再做声。梅琳连忙追问："你是谁？你怎么知道那里有尸体……"来不及多问，电话就出现了忙音。显然，对方已经挂断了电话。梅琳立刻将这一情况反映给上级，很快，联邦调查局堪萨斯分局探长道格·尼迈尔就组织探员们来到了前程大道哥伦区49号。

前程大道蒙特加尔街附近是工人居住区，周围有很多弃置不用的房子。探员们很快找到了被杂草包围的废旧车库，道格探长走过草丛的时候，就闻到了一种奇怪的气味，作为侦办过多起要案的老手，他对这种气味已经非常熟悉——这种气味就是令人作呕的腐尸的味道。打开车库门，赫然呈现在探员眼前的是两具叠放在一起的尸体。犯罪现场调查小组一边在车库中搜寻证据，一边告诉道格探长一些初步的调查结果。

两名死者都为非裔女性，上面那具尸体在车库中放置的时间还不到24个小时，下面那具尸体放置的时间则比较长，初步分析，尸体已经处于分解的前期，保守地说，这具尸体已经被放在这里三个星期了。由于调查人员没有在两名死者的身体上找到任何明显的伤口，因此，要想知道死者的死亡原因，就必须要等到尸检报告出来之后。

道格知道，这恐怕是个漫长的过程，于是他试着问调查小组："有没有用特殊的紫外光看过？说不定死者身上有些隐藏的伤口。"而他得到了失望的回答——犯罪现场调查小组用特殊的紫外光照过尸体后，依然没有发现任何隐藏的伤口。探员兰迪·莫里斯等人在死者的身体上采集了一些毛发之类的东西，希望通过DNA验证来获取关于死者的一些信息。

在犯罪现场小组进行现场取证的同时，探员史蒂夫·摩根走访了周围的邻居，希望能找到一些目击证人，然而，由于这里少有人来，一圈下来，史蒂夫竟然没有得到任何有用的线索。他灰心地回到车库，希望犯罪现场调查小组这里能有好消息，然而，犯罪现场调查小组也没有在现场收集到多少可用的证据，这就意味着，道格探长以及探员们将面临一起非常棘手的案件。

<h2 style="text-align:center">二</h2>

第二天一大早，道格和探员们就开始了破案工作。验尸报告显示，新尸体的脖子已经断了，应该是窒息而死。看来，这应该是一起谋杀案件。而要想快速侦破案件，就必须知道受害者是谁。道格决定从新尸体入手展开调查。DNA调查报告显示，这具新尸体的DNA与一名叫希拉·麦克金兹的人的DNA完全吻合。

探员们很快拿到了死者，也就是希拉·麦克金兹的资料：她今年38岁，是一名性工作者，有吸毒经历，她的住处就在前程大道附近。道格安排探员杰夫·唐宁和兰迪·莫里斯联系希拉的家属来辨认尸体，但希拉家中的电话却无人接听，于是两名探员决定亲自到受害者的家中进行调查。不过，仅仅过去了很短的时间，杰夫·唐宁和兰迪·莫里斯就回到了堪萨斯分局。

原来，希拉·麦克金兹家的大门洞开，家中却没有任何人居住，而两位探员也没有在这里发现任何线索。于是，探员们将注意力转向第二位受害者。通过DNA调查，探员们确定这位受害者是53岁的帕特里夏·威尔森，她也是住在前程大道一带的一名性工作者。鉴于尸体已经腐烂到无法辨认的程度，道格决定直接让杰夫·唐宁和兰迪·莫拉斯到受害者家中走一趟。

帕特里夏和自己的母亲茉莉·威尔森住在一起。在帕特里夏·威尔森的家里，两位探员见到了茉莉·威尔森。当杰夫·唐宁说明来意后，这位年老的母亲失声痛哭起来。几分钟后，她压抑着心中的悲痛，告诉两位探员，帕特里夏已经失踪三个星期了，她最后一次见到帕特里夏时，是6月10日的早上，那时，她因为毒瘾发作而要赶去帮助她戒毒的汤姆医生的公寓。

"你知道她经常去什么地方吗？"杰夫·唐宁问道。

"前程大道，她有几次出门前提到要去那里。"这位老母亲极力控制着自己的悲伤情绪。

"她有没有提过有什么人对她不满或者伤害过她？"杰夫虽然同情这位老母亲，却必须继续询问，因为只有这样，他们才能找到杀害帕特里夏的凶手。

"大概是一个月之前，有一天，帕特里夏回到家里，我看到她满脸是伤，脖子上还有非常明显的一道红印。帕特里夏告诉我，在前程大道附近，有个男人袭击了她，这个男人用拳头打她的脸还有身体，还用手掐她的脖子。她逃脱后报了警，不过警方没有找到袭击她的那个男人。"

杰夫又问了一些其他的问题，就和兰迪·莫里斯走出了帕特里夏的家。随后，两人走访了帕特里夏的邻居和与她一起工作的妓女。邻居们和妓女都说最后一次见到她是在三个星期以前，而邻居和妓女们还告诉两位探员，帕特里夏为人和善，和周围所有人的关系都非常要好。两位探员又联系了汤姆医生，汤姆说当日帕特里夏并未到他那里，而杰夫也从其他途径证实汤姆并未说谎。一天的时间过去了，除了知道受害者都是住在前程大道附近的妓女外，道格和探员们几乎没有其他破案的线索。

"现在为您播放新闻，昨天晚上，一个匿名电话打进警局……"电视上播放了联邦调查局堪萨斯分局探员们发现尸体的消息。虽然这则新闻肯定会引起民众的恐慌，可是探员们却找不到一点破案的线索。正在探员们一筹莫展之际，案件出现了新的进展——晚间新闻的时间刚刚过去，911报警中心又接到了一名男子打来的电话，那名男子告诉接线员，前程大道帕克大街29号小巷边的灌木丛下面有一具女性尸体。

接线员问这名男子为什么那里有尸体，他回答说是他亲手把尸体放到那里的。"受害者是谁？她是不是妓女？"已经对之前发现的尸体有所了解的接线员继续追问打电话的人。打来电话的这名男子没有说出受害者的名字，但对受害者是不是妓女的疑问给了肯定的回答。他还告诉接线员，前一天也是他打来的报警电话，探员们找到的尸体也是他丢弃在车库里的。"那么你是谁？你为什么要杀了她们？"接下来迎接接线员这些问题的却是一阵电话忙音。

道格和探员们得知这些消息后，立即赶往前程大道帕克大街。帕克大街离第一个犯罪现场只隔了四个街区，位于帕克大街29号的是一所废弃的房子，在通向房子后面的小巷边上，探员们看到了灌木丛，以及隐约露在外面的赤裸的两条腿。道格探长和探员们走上前去，发现死者的头部被一块毛毯状的东西遮盖着，而她身体的上半部分也被完全包住了，只有她的双腿赤裸着（脚上穿着一双袜子）。从尸体的状况来看，她已经被弃置在这里有一段时间了。探员们四处看了看，周围虽然都有人居住，但这却是一个僻静的角落，再加上房子已经弃置不用，如果不走到近前的话，没有人会注意到这里有一具尸体。由于天已经黑了，所以探员们在四周拉起了警戒线，至于灌木丛的搜索和取证工作，他们则需要在天亮之后才能进行。

回到联邦调查局堪萨斯分局，探员们都没有起身离开的意思，因为他们为死者难过，也为凶手的行为而愤怒。凶手显然是一个连环杀手，如果不及时破案，恐怕会有更多的女性遭到杀戮。由于报警电话是唯一一条能够帮助他们找到凶手的线索，所以他们反复听着凶手的两段电话录音。探员们认为，这个连环杀手不只冷酷无情，而且蔑视法律和探员们——他的电话就好像是在嘲笑探员们："嘿，你们应该有点事做，我给你们提供几具尸体"。探员们边听电话录音边暗暗发誓，一定要把这个狂妄的家伙捉拿归案。

在录音播放间隙，探员乔·马利奈拉说出了自己的分析——这个人很奇怪，他的语速比常人慢很多，他很有可能是想通过这种方法来掩盖他真实的声音。其他探员纷纷表示赞同，那么，不妨查下他的电话号码，现在所有的手机都内置了一个安全程序，不管机主所在的位置有没有信号，只要将电话开机，911就可以根据这个安全程序追踪到机主或者用这部电话的人。这样，打电话的即使不是登记在册的机主，执法部门也会通过这个安全程序找到电话使用者或者说是本案的真凶。除非这部手机非但没有在电话公司登记，也没有启用任何服务。

不过，不只探员们想到了利用安全程序来进行追踪，凶手也在这点上下了功夫。探员们很快失望地发现，凶手两次打来的报警电话都无法找到来电的电话号码，也就是说，凶手报警用的电话号码并未激活。这就说明，从报警电话入手破案的希望又破灭了。

三

道格以及他的团队面临的是一个他们从来没有见过的杀手，而他们掌握的线索只是三具尸体，以及两名死者的身份。凶手藏尸的地方相当隐秘，如果不是他打电话来，那三具尸体恐怕很难被发现，而凶手也很有可能因此逍遥法外。那么凶手到底是谁？他为什么要拨打报警电话暴露这些尸体呢？他好像是在和探员们玩一个游戏，而且是按照他的意愿进行，从他打电话的情况来看，他似乎还决定不断增加自己的筹码。

凌晨5点钟，道格和他的探员们就驱车赶往发现第三具尸体的凶案现场。可以说，要想破案，他们就需要细致地进行凶案现场调查。到达案发现场后，道格慢慢地将裹在尸体上的东西移开，从尸体的样子来看，这具尸体显然在这里放置的时间不短了。盛夏的高温天气下，死者的上身居然穿着一件T恤衫，而从衣服是死者穿在身上而不是被裹在身上这一点分析，死者应该是吸了毒，因为毒瘾会让人的身体感觉寒冷。另外，死者的身材娇小，如果遇到坏人，她恐怕很难逃脱敌手。灌木丛周围没有任何杂乱的痕迹，由此分析，灌木丛应该只是弃尸地点，而不是案发现场。这也就是说，这个女人应该是在别处被杀害后，又被凶手扔到这里的。

探员们在那所废弃的房子里找到一双网球鞋，一条女用皮带，女人的内衣和一条女式裤子。从鞋子和裤子的尺码来看，这些东西应该属于灌木丛中的女尸。只是，此处依然不是案发第一现场。

探员们走访了帕克大街附近的居民，他们纷纷表示没有遇见任何可疑人物，也没有发现周围有任何异常。根据三具尸体的发现情况，探员们找到了凶手的作案模式——他会在野外将她们杀害，然后将尸体遮盖起来，掩藏到废弃的房子里或附近。一天两夜过去了，联邦调查局堪萨斯分局的探员们所获得的线索就是两个凶案现场和凶手作案模式，三具尸体，以及两名死者的身份。而对于凶手的身份，探员们却依然没有获得任何可以为他们提供帮助的破案线索。

更可悲的是，案件的进展居然是掌控在凶手的手里，破案人员需要靠凶手打来的报警电话找到受害人。虽然凶手的报警电话可能会暴露一些线索，但他的电话同时会带来更多死者的消息，因此，报警中心的人们谁都不希望接到这个凶手的电话，他们都希望再也没有受害人出现。

18点25分，晚间新闻播放了前程大道附近发现第三具尸体的消息。10分钟后，那名男子又给911报警服务台打来了电话。这次，他给出了另外两具尸体的藏匿点，一具尸体在奥利弗大街27号，另一具是在前程大道24号。凶手说，尸体放在那里已经有一个多星期了，而且他还对接线员说，两具尸体都被裹住了，藏在灌木丛下。接线员追问道："你杀害她们就是因为她们是妓女吗？你能告诉我你叫什么名字吗？"这名男子没有直接回答接线员的问题，他说，他第二天会再打电话来，到时候，他会告诉警方更多的藏匿地点，也会公布自己的名字。"你能告诉我还有几具尸体吗？"接线员控制着自己的紧张情绪。"还有六具。"说完，这名男子就挂断了电话。

早晨，道格边开车赶往奥利弗大街27号，边和车后的探员们分析着："凶手每次打来电话的时间都是在晚间新闻之后，我觉得他一定也在看新闻，他在关注新闻中关于死者的报道。这太可怕了，如果果真如此，那他一定会为了引人注意而制造更多的新闻，或者说，他会杀更多的人。我们必须想办法制止这个可恶的连环杀手。"探员们纷纷响应，表示就算几天几夜不睡，也一定要把凶手揪出来。

道格将车子停在奥利弗大街27号，他脚下是一片空地，而在警戒线的另外一边有一些树，那里有两个躺椅靠垫。道格走上前去，眼前就是一具女尸，旁边还有一些骨头，而空气中则弥漫着腐尸的味道。道格扫视了一下四周，除了探员们以外，并没有人。但道格可以感觉到，凶手一定就在附近，他一定还在窥视着探员们的行动，而且他可能正在看着探员们勘察现场。不远处有一个麦当劳饮料的杯子，杯子里还有一些喝剩下的饮料。在六米开外的地方，探员们还发现了一个麦当劳的袋子，看起来，有人在这里吃过麦当劳。

空地前边有一个向下的小山坡，探员们发现了一道痕迹，即在往下走的空地上，地上的草显得比较杂乱，有较严重的踩踏痕迹。探员们分析，那里应该就是凶手杀害这名女性的地方，山坡上的这道痕迹应该就是凶手将尸体拖上来时留下的。饮料变质的程度并不是很厉害，可见，麦当劳的袋子以及饮料被扔在这里也不过几天。而初步分析，尸体腐烂的时间则远远不止几天，可以推测，麦当劳的袋子以及饮料应该是凶手留下的，他在杀害这名女性后又回到过弃尸地点，还在这里享受了一顿麦当劳。之所以这样分析，是因为正常人是不会在闻到尸体腐烂的臭味之后，还有心情坐在附近吃东西的。在前程大道24号，探员们找到了第五具尸体。尸体仍然被包裹着，现场几乎没有任何线索。

五具尸体，四个凶案现场，探员们来回奔波着，寻找着可以破案的线索。道格一方面向联邦调查局总部汇报着案情，请求总部增派人手，一方面安排分局的探员们走访前程大道附近的居民以及在这里工作的妓女们。

很快，联邦调查局派来了刑侦专家德科·塔普利协助调查这件连环杀人案。德科到达分部后，很快熟悉了案情。他在地图上标出抛尸现场的位置，很快发现，这五具尸体都分布在前程大道周围的小巷，相互之间的距离不超过六个街区，前程大道附近的整片社区都变成了凶案现场。他立即和道格的团队召开了会议，认为应该对前程大道附近的整片社区展开搜索。而考虑到媒体对案件的兴趣和报道的激增，德科认为，要将整片社区封锁起来，不能放媒体人员进入其中。因为就目前的分析来看，凶手的确是在关注新闻，无论媒体说什么，都有可能激起他杀害更多的人。同时，道格要求各位探员要严守口风，不得对媒体透露案情的进展情况。

12点半，在联邦探员们为破案忙碌的同时，堪萨斯洛克哈特上尉代表政府召开了新闻发布会，他告诉媒体，几个凶案现场比较相似，尸体都被抛在废弃的房子里，房子周围都是空地，几个弃尸点距离非常近，而且这些弃尸点都是有人打电话到报警中心，告诉911接线员的。

"你希望他再给你们打电话吗？""你能描述一下他的语气吗？""你认为打电话的人是嫌疑人吗？"……媒体记者的问题纷至沓来。"有些情况我不能说，也不能告诉你们我们是怎么想的，不然会给我们的工作进展带来阻碍的。我们还不知道是谁打来的电话，也不知道他的用意，我们现在唯一和他的联系就是报警电话。"洛克哈特上尉小心应对着媒体，尽量不透露过多细节，这一方面是为了避免影响破案，一方面也是为了避免作出激怒凶手的言行。

在堪萨斯911报警中心，德科连续听了几遍凶手打来电话的录音。据此，他分析说："凶手打来电话，就是想告诉我们事情是他做的，他本来可以逃得远远的，可是他非但不逃，还打来电话提供藏尸线索，可见他是一个非常自负的人，他相信自己不会被抓。那么，我们就利用他的自负，看看能不能套出些东西。

他打来电话只是为了告诉接线员们有更多的人遇害，而没有一句闲聊，因此接线员说话必须要有一定的技巧，否则，非但不能从凶手口中得出更多线索，还可能会因此失去这个唯一的线索。"随后，他将当日报警中心的值班接线员们召集起来，详细地告诉他们凶手再次打来电话时该如何与他交谈，怎样说话能套出他的作案动机。考虑到报警电话是探员们和凶手的唯一连接，下次电话的成败尤为关键，德科还和接线员们进行了多次演练。

下午18点，晚间新闻正播放着洛克哈特上尉接受采访的情况："到目前为止，所有遇害者都是黑人女性，她们的尸体放置地点挨得很近……"探员们和接线员一面盯着电视屏幕，一面关注着报警电话。18点29分，道格的电话突然响起来，从他严肃的神情来看，探员们感觉有不好的事情发生了。道格挂断电话，将电视调到福克斯4台，"今晚，联邦调查局堪萨斯分局的探员们将通过他打来的报警电话跟踪他，凶手能否被抓获？请看明日相关新闻报道。"新闻主播的报道令在场的人们都陷入了绝望。

凶手如果看到了这则报道，又怎么会笨到自投罗网呢？探员们只有祈祷凶手没有看电视了。19点多了，凶手依然没有打进电话，如果他不再打来电话，恐怕探员们很难破案——探员们面临的处境非常艰难：一方面，他们失去了最重要的破案线索，而另一方面，卡萨斯城已经陷入到了恐慌之中。由于探员们所处的情况太糟糕了，所以他们都沮丧地坐在座位上不再言语。为了安慰探员们，道格分析了洛克哈特上尉召开的新闻发布会的全体内容，他告诉探员们，福克斯4台报道的消息并没有在新闻发布会上向媒体公布，没有人做错什么，探员们对这些无法控制的局面无能为力，大家一定要为了自己的责任重新振作，寻找破案线索，尽快找出真凶。

四

又是一个天亮，堪萨斯犯罪实验室中，工作人员们正紧张地工作着，犯罪现场技术员米歇尔·诺德克正在从第一具尸体（希拉·麦克金兹）上提取DNA，此前，她已经通过对比指纹的方式，确定了第五具尸体的身份，受害者名叫达茜·威廉姆斯。探员们拿到的资料显示，达茜·威廉姆斯25岁，蒙哥马利州人，人称爱笑的女孩，被养父母抚养长大，最近为了寻找生父生母来到堪萨斯城前程大道。

在联邦调查局堪萨斯分局的破案指挥中心，道格又在受害者名单上添加了一个名字——安娜·尤因，也就是第六名受害者，她在七周前就死亡了，不过验尸官说，安娜·尤因的死因是可卡因吸食过量而不是谋杀。虽然安娜·尤因的死可能与凶手无关，但道格并没有放松警惕，他担心他的受害者名单会随着时间的流逝继续变长。

第六天晚间新闻后，凶手没有打来电话。当晚，德科一晚上没睡，他查了很多手机和电话公司的资料，封锁了凶手打电话时所住的社区的所有电话，发现这些电话的信号要通过同一个信号塔，而那个信号塔在受害者尸体西面三公里处，他希望这个消息能够帮助探员们缩小搜索的范围。除此之外，他还反复听了凶手打来电话的录音。他从电话录音中，分析出其中有火车经过的声音，他还听到小孩在操场上玩耍的声音。在听过多次录音后，他甚至确定自己仅凭听一个人的声音，哪怕是经过变化的声音，也能判断这个人是不是凶手。在德科推断的区域西面，就有铁轨，而通过分析背景音，他推断出凶手打电话时就在铁轨周围的一个社区。

第七天一大早，负责在凶案现场附近调查的探员巴克·威廉姆斯和乔·马利奈拉找到了一名女子，她说自己最近在前程大道附近受到了袭击。这名女子名叫阿列，她告诉探员，当时她正坐在一条小巷的边上，突然遭到了一名男子的攻击。"他过来掐我的脖子，我试图把他的手拿开，我拼命挣扎着，和他纠缠了很长的时间。后来，我昏过去了。我隐约记得，他把我拉了起来，后来又把我丢弃在一个废弃的车库中。"阿列回忆着当时的情形。"你记不记得他的样子？""他的个子很高，皮肤黝黑，没错，他是个黑人。""你有没有注意到他身上有什么特别的地方？比如说文身，或者伤疤什么的？""没有，他人很好，他和我说话的时候，就好像在告诉我不用担心一样。""他袭击你那天晚上，穿了什么衣服？""他穿着黑色的裤子，带拉链的夹克衫，好像还有黑色和灰色的条纹。""你后来又看到过他吗？""是的，几天前，我看到他就走在前程大道上，他也看到了我，他的眼里有惊讶，但不慌张，好像是在说'我不是杀了你吗？你怎么会在这里？'我永远也忘不了他当时的那种眼神。"

在几个街区之外，探员弗恩·胡思也有了新的发现，一名女子提供了一条能够帮助他找到嫌疑人的线索。这名女子是附近的性工作者，她告诉弗恩，一个名叫特里的人经常对她以及在这附近出没的几个女孩说，他会一个一个地将她们杀掉。特里二十二年前因为杀害了自己的妻子被关进堪萨斯州监狱，近期刚刚从监狱里出来。他长得又高又瘦，经常穿一件黑色的夹克衫，还有白色的条纹，戴着一顶黑色的帽子。特里和自己的母亲住在位于前程大道24号的一座公寓里。

弗恩·胡思立即将这条线索电话反馈给道格，道格从联邦调查局的数据库中以特里和前程大道24号作为关键词搜索信息，很快就得到了特里的一些信息。特里全名特里·布莱尔，二十二年前因谋杀妻子获刑入狱，半年前被提前释放出狱，但从二月起，他又因为触犯囚犯假释规定遭到通缉。道格又从当地警局调来特里·布莱尔二十二年前的谋杀文件。

文件显示，特里和他的妻子结婚生子之后，却发现自己的妻子原来是名应召女郎，有一次妻子接到电话要出去工作，特里一怒之下拿起了一个棍子，打在他妻子的头上，并将妻子的喉咙割断。犯案不久，特里就报警坦白了自己的罪行。除了报警投案这一点，道格还找到了另外的一个相似点：特里将妻子杀害后用毯子把妻子的尸体裹了起来。道格强烈地感应到，这就是他们要找的嫌疑人。

五

经过商议后，探员们决定通过曾经受到攻击的阿列来找出嫌疑人。巴克·威廉姆斯和乔·马利奈拉拿着一组照片再次找到阿列，巴克·威廉姆斯开口道："这里有六张照片，我把它们摆在你的面前，你慢慢看，看看有没有那天在小巷里袭击你的那个人。"阿列慢慢看着照片，两名探员都紧张地盯着她的表情。"就是他"，阿列肯定地指着一张照片上的人。两名探员相互对视了一眼，果然是特里·布莱尔！这正是他们期待已久的线索。

弗恩·胡思也用同样的方法从那名为他提供线索的性工作者那里证实了嫌疑人的身份。特里现在已经被通缉，即便没有这起连环凶杀案件，他也会因为违反假释条例而遭到起诉，最终面临重回监狱的结果。所以虽然没有确凿的证据证明特里·布莱尔与几名女子被杀案有关，探员们依然可以以嫌疑人的身份将他逮捕。探员们也深信，通过对特里进行审讯，他们一定可以找到他和凶案之间的关联，从而彻底侦破这桩连环杀人案。

逮捕嫌疑人的关键时刻终于来到了，道格探长和他的团队们查看了所有与特里·布莱尔有关联的地址，并制定了严密的逮捕方案。然而，令人失望的是，探员们在前程大道24号那座原本属于特里和他母亲的公寓楼里，只见到了一名二十多岁的男子。这名男子告诉探员们，这座公寓是他刚刚租下的，房主是七十几岁的老妇玛莎·布莱尔。探员们知道，玛莎·布莱尔是特里的母亲。道格问这名男子特里的去向，他却非常惊讶地告诉探长，自己从来没听过特里的名字，也没有在这座公寓见过其他人，就连房主玛莎·布莱尔，他也只见过一面。在付完五年的房租后，他就再也没有见过玛莎了。探员们询问了周围的邻居，邻居说特里已经有三个月没回过这里了。而至于玛莎·布莱尔，邻居谁也不知道她的去向，只记得她曾说过要离开堪萨斯城。

在特里的姐姐所住的罗纳尔社区73号公寓，德科和杰夫·唐宁等一干探员也没有找到特里。不过，德科在73号公寓前，却体验到了另外一种熟悉的感觉——这个社区的地址就在他此前推断的区域之中，更为重要的是，公寓前就有一个小操场，眼前有小孩子们在那里玩耍，而不远处，是一个铁轨，火车正呼啸而过。没错，这些场景曾无数次出现在德科的脑海中。小孩玩耍的声音，火车的声音，这就是凶手打电话报警时的背景杂音。

现在，这个场景已如此清晰地出现在德科的眼前，这表明特里的嫌疑更大了。而只要找到特里的那部手机，他们就可以正式以谋杀罪对特里提起控诉。但特里的姐姐表示，特里并未在出狱后和自己取得联系，她也并不知道特里已经出狱，更不知道特里是否有这样一部手机。探员们无法判断特里姐姐所说的情况是否属实，在征得她的同意后，探员们对其公寓进行了细致搜查。然而，探员们再次失望了——他们里里外外将特里姐姐的房子翻了个底朝天，却依然没有找到这部手机的下落。难道自己此前关于背景音的判断是错误的？难道特里真的没有在这里出现过？还是凶手根本就是另有其人？德科开始怀疑自己的判断，他强迫自己冷静下来，让自己回到原点，用平静的心态重新理一下这件案子，他可不希望自己因为怀疑错了人而内疚。

在联邦调查局堪萨斯分局，道格和各位探员们仔细分析了特里可能的去向，并划出了可疑范围。道格联系了堪萨斯州各地的执法部门，把特里的照片传真给他们，希望他们协助联邦探员们对特里的调查和抓捕行动。很快，堪萨斯州所有交通警察和巡警都拿到了特里的资料。交通警察在各交通要道都设置了路卡，对来往的车辆及行人进行盘查。而在探员们划定的可疑范围内，探员们和巡警也展开了联合排查。除此之外，道格还将特里的信息传给了电视台，当晚的晚间新闻就播出了嫌疑犯特里的信息，同时公布了联邦调查局堪萨斯分局的协查电话，希望各地市民踊跃提供嫌疑人的线索。

六

新闻播出时，已经到了下班时间，而道格和各位探员们都没有下班回家的意思。他们不甘心地守着电话，道格团队已经和德科讨论过，就算特里真的不是真凶，他们也不能让这样一个时常威胁他人要取人性命的人四处游荡。

18点35分，911报警中心接到了一名女子的报警电话，称自己遭遇了袭击。接线员将这一线索反映给联邦探员们，道格怀疑是特里再次作案，于是让巴克·威廉姆斯和乔·马利奈拉等探员前去查看。该女子住在罗纳尔社区71号公寓，探员们到达现场后，看到了这名惊魂未定的女子。

女子自称娜拉，她告诉探员们，自己和女朋友丽莎·莱德利一起住在这所公寓。随后，她用颤抖的声音讲述了事情的经过：

"晚间新闻的时候，我和丽莎坐在电视机前看电视，电视上正在播放连环杀人案凶手嫌疑人的照片，我打趣丽莎说：'看，你和凶手的眉眼真是相像。'丽莎的眼睛一沉，露出一个发狠的表情，问我：'是吗？有多像？'我知道她最近很爱发脾气，所以连忙改口说：'不像，不像，你是双眼皮，而凶手是单眼皮，你的下巴是尖的，凶手的下巴是圆的，还有你有头发，凶手没有，最重要的一点，你是女的，而凶手是男的。'丽莎听了我的话后看了我一眼，什么话没说就出去了。其实，我只是与她开玩笑而已。我追出去想和她解释，她却头也不回地出去了。再后来，我丧气地回到屋里，关上门，继续看电视。没过多久，我感觉窗户外边有个黑影，我打开门想看看是不是丽莎回来了，刚一出门，就被人打晕了。"

探员们仔细检查了娜拉家的情况，娜拉家的护栏很高，门锁也没有被损害的迹象，看来可以排除特里作案的嫌疑了。袭击娜拉的，很可能就是她那位脾气暴躁的女朋友丽莎——她可能不满意娜拉将自己和连环杀手的嫌疑犯扯在一起，所以对娜拉下了手。

"你们能仔细检查一下我家里吗？我害怕袭击我的人还在周围。"娜拉请求探员们。

探员们仔细查看着娜拉公寓的每一个角落，在检查车库的时候，巴克·威廉姆斯发现车子边上有个黑影，立刻说道："举起手来！"灯光下，一名女子走了出来。"丽莎，刚才是你吗？"

娜拉跑过去。"我心情不好，所以躲在车库里，发生什么事情了？"丽莎问道。探员们询问了丽莎一些问题后，没有发现什么可疑的情况，于是在做完笔录后，安慰了娜拉和丽莎几句，就离开了这里。

在巴克·威廉姆斯等探员离开堪萨斯分局不久，堪萨斯分局的协查电话便不安分地响了起来，德科拿起电话，打电话来的是一名女性，她说自己是约克美妆室的一名整形顾问，前一阵儿一个和新闻中的嫌疑犯非常像的男子曾经到约克美妆室接受过整形手术。"他现在变成什么样子了？"尽管探员们尚且无法肯定这名整容男子的身份，但只要有一丝希望，他们就不会放过这条线索。"他除了割了双眼皮，削尖了下巴，做了假的头套，还做了变性手术。所以，确切地说，现在这个人已经是一个女人了。"

"对了，他来的时候是带着一张女人的照片来的，他要求我们把他整成照片上的女人的样子，而我们就按照他的要求，把他变成了那个女人的样子。""可以把照片发给我们吗？""这恐怕要征求我们老板的意见。毕竟，我们有为顾客保守秘密的义务。"道格探长立即联系了约克美妆室的老板科萨克，遗憾的是，科萨克是个固执的人，他拒绝泄露这位顾客的资料。无奈之下，探员们只好将这条线索暂时搁置，想等到天亮到法官那里申请搜查令后强迫科萨克将资料交出来。

从娜拉家里回到联邦调查局堪萨斯分局已经晚上九点多了，巴克·威廉姆斯将娜拉的情况汇报给道格探长，一旁的德科突然发问道："你说报案人住在哪里？""罗纳尔社区71号""丽莎是不是双眼皮，尖下巴？""是的，你怎么知道？""不好，快带我去！"汽车疾驰在分局到罗纳尔社区的路上。德科紧皱着眉头，巴克·威廉姆斯等人疑惑不解地看着他。很快，车子戛然停在罗纳尔社区71号。娜拉的公寓敞开着，巴克·威廉姆斯边叫着娜拉的名字，边和众人一起进了屋子。

客厅里，双目圆睁的娜拉躺在地毯上，已经没了呼吸。她的身体被床单紧裹着，脖子上有一道红色的勒痕，初步判断，她应该是被勒死的。探员们很快联络了犯罪现场调查小组，而在等待的过程中，他们搜查了公寓的各个房间。德科注意到，在娜拉的尸体旁边，有一把带血的钥匙，看起来是外边大门的钥匙。由于德科隐隐感觉，这会是有用的线索，于是他小心翼翼地用戴着手套的手将它捡起。

他观察了外边大门的锁眼，这把钥匙显然不能将大门打开。他仔细端详着，旁边的巴克·威廉姆斯说了句："这是地下室的钥匙吧。"他的语气与其说是猜测，不如说是期待，因为探员们除了紧锁着的地下室，对公寓的所有房间都进行了搜查。果然，地下室的门在德科拧了钥匙后打开了。

在这间地下室里，巴克·威廉姆斯发现了一具尸体，尸体被包裹得很严实，他小心翼翼地将裹在尸体外边的东西拿开，眼前的景象让巴克大吃一惊——是一名女尸，而且自己在一个小时以前，还见过这张脸，可是从尸体腐烂的情况来看，她的死亡时间绝对已经超过两天。这是怎么回事？德科冷静地告诉巴克·威廉姆斯："这才是真正的丽莎·莱德利，你一个小时前看到的，是做了变性手术的特里·布莱尔。"令德科奇怪的是，地下室地上的痕迹显示，曾经有人多次在此往返出现。难道说凶手在将丽莎杀害后多次回到这里？可是丽莎的死亡时间看起来也不过就四五天。难道是凶手在下手之前曾来这里勘察地形？假如果真如此，那凶手也太老谋深算了。

七

道格团队和德科在公寓附近展开搜索后，并没有发现特里·布莱尔的踪影，也没有找到任何目击证人。也就是说，在连环杀人案的嫌疑犯的身份更加确定的时候，他们又失去了他的消息。

清晨五点，探员们就敲响了法官的门，申请到了搜查令，而当科萨克将资料打开的时候，探员们的猜测也终于得到了证实，果然是特里·布莱尔。

探员们很快更新了特里·布莱尔的资料，并下发到交通警察和巡警手里。中午的时候，道格得到一条振奋人心的消息，特里·布莱尔因为超速行驶被交通警察拦截，现在正送往堪萨斯分局。

起初，特里·布莱尔并不承认自己的身份，但在道格将他的整形资料甩在他面前的时候，他改口了。他承认自己是特里·布莱尔，但拒不承认自己杀了娜拉，他说担心娜拉会向警方举报自己，于是借口离开了，他还坚称，自己走的时候，娜拉还好好的。然而事实是，没有人告诉他娜拉已经死亡的消息，他的辩词，无异于不打自招。探员们及时记录下他并不符实却又严重暴露了自己的口供。这将成为特里·布莱尔杀害娜拉的重要证据。

与此同时，犯罪实验室也传来了尸检报告和证物分析结果，娜拉确实是被勒死的。丽莎·莱德利的尸体曾经被灌注过两升的福尔马林，事实上，她的死亡时间已经将近三个礼拜，她的死因是被割断了喉咙。技术人员在那把钥匙上找到了两组指纹，一组是死者丽莎·莱德利的，另外一组，则和特里·布莱尔的指纹一致。这把钥匙的指纹足以说明，是特里·布莱尔将丽莎·莱德利的尸体锁在地下室的。然而，探员们还是没有找到起诉特里·布莱尔谋杀另外几名受害者的证据。

<h1 style="text-align:center">八</h1>

在联邦调查局堪萨斯分局，德科和道格团队认真分析着特里·布莱尔的资料，希望通过这些研究出有效的审讯方式，从而让他亲口坦白自己所犯下的所有罪行。探员们翻阅了七百多页关于特里的家庭以及亲戚的文件，发现了一个更加令人震撼的事实——在特里的家族中，有五个人都犯过谋杀罪。而在他17岁的时候，他的母亲玛莎·布莱尔当着他的面枪杀了他的父亲；在他的父亲死后不久，他的哥哥因抢劫杀人被判处死刑；在四年之内，他的姐姐和另外一个哥哥也因为谋杀罪入狱；几年之后，特里也因为杀害自己的妻子锒铛入狱。

由此而言，这个家族简直就是一个犯罪之家。探员们认为，假如特里·布莱尔不是生活在这样一个家庭环境中，他的行为可能就不会这样极端。不过，这只能是一个假设了，探员们现在要做的，就是搜集可以攻破特里·布莱尔心理防线的因素，让他坦白自己的罪行。在重新翻阅特里·布莱尔杀妻文件的时候，德科发现，特里死去的妻子和丽莎·莱斯利长得非常像。德科猜测，特里整形成丽莎可能不只是为了掩饰自己的身份，还可能是因为他从未忘记过妻子的样子。这也就不难理解为什么特里要为丽莎的尸体注射福尔马林了，他是有心保留尸体的样子，延缓尸体的腐烂时间，而德科也终于明白，那些多次往返的痕迹就是特里在将丽莎杀害后常常过去查看时所留下的。

只是，不知道他是在悼念亡妻，还是重寻杀害妻子的快感。可以肯定的是，杀妻这件事已经影响了他的整个心灵，也毁了他的整个人生。

审讯工作由德科和道格亲自执行，为了让氛围变得轻松一点，德科给特里点燃一支烟，特里傲慢地接过去，慢条斯理地抽了起来。德科和道格按照商量好的方案，开始和特里聊一些无关案件的内容，他们希望通过这种方法来减轻特里的戒备心理。闲谈了两个多小时，特里始终处于一种放松的状态，他双手抱着头，很舒服地靠在椅子上，回应着德科和道格的问话。不过，他的谈话说了和没说一样，因为他的回答要么是模棱两可，要么是"嗯""啊"一类的敷衍词汇。

在审讯过去三个小时的时候，德科转移了谈话内容，他拿出几张受害者的照片让特里评价。然而，特里没有任何的反应，也没有任何的情绪，好像这些人他从未见过一般。在提到幸存的受害者阿列的时候，特里明显愣了一下，他看了德科一眼，那眼神好像在说："你怎么知道还有一个人没死？"不过只是瞬间的惊诧，特里很快又恢复到此前无所谓的样子。"为什么不给我们打电话了？""电话？什么电话？"特里明显是在装傻充愣，因为他的肢体语言发生了变化——他的两臂交叉放在胸前，这明显是一种敌意和自我保护的表现。"你有自己的手机吗？""有，我送给了娜拉，不过他好像不喜欢，我没见她用过，也没有见她给手机充费。"德科和道格对视一眼，这就对了，只要找到手机，他们就拿到了另外一个铁证。

九

在德科继续审问的时候，道格离开审讯室，指示史蒂夫·摩根和杰夫·唐宁两位探员去娜拉的公寓进行搜索。道格回到审讯室的时候，德科提到了特里的妻子以及特里的家庭，这使得特里先前的镇定自若都消失了，他的伪装好像卸下了一半，而他说话时甚至不再抬头，只是盯着地面，好像在忍着什么东西。"你爱你的母亲吗？""当然，我和母亲的关系很好。"德科注意到特里不自主地摸了摸自己的鼻子，而这个肢体语言说明，特里是在撒谎。

"你还忘不了自己的妻子是不是？""怎么可能，那个臭婊子，我早不记得她了。"说这话的时候，他的面部抽动了一下。德科知道，他还是在撒谎。"撒谎，你根本忘不了你的妻子，你也恨你的母亲，因为你觉得是她毁了你的人生，你觉得要不是你母亲在你面前杀了你的父亲，你也不会变成杀人犯！"德科突然变得疾言厉色，特里停顿了一会儿，只说了一句"我需要一名律师"，便不再多言。

审讯似乎没有达到预期的效果，但可喜的是，史蒂夫·摩根和杰夫·唐宁在娜拉地下室的垃圾袋里，找到了手机，而通过指纹对比后发现，上面根本就没有娜拉的指纹，显然，特里又撒了谎，他根本就没有将手机交给娜拉。想必他还不知道探员们已经在地下室找到丽莎·莱斯利的尸体的事，也没想到探员们会真的找到这部带有几次911拨出记录的手机。

接下来的几天时间里，犯罪实验室的工作人员将特里的DNA与在受害者身上以及犯罪现场找到的几百个DNA进行了比较，探员们也在特里的律师在场的情况下，多次对特里展开了问讯。好消息接连传来，犯罪现场调查组的调查报告显示，在希拉·麦克金兹的阴道、直肠以及大腿部分找到的DNA与特里的一致；在第四具尸体附近找到的饮料杯上发现了特里的DNA。在越来越多的证据面前，特里终于承认了自己的罪行。

他也承认，他心中始终仇恨母亲，认为母亲当着他的面杀害父亲是对他们整个家族的背叛。当他的哥哥和姐姐陆续杀人的时候，他很担心自己也会步他们的后尘。后来，他娶妻生子，就在感觉终于要摆脱这种家族犯罪阴影的时候，他发现妻子居然是应召女郎，这让他再次体会到了被人背叛的滋味，于是他痛下杀手，走上了犯罪的不归路。

杀害妻子之后，特里始终忘不了她。他想念妻子，也痛恨妻子，这种长期的心理矛盾使他度日如年。而在出狱之后，他新交的女朋友妓女的身份再次刺痛了他，于是，他的杀戮再次展开。后悔的时候，他就给911打电话，告诉警方藏尸地点，也想自首，可是在痛恨妻子的情绪占上风的时候，他便选择逃避，甚至再次犯案，而且专门杀害那些从事色情服务的女人。

连环杀人案终于成功告破，特里将再度因谋杀罪走上被告席。而这次等待他的，不是漫长的牢狱生涯，就是一剂致命的注射。

第五桩　连环杀手的报警电话

149

第六桩

令人发指的
"女士杀手"

FBI 十大惊天大案

1974年，有一个连环杀手横空出世，他杀害的目标都是那些年轻貌美的姑娘。他曾经流窜多处作案，但是却很少会在现场留下什么痕迹。FBI在负责侦办此案的时候，也是大费周章。FBI将这名杀手命名为"泰德"，也称之为"女士杀手"。在一次机缘巧合的情况下，泰德以盗窃罪被逮捕。但随着审讯的深入，FBI的探员们发现泰德没有表面上看起来那么简单。当他们掌握了泰德的罪行，决定依法对其提起诉讼的时候，新的波折却又出现了——泰德竟然越狱了，而这样一个凶残的杀手逃走，对于社会的危害是可想而知的，于是FBI又开始了对泰德新一轮的抓捕行动……

一

1974年1月4日，新年刚过，在华盛顿的一栋学生合租的公寓中发生了一起血案：一位名叫乔尼·莉茨的女学生经历了她这一生中最黑暗的一天。可以说她是不幸的，但是也可以说她是幸运的。说她不幸是因为，她遭遇了一场连环杀人案，并且差点死去；说她幸运是因为，她是这场连环杀人案中为数不多的幸存者，并且她等到了恶魔伏法的那一天，还亲眼看到他被送上了电椅。

这一天的早晨，乔尼·莉茨并没有像往常一样起床到楼下同合住的室友一起吃早餐。当时，这一情况并没有引起他人过多的注意。但是，等到下午的时候，人们还是没有看到乔尼·莉茨从她的房间里出来，这个时候她的朋友们开始感到不太对劲儿，于是他们来到乔尼·莉茨的房间门前，想问问她是不是生病了。但是，他们敲了很长时间的门也没有见莉茨来开门。他们突然有一种不祥的预感，于是几个人合力把门给撞开了。然而，当房门打开以后，所有的人都被眼前的一幕惊呆了。

可怜的莉茨奄奄一息地躺在床上，只见她被打得遍体鳞伤，更加让人感到震惊的是，有一根床柱被拆了下来，硬生生地塞进了莉茨的下体，让人看得触目惊心。很快，FBI探员和救护车就赶到了现场，昏迷不醒的莉茨被火速送往医院进行救治。

幸运的是，经过医生不懈地抢救之后，莉茨最终保住了性命。但她也因此留下了终生难愈的病症，而且莉茨的后脑部也在这一次受到了严重的伤害，以至于她在毕业之后不得不离开自己深爱的舞蹈事业。

在莉茨被送往医院的同时，FBI的探员们对现场进行了仔细的勘察，随后他们推测出，凶手应该是在深夜的时候撬窗进入到莉茨的房间实施犯罪活动的。凶手当时应该带有一件凶器，它有可能是一根棍子。

莉茨在醒来之后，向FBI的探员们描述了自己的被害经过，但是由于是在夜里，她并没有看清楚犯罪嫌疑人的长相。由于现场存留的线索也并不多，所以使得这起案件陷入了僵局，而FBI的探员们一时之间也不知道该如何是好。

就在探员们对这起案件一筹莫展的时候，又有一件新的案件发生了。这一次的受害者，是一位名叫林达·安·海丽的19岁的大学生。

2月1日的清晨，林达·安·海丽房间里的闹钟声像往常一样传了出来，准确无误地飘进了住在林达隔壁的室友的耳朵里。这让林达的室友知道，今天早上又能够听到林达播报的天气预报了。没错，林达是当地的一名电台兼职播音员，尽管是兼职，但是林达在当地也早已经是小有名气了。每天早上，人们都能够从广播中听到她甜美的声音。

可是，这一天早上却和往日有所不同——通常情况下，闹钟一响起来琳达就会马上起床，顺手把闹钟关掉，但是这一天早上闹钟却一直响个不停。最终，室友忍受不了闹钟的铃声，起身来到林达的房间关掉了闹钟。就在这个时候，林达房间里的电话响了。室友接起电话，原来是电台打来的，电话那端的人向林达的室友询问，林达到哪里去了，怎么还没有去台里上班。室友看到林达的床铺已经被收拾得整整齐齐，于是就对那端的人说："她现在应该正在去上班的路上吧。"

可是，到了晚上8点钟，林达的父母也打来了电话。他们说，今晚约好要和林达一起吃饭的，但是都这么晚了林达却还没有回家，他们想问问室友知不知道林达到哪里去了。但是，林达的室友告诉林达的父母，她已经有一整天没有见到林达了。这个时候，他们才开始担心起来，于是心中惴惴不安的林达父母向FBI报了案。

　　FBI的探员们很快就来到了林达居住的公寓，这个时候，林达的父母和朋友都已经在门前聚齐了。随后，他们在林达室友的带领下和FBI的探员们一起来到林达居住的房间。尽管林达的床铺看起来十分整齐，但是林达的母亲一眼就看出来这并不是林达整理的，而且床上的床罩和其中一个枕头也不知去向。随后，FBI的探员们在床单和另外一个枕头上发现了血迹，后来通过检验后得出结论，这些血迹就是林达的。此外，探员们在林达的衣橱中，还发现了一件血迹斑斑的睡袍。

　　但是，在最初进行调查的时候FBI的探员们没有想到这会是一起恶性连环杀人案的开端，也没有想到最坏的结局，于是他们当时没有收集现场的指纹、毛发和纤维等物证。没过多久探员们就有了一个惊人的发现，他们发现林达房间里的一扇门曾经有被撬动过的痕迹。通常，女孩子们在外过夜的时候都会十分谨慎小心地把房间里的门窗锁好的。

　　直到这个时候，FBI的探员们才意识到，或许林达已经遭遇不测了。后来，探员们根据现场的情形进行推测，凶手应该是用棍子把门给撬开，随后潜入室内，用棍子对林达进行殴打，之后就将林达满是鲜血的睡衣脱掉，给她换了一身干净的衣服，并将现场给整理好，之后就用床罩裹着林达离开了她的公寓。

　　FBI的探员们在推断出这一作案过程之后，却怎么也找不出犯罪嫌疑人。探员们经过调查得知，林达的家庭条件十分不错——她出身于中上层资产阶级家庭，而且是华盛顿大学心理专业的学生；她身材修长，皮肤也十分滑嫩，而由于林达十分喜欢微笑，所以她那年轻的脸庞上时常洋溢着动人的笑容；她那一头在额前中分的长长的棕色头发更是让很多女生都羡慕不已。尽管林达拥有这么多让人们羡慕的优点，但是她却让人感到十分平易近人。她总是花很多时间和那些有智力障碍的孩子一起去玩耍，帮助他们，给他们做一些免费的心理治疗。

在朋友和同学中间，她十分活泼，人缘也是极好的，从来都没有人听说她和什么人产生过矛盾、吵过架。就在她失踪的前一天夜里，林达还和她的朋友在学校附近的一家名叫丹特的酒吧狂欢了一下。当她回到宿舍之后，室友说，还听到了林达一边看电视一边和男朋友打电话的声音。之后，整个夜晚就在平静中度过了。

二

探员们一边对他们认为所有有可能是犯罪嫌疑人的人员进行排查，一边又紧锣密鼓地组织人员去寻找林达的尸体。一个大活人总不能就这样平白无故地消失不见了呀。

但是，林达真的消失了，这是一个不争的事实。因为他们不论怎样努力也找不到林达的尸体，也没有人表示在2月1日之后见到过林达，这让FBI的探员们感到十分头疼。然而，令FBI的探员们没有想到的是，林达的消失才仅仅是一系列年轻女孩儿失踪案件的开始。

从林达被害之后，那个春天和夏天，越来越多的女孩子都在突然之间失踪了，她们都和林达一样，在失踪之后再也没有人见到过，FBI探员们也没有发现她们的尸体。可以说，她们的消失就像是一个谜一样，时时刻刻都在困扰着FBI的探员们。

就在林达失踪一个多月之后，3月12日，居住在华盛顿奥林匹亚地区的年仅19岁的唐娜·菲尔·曼森，在去听爵士音乐会的途中，失踪了。

4月17日，年仅18岁的苏珊·兰考特在华盛顿大学去往艾伦中心地区时神秘失踪。据说失踪当天，她正准备去看德语电影。

5月6日，就读于俄勒冈州立大学的22岁女生，罗贝塔·帕克斯在晚上出去散步的时候在考沃利斯地区失踪。

5月25日，22岁的布兰达·鲍尔和一名陌生的男子从一家名叫"西雅图火焰"的酒吧离去之后，也失去了消息。

6月11日，18岁的乔林·霍金斯参加完妇女联谊会，在回宿舍的途中失踪。地点是在西雅图的华盛顿大学。

7月14日，23岁的名叫詹尼斯·奥特的姑娘在华盛顿的伊萨克地区失踪。据当时的目击者回忆，那天他们正在萨姆州立公园的山米士湖边野炊，随后有一名自称"泰德"的男子在向一名年轻的女孩子寻求帮助，那名女孩就是詹尼斯。他希望詹尼斯能够帮助他把小船弄到车里去，因为他的右手骨折了。詹尼斯看到他的右手上确实打着石膏，而且他又长得年轻英俊、仪表堂堂，于是热情的詹尼斯就去帮助了他。可是谁知，她这一去就再也没有回来。

还是同一天，19岁的姑娘丹尼斯·纳斯兰德，与她的男友和一些朋友在萨姆州立公园的湖边游玩，期间丹尼斯对男友说想要去洗手间，但之后她就再也没有回来。丹尼斯失踪的地点和詹尼斯十分接近，而且也有人在丹尼斯失踪地点附近看到有一个右手手臂打着石膏的男子，请求年轻的女性帮他把小船放到车里去。丹尼斯是十分热情的女孩子，尤其是对方又有伤的情况下，丹尼斯没有拒绝这名男子的要求。但正是她的好心，让她送了命。

随着失踪女孩的数量大幅增加，FBI也接到了很多的报警电话。后来，他们通过这些被害人终于发现了一些共同的特点：首先，这些失踪的女性都是白人，而且单身；其次，她们的身材都十分修长；再次，她们都是留着中分，而且及肩或者还要更长的头发；最后，她们大都是在夜间失踪的。当FBI的探员们把这些失踪女孩的照片放到一起的时候，他们惊讶地发现，这些女孩就好像是一群有血缘关系的姐妹一样，甚至有些人长得跟双胞胎毫无二致，而且这些失踪的女孩大多还都是在校的学生。于是，FBI的探员们立刻开始在各大高校附近展开了紧锣密鼓的调查。

功夫不负有心人，通过几天的调查，探员们终于找到了一些关于犯罪嫌疑人的蛛丝马迹——一些学生向FBI的探员反映，他们最近总是能够看见一个奇怪的男子，他的手上或者腿上总是打着石膏，另外一只手上，通常会拿着很多很多的书，而每当他的书掉落到地上的时候，他总是请求附近的年轻女生帮忙。另外，还有人曾经在停车场的附近也见到过这个奇怪的男子，因为他的右手上总是打着石膏，所以他总是会找人帮他发动汽车（他的汽

第六桩 令人发指的『女士杀手』

159

车是一辆大众甲壳虫汽车）。FBI的探员们得知这一消息之后都大为振奋，因为有两个女孩儿，就是在这个停车场的附近神秘失踪的。

随着FBI探员们的搜索，所有失踪女孩的家长和朋友们的期盼，最终变成了深深的恐惧。

三

1974年8月，FBI探员在美国华盛顿州国家公园的珊米士湖中，发现了一些尸骨，其中包括一些不同颜色的头发、五个大腿骨、两个头骨和一个下颌骨。后来，在通过法医们的高超技术和非凡耐心对这些尸骨进行鉴定后，法医和FBI的探员们辨别出，在这些尸骨中就有7月14日失踪的两个女孩詹尼斯·奥特和丹尼斯·纳斯兰德的尸骨。

虽然从8月起西雅图地区暂时获得了安宁，没有女孩儿再继续失踪，但是FBI探员们却陆续在这一地区发现了很多没有办法辨别身份的尸骨，而在和西雅图接壤的犹他州则开始出现年轻女孩儿失踪的消息。时任犹他州州立警察局局长的是路易斯·史密斯，他怎么也没有想到，自己的宝贝女儿竟然会成为犹他州第一个失踪的女孩儿。

路易斯·史密斯的女儿那一年刚好17岁，名字叫做梅丽莎·史密斯，她是一名长相十分出众的女孩儿——她有着一头浓密的中分的长发，而且她有一双十分漂亮的且让人难以忘怀的眼睛。作为警察局的局长，路易斯深知这个社会有多么的险恶，所以他会时常告诫自己的女儿凡事都要小心，甚至还把很多的罪案讲给她听，而这一切都是为了防患于未然。但是，让路易斯做梦也没有想到的是，在1973年10月18日这一天，他日夜担忧的事情终于变成了现实。

10月18日这天晚上，梅丽莎刚好要去参加一个朋友的生日聚会，而当天夜里她没有回家。对此，路易斯并没有在意，但是第二天梅丽莎还是没有回家，这不禁让路易斯感到十分担心，于是他开始给梅丽莎的朋友打电话，可得到的答复都是梅丽莎昨晚聚会结束后就已经离开了。这个答案不禁让路易斯开始担忧，他的女儿失踪了！虽然在梅丽莎失踪的第二天他就发动了警局里所有的警察来寻找梅丽莎的下落，但是却一直没有音讯。直到9天之后，他们终于在一片荒郊野岭上发现了梅丽莎的尸体。经过法医尸检后发现，她是被人勒死的，而在死前，梅丽莎很明显遭到了犯罪嫌疑人的强暴。

在梅丽莎遭遇不测13天之后的10月31日，又有一名年仅17岁的女孩儿失踪了。失踪的这名女孩叫劳拉·艾米，她在参加完学校的化装舞会之后，在回家的路上神秘地失踪了。随后，她的家人向FBI报了案，FBI的探员们在感恩节这一天找到了劳拉的尸体。当时她正躺在瓦萨其山脉的一条河边，而劳拉也和梅丽莎一样在生前遭到了强暴。从现场的迹象来看，劳拉在死前曾经奋力地反抗过，因为在她的脸上和头部都有被铁棍敲击的痕迹。

不过，FBI的探员们在现场没有发现大量的血迹，于是他们断定，这里不是第一案发现场，这也就是说，劳拉很有可能是在

第六桩　令人发指的『女士杀手』

161

其他地方被杀害，之后被犯罪嫌疑人移尸到这里来的。这起案件就像是梅丽莎的那起案件一样，FBI的探员们在现场除了尸体之外再也没有发现其他任何有价值的线索。不过，他们能够断定，这两起案件是同一人所为。

这个疯狂的杀手令FBI的探员们一点办法都没有，他们找不到任何关于这个犯罪嫌疑人的证据。显然，这就致使FBI的破案工作陷入了僵局。就在案情陷入举步维艰的境地的时候，有一个女孩侥幸从恶魔的手掌中逃了出来，也正是她给陷入僵局的案情带来了重要的线索。

那是在1974年11月8日的一个晚上，这一天恰好是星期五，18岁的卡罗·德洛克正在尤他商业区的一家书店里买书，正当她在专心致志地挑选书架上的书的时候，有一名年轻的男子向她走来。此男子长得十分英俊，让人一眼就感觉是一个十分正派的人。但是，他的行为举止却让卡罗感觉有些不对劲儿——他走到卡罗身边，彬彬有礼地对她说："小姐，你好，我是罗斯兰德警官，刚刚我看到你的车子好像被人动过手脚。"

"哦，天呐，是吗？"卡罗问道。

"是的，小姐。为了你的安全起见，现在麻烦你和我一起去停车场看一下你是否有什么贵重的物品丢失。"

卡罗误以为这个自称罗斯兰德的警察是这个商业区的警卫，因为，他看起来对这里的情况十分熟悉。于是，她没有多想就跟着"罗斯兰德"来到了地下停车场。在停车场中，卡罗十分仔细地检查了她的车子，但是，她并没有发现有什么特殊的情况，一切都是完好无损的。而"罗斯兰德警官"好像对卡罗的这一检查结果感到十分不满，于是他对卡罗说："既然这样，小姐，还是麻烦你跟我回一趟警察局，你必须要去填一个报告才可以。然后，请你顺便辨认一下犯罪嫌疑人。""罗斯兰德警官"说着就带着卡罗来到一辆大众甲壳虫轿车的旁边。

这个时候，卡罗的内心不禁生出了很多的疑问，于是她要求"罗斯兰德警官"出示一下他的证件，而这名"所谓的"警官从口袋里面掏出一个警徽在卡罗的眼前快速地闪了一下，随后就不耐烦地把她推上了车。随后，"罗斯兰德警官"就发动了汽车。

就在车子驶出商业区后，卡罗觉察到了异样——这名自称罗斯兰德的警官并没有朝着警察局的方向驶去，而是朝着相反的方向疾驰而去。瞬间，一股恐惧感袭上了卡罗的心头。就在卡罗考虑要不要让罗斯兰德停车的时候，那个男人突然就把车停下了，随后他拿出一副手铐，熟练地戴在了卡罗的手腕上。卡罗顿时就慌了，她大声地叫喊起来，而就在这个时候，那个男人从口袋里掏出了一把枪，并恶狠狠地对她说："听着，现在你给我闭嘴！不然，我就一枪打死你！"卡罗识相地闭上了嘴巴，但是她却没有停止挣扎，而且在挣扎的过程中，卡罗把自己这一侧的车门给撞开了，顺势就从车里滚了出来。就在这个时候，卡罗看到那名自称是警官的男人从身边抄起一根铁棍，劈头盖脸地向卡罗打过来。出于自卫，卡罗在情急之下使劲儿朝男人的要害处踢了过去，然后就起身跑开了。

卡罗沿着公路一路狂奔，她不敢停下来，生怕自己的速度稍慢一点，那个可怕的男人就会追上来。这时，一对在公路上驾车行驶的夫妇看到了卡罗，于是他们把车开到她的身边，问她有没有什么需要帮助的。卡罗像是看到了救命稻草一般，迅速地跳上了这对夫妇的车。在车中她惊慌失措地向这对夫妇讲述了自己几分钟前的遭遇，这对善良的夫妇在听懂了卡罗混乱的表述之后，迅速开车带着卡罗来到了警察局。

在警察局里，卡罗花了很长一段时间才使自己平静下来。她的一只手上还戴着手铐，她一边哭着一边向警察讲述了自己的遭遇。但是，警察局里的警官们告诉卡罗，警察局里从来都没有一个叫"罗斯兰德"的警官，而且警察局里也没有任何一个警员的样貌特征和卡罗的描述一致。当地的警察认为这起案件事关重大，于是将其上报给了当地的FBI。FBI在接到报案后，立刻派探员赶到事发现场，他们又详细地询问了卡罗当时的情形，并且探员们详细地记录下了犯罪嫌疑人和他驾驶的汽车。让FBI的探员们感到惊喜的是，他们竟然从卡罗的外衣上发现了犯罪嫌疑人的血迹。后来经过化验显示，犯罪嫌疑人是O型血，大大缩小了犯罪嫌疑人的范围。

卡罗成了继乔尼·莉茨之后第二个从魔爪中逃脱的女孩，而且她也在之后的法庭审判中成为了最重要的证人。

四

卡罗侥幸地活了下来，但是在同一天夜里另一个女孩儿就没有这么幸运了。周五晚上，实施犯罪没有成功的犯罪嫌疑人又将魔爪伸向了其他无辜的女孩。

当天晚上，福蒙特高中体育馆里正在举行一场盛大的晚会。晚会的一个导演在晚会快要开始的时候才抵达现场，她刚刚把车在停车场内停好，就遇到了一个奇怪的男人。此男人外貌十分英俊，他很有礼貌地请求这位导演帮他辨认一辆车。但是，由于当时她实在是太忙了，就没有答应。而且，她的直觉告诉自己这个男人浑身散发出来的气场让她感到恐惧，以致她隐约感到这个男人身上有一些非常奇怪的东西，而也正是她的直觉让自己侥幸躲过了一劫。之后在晚会进行的过程当中，她又看到了那个奇怪的男人，她看到他坐在后排，正在打量着周围的人群。"这个男人究竟想干什么？"她疑惑地想着。

其实，在遭到女导演的拒绝之后，那个奇怪的男人就一直在晚会现场寻找下一个实施犯罪活动的目标。最终，他把目光投在了黛比·肯特的身上。这天晚上，黛比和她的父母一起在体育馆里观看晚会，但是因为她要去接她的弟弟们，所以就提前离开了体育馆。她在走之前对父母说一会儿就能回来，但是她却再也没有回来。当黛比的父母看完晚会去停车场取车的时候，惊讶地发现，黛比根本就没有离开这里——她的车子还安静地停在停车场内，而在停车场的周围却找不到黛比的影子。这个时候，黛比的父母才意识到，他们的女儿失踪了。于是，他们立刻就向FBI报了警。FBI的探员们赶到现场之后，对这一地区展开了大规模搜索。但是，结果令所有人都失望了——他们没有找到黛比，可是却在草丛里发现了一枚小小的钥匙。经验丰富的探员们一眼就看出，这是手铐的钥匙。当他们试探着用这把钥匙去开卡罗手腕上的手铐的时候，手铐竟然打开了！因此，探员们确定，黛比此时已经被当晚袭击卡罗的人绑架了，或者说，杀害了。

同一天夜里，连续发生两起案件，这引起了FBI的高度关注。但是，让他们没有想到的是，这一切，仅仅是一个开端。

五

在这两起案件之后，犹他州获得了暂时的宁静，接近两个月的时间，犹他州没有传出过有女性失踪的消息。但就在FBI以为能够休息一下喘口气的时候，却又发生了新的案件。

1975年1月12日，在科罗拉多旅行的卡伦·坎贝尔失踪了。卡伦是和自己的未婚夫雷蒙德·盖德威斯基以及两个孩子一起来旅游的。当天晚上，他们四个人在下榻酒店的休息室里聊天，聊到兴起的时候，卡伦突然想起来自己正在看的一本杂志被忘在了房间中，于是她决定回房间去取。但是，她的未婚夫和两个孩子在休息室里左等右等却始终不见卡伦回来。雷蒙德突然想起来，卡伦在白天的时候曾经说过自己身体不太舒服，那么她现在一直没有回来是不是因为这个原因，留在房间里休息了呢？前思后想之后，雷蒙德还是决定回房间去看看卡伦。

但是，等到雷蒙德回到房间的时候却惊讶地发现卡伦根本就没在房间里，随后他几乎找遍了他们所住楼层的所有房间，但都没有看到卡伦的影子。直到凌晨，卡伦还是没有回来，情急之下的雷蒙德报了警。当地的FBI接到报警电话之后，火速赶到了卡伦居住的酒店，随后他们询问了酒店的所有工作人员，但是没有人知道卡伦去了哪里。

　　探员们从现场根本就找不到任何有价值的线索，而且卡伦也下落不明，以致这起案件进入了死胡同。在卡伦失踪一个多月之后，有一名清洁工，在距离卡伦当时下榻酒店不远处的一条小路边上发现了她的尸体。卡伦全身赤裸，尸体早已经被不知名的动物咬得支离破碎。但是，即便如此，人们也依然能够十分清楚地看到她的头部有被利器反复敲打的痕迹。后来，法医在经过检查后表示，卡伦在死前曾经被强暴过，而且卡伦在离开酒店休息室几个小时之后，就遇害了。

　　就在卡伦的尸体被发现之后，FBI又先后接到了多个电话，而报案的市民均称他们发现了全身赤裸的女尸。

　　3月15日，住在威尔镇的朱莉·卡宁海姆在去酒吧的路上离奇失踪。五天之后，在离酒吧不远的一个公园内有人发现了她的尸体，当时她全身赤裸，漂浮在公园的湖中；4月15日，梅兰尼·科利在骑车外出的时候失踪，她的尸体在8天后被人们发现，当时她的头已经被打破，下半身的牛仔裤也已经被拉到了脚踝处；7月1日，名叫雪莉·罗伯森的18岁女孩儿也不明原因失踪，在一个月之后，她的尸体在一个废弃的矿坑里被人发现，当时她全身赤裸，头部明显有被撞击的痕迹。这一系列失踪女性尸体的发现，让FBI的探员们断定，在这一地区有一个连环杀手在出没，当地的FBI将华盛顿州、犹他州和科罗拉多州等地发生的案件结合起来看，他们认为，发生在这些地区的案件很可能都是同一人所为。

　　尽管犯罪嫌疑人在每次作案之后都没有留下很多线索，但是曾经有很多人都不约而同地在这些地区看到过一个手上或者腿上绑着绷带的男人，FBI的探员们将这些人的描述综合起来，绘出了一张犯罪嫌疑人的肖像。FBI的探员们经过调查之后，最终确定这一系列的少女失踪案件都是出自这个手上绑着绷带的男人之手，可是探员们还不能确定他的身份和姓名，鉴于他杀害的都是年轻的女性这一特点，FBI的探员们就给他取了一个"女士杀手"的代号，而后来又给他取名为"泰德"。

　　随后，FBI的探员们开始四处张贴"女士杀手"的头像，而这些被张贴出来的头像引起了一个女孩儿的注意，因为这个人的长相和自己的好朋友伊丽莎白·坎道尔的新男友十分相像。

　　伊丽莎白是一个长得十分漂亮的女人，她刚刚和自己的前夫离婚，随后她就结识了现在的男朋友，名叫西奥多·罗伯特·班迪，是华盛顿大学法律系的一名学生。伊丽莎白很喜欢她的新男友，但是她的好朋友们却十分讨厌他。现在，伊丽莎白的闺蜜看到FBI探员们张贴出来的画像，第一时间就想到了伊丽莎白的新男友，而她也不知道为什么对于班迪总是有一种说不出的厌恶和不安。当她把自己的想法和感受告诉伊丽莎白的时候，伊丽莎白总是会笑着说："这是因为你们还不熟悉的原因。"

　　其实，伊丽莎白对于班迪在某些时候表现出来的孤僻的行为也是有所怀疑的，当他们所在的地区少女失踪事件频发的那段时间，班迪总是经常外出，不能陪在她的身边。而且，伊丽莎白还在班迪的房间里发现了用于外伤的石膏，但是奇怪的是班迪并没有受什么伤。而由于伊丽莎白实在是太喜欢班迪了，可以说她对班迪是一见钟情，在她看来，他是那么风度翩翩，举手投足间都透露出一股迷人的气质，所以，尽管她对班迪产生过怀疑，但是，她很快又将这样的想法给打消了。因为她怎么看班迪也不像是会犯下那种丧心病狂、惨无人道的凶杀案的杀人凶手。

六

其实，怀疑过班迪的人不止伊丽莎白和她的闺蜜，还有很多人也曾经怀疑过班迪，但他真的完全不像是人们心目中想象的穷凶极恶的罪犯那样，看起来丑恶不堪，阴险狡诈。

可以说，班迪的长相起到了很大的迷惑作用，而且，班迪除了长相十分出众之外，他在各个方面的表现看起来也十分正常——他很聪明，但是从不过分；在学校里他算是一个表现不错的学生，经常受到老师的称赞和同学们的羡慕；很多时候他会因为紧张而变得结巴，甚至是拼错单词。班迪的总体表现，使他在女生当中深受欢迎。所以，当所有持有怀疑态度的人看到这样十分正常，甚至还有些优秀的人的时候，心中对其所有的疑虑自然会全部打消，

然而，这个凭借着相貌蒙蔽了所有人的眼睛的作恶多端的罪犯，还是在1975年8月16日这一天露出了马脚。这一天晚上，FBI探员鲍勃·海沃德在盐湖郡外巡逻的时候，发现了一辆褐色的甲壳虫轿车。鲍勃已经在这里生活了几十年，所以，对周围的一切

他都了如指掌，他从来都不记得有谁的家里有这样一辆甲壳虫轿车。于是，鲍勃把自己的车灯打开，他想要仔细地看一下那辆陌生甲壳虫的车牌号，但就在这个时候，甲壳虫仿佛发现了鲍勃的用意，于是它突然加速，就像是疯了一般向前冲去。鲍勃立即明白了一切，于是他随即就追了上去。在连续闯过了两个红灯之后，那辆逃跑的甲壳虫终于缓缓地停在了一个加油站的旁边。

鲍勃把自己的车停在了他的后面，就在这个时候，他看到甲壳虫里走出来一个人，那是一个年轻英俊的男子，他很儒雅地走到鲍勃的车前，把自己的驾照递给了他，而鲍勃看到这个年轻的男子的驾照上登记的名字是西奥多·罗伯特·班迪。鲍勃看过驾照后觉得一切正常，就在他要把驾照还给班迪的时候，他的两名同事也赶到了现场，他们两个人对班迪的甲壳虫进行了搜查。他们发现班迪汽车的后排座位被拆掉了，取而代之的是一个大大的行李箱。探员们在班迪的行李箱里发现了一把撬棍、一个被剪开的长袜做成的面具、绳子、手铐、电线和一个冰袋。FBI的探员们敏锐的职业敏感告诉他们，在一个青年男子的行李箱里装有这些东西十分值得人们怀疑，于是他们就以涉嫌入室盗窃的理由将班迪逮捕了。

班迪被捕之后，FBI很快就对其展开了调查，很快探员们就对在其车中发现的手铐产生了兴趣，因为他们发现这副手铐和之前铐在卡罗·德洛克手上的那副手铐竟然是一模一样的！还有在车里发现的撬棍，也和卡罗之前跟FBI描述的一模一样，更为重要的是，班迪在被捕的时候所开的甲壳虫汽车，不论是车型还是颜色都和卡罗在险遭毒手的那一夜乘坐的车完全一样。此外，FBI的探员们开始怀疑班迪也是绑架和杀害梅丽莎·史密斯、劳拉·艾米、黛比·肯特的凶手。因为从现场尸体痕迹来看，这几起案件的作案手法十分相似，很可能就是出自同一人之手。

1975年10月2日，在犹他州的FBI调查局里，探员们请来了黛比·肯特的一个朋友，以及那天晚上犯罪嫌疑人遇到的女导演和幸存者卡罗·德洛克前来对一排犯罪嫌疑人进行指认，而卡罗一眼就将代号为"泰德"的班迪认了出来，她对探员惊声叫道："是他！没错，就是他！那张脸我一辈子都忘不了。"随后，导演和黛比的朋友也纷纷指认"泰德"就是当晚在体育馆前的停车场内闲逛的那个男人。

通过这些指认，FBI的探员们认定他们已经找到了这起连环凶杀案的真正凶手，可是，班迪却对这些指控都一一否认了。不过，这并不能阻碍FBI对他的调查。

七

很快，FBI的探员就找到了班迪的同居女友——伊丽莎白。他们希望她能够为他们提供一些有用的线索，比如说，班迪的性格、习惯、爱好等。面对警察突如其来的询问，伊丽莎白显得十分紧张不安。尽管伊丽莎白深爱着班迪，但是她还是决定配合FBI的调查，她也想通过这次调查解开自己心中的疑问。她向FBI表示，班迪经常会在有少女失踪的夜晚不知去向，而且他经常会在白天睡觉晚上出门，但是他从来不会告诉伊丽莎白自己要去哪里。而伊丽莎白在最初和班迪同居的时候就注意到，在班迪的房间里有很多被制成手或者是腿的模型的熟石膏，可是，班迪却从来都没有受过伤，她不知道那些东西是用来干什么的。伊丽莎白有一次还在班迪的车里看到过一把短柄的小斧头。

最为重要的是，伊丽莎白清楚地记得在1974年7月份的时候，也就是詹尼斯·奥特和丹尼斯·纳斯兰德失踪的时候，班迪曾经去过华盛顿州的珊米士湖，就在他到达湖区一个礼拜之后，就传出了詹尼斯和丹尼斯失踪的消息。班迪在走的时候告诉伊丽莎白自己是去滑水，而因为班迪一直都十分喜欢运动，所以伊丽莎白当时并没有起疑。但是，事后想起来他的行为确实是令人怀疑的。

伊丽莎白在不安和焦躁中接受完了FBI的询问，在FBI调查局里做笔录的时候，她一直在猜测或许那个连环杀人案的凶手真的就是班迪。但是，当她去探望班迪的时候，她又立刻认为自己深爱的人是清白的。其实伊丽莎白并不知道，自己如此深爱的人其实向她隐瞒了很多事情，有一段时间，班迪甚至同时在和两个女人交往，一个是伊丽莎白，另一个则是他在大学时的初恋女友。

此外，FBI经过调查之后还发现，在詹尼斯和丹尼斯失踪的时候，有人在珊米士湖畔见到过手上打着石膏的班迪。有一个班迪的朋友对FBI说，他曾经在班迪的甲壳虫汽车里看见过女人的短裤；他的另外一个朋友则说，曾经见过班迪的右手上打着石膏，但是当时班迪的手并没有受伤，而且他还经常在女尸频繁出现的泰勒山脉附近活动。FBI的探员将这些信息汇总到一起之后发现，围绕在班迪身上的疑点已变得越来越多。

尽管FBI还没有办法证明班迪就是这起连环凶杀案的元凶，但是就目前FBI手中所掌握的证据可以判定，他就是在1974年11月8日晚上袭击卡罗·德洛克的那个人。

因而，在1976年的2月23日，被FBI探员们称为泰德·班迪的年轻人，被依法提起了诉讼，罪名是试图绑架卡罗·德洛克并致死。但是，在整个庭审的过程中，班迪却表现得十分放松，因为他根本就不相信FBI手中的证据能够对自己构成致命的威胁，甚至当曾经从他手中侥幸逃脱的卡罗走进法庭，坐到证人席的位置上的时候，班迪依然是面无表情的。他带着略显讥讽的表情，看着卡罗向法官哭诉自己在16个月前的遭遇。

当卡罗声音颤抖地向法官讲述着16个月前的不幸遭遇的时候，恐惧、愤怒和仇恨一时间齐齐涌上了她的心头，以致她在法庭上数度哽咽到无法说话。当法官询问卡罗，她是否能够指出当晚攻击她的人的时候，卡罗崩溃了，她号啕起来，再也没有办法说出一句完整的话。在经过了几次平复之后，她伸出手指向了站在被告席上的班迪，颤抖地对法官说，那天晚上自称是"罗斯兰德警官"，并且袭击她的人就是班迪。

卡罗的话音刚落，在场所有人的目光都落在了班迪的身上，这个时候的班迪只是冷眼看着这个泣不成声的女孩，毫无感情色彩地说："法官先生，请你不要听信她的一面之词，我从来都没有见过这个叫卡罗的女孩。"

尽管班迪对于自己犯下的罪行矢口否认，但是卡罗的证词和在班迪的甲壳虫汽车里发现的一系列可疑物品，以及当时他滴落在卡罗衬衫上的血迹都成了最有力且无声的证据，而正是由于这些物证的存在，所以法官最后判决班迪绑架的罪名是成立的。同时法官还宣布，从1976年6月30日起，班迪将开始为期15年的牢狱生涯，但是他可以提请假释。

班迪被捕的消息一经传开，很多人都感到十分惊讶，因为不论是从小时候开始，还是现在，班迪一直都被认为是一个好孩子。

西奥多·班迪1946年11月24日出生在佛蒙特州，他的出生证明上写的名字是劳埃德·马歇尔。他的妈妈是一位单身母亲，而他也从未见过自己的亲生父亲；他的妈妈在生下他不久之后就搬回了位于费城的父母家中，而为了避免流言蜚语对小班迪的伤害，他的祖父给了班迪自己的姓氏——考威尔。就这样，他的祖父祖母成了他的"父亲"和"母亲"，他的母亲则成了他的"姐姐"。

他在五岁之前一直都是使用西奥多·罗伯特·考威尔这个名字。在1950年的时候，他和"姐姐"搬到了位于华盛顿州塔科马的亲戚家中。在那里，班迪的"姐姐"嫁给了一个叫乔尼·卡尔佩普·班迪的海军厨师。后来班迪就将自己的姓氏改为了"班迪"。在和"姐姐""姐夫"一起生活的那段时间里，乔尼一直都想和小班迪搞好关系，但是生性孤僻的班迪却总是将自己封闭在自己的小世界里，很少和乔尼沟通。少年时期的班迪内向、腼腆、自卑、不合群，也正是因为这样的关系，他总是会被同学们欺负，但是好在他的成绩一直都很不错。

在高中的时候，他开始慢慢地长成一个相貌出众的小伙子，而且他在同龄人当中也开始受欢迎。他给人们的印象一直都是风度翩翩、彬彬有礼的，而和女生交往比起来他似乎更醉心于体育和政治。

后来，他考入了西雅图的华盛顿大学，开始学习心理学以及亚洲研究，此时他的成绩依然十分优异。在校期间他曾经救过一名落水儿童，在街上追捕过逃犯，而且他还十分热衷于参加社团活动。由于这一切使得班迪在同学当中越来越受欢迎，所以人们很快就忘记了班迪曾经是一个孤僻的少年。但是，只有他自己知道，他之所以会努力学习、全情地投入到社团活动中、救人、抓罪犯，都是为了压抑心中另一个邪恶的自己，即那个早在青年时期就已经对"性"和强暴行为不能自已的自己。

虽然班迪一直压抑着心中那个邪恶的自己，但是在1967年的时候，一个女孩的出现却彻底颠覆了他的世界。这个来自加利福尼亚的女孩名叫斯坦芬妮·布鲁克斯，她的家境相当殷实，而且她本人也生得十分漂亮高雅，让班迪做梦都没有想到的是这样一个相貌出众的女孩儿竟然会青睐于他。

尽管两个人在很多方面都有很大的差距，但是他们两个人都十分喜欢滑雪，而且两个人就是在滑雪场相识，并一见钟情的。斯坦芬妮可以说是班迪的初恋，而且这也是他长这么大以来第一次和女人有了真正意义上的肉体接触，所以说班迪对于这段感情尤为珍惜，尤其对方还是一个如此美丽的女子。但是，在斯坦芬妮这边就没有班迪那么积极了，她确实是非常喜欢班迪，但是斯坦芬妮始终觉得班迪不会有什么光明的前途，将来也不会有任何大的作为。而很多时候，班迪为了讨斯坦芬妮的欢心，常常会撒很多谎，但是当谎言被揭穿之后，斯坦芬妮对于班迪反而越来越反感了。

班迪为了保持自己在斯坦芬妮心中的形象，花费了很多的时间和力气，最终取得了斯坦福大学的暑期奖学金。但是，不论班迪怎样努力，当斯坦芬妮大学毕业的时候，还是毫不犹豫地选择和班迪分手了。斯坦芬妮是一个特别实际的女人，她一直认为班迪是一个好的男朋友，但是却不会是一名称职的丈夫，因为在两个人交往这么久的时间里，班迪好像一直都缺乏一个明确的奋斗目标。班迪面对与斯坦芬尼的分手十分伤心，但是对此他却无可奈何。

这次分手带给班迪的打击是致命的，他一直没有办法让自己从失恋的阴影中走出来，这直接导致了他的成绩一落千丈，而且又开始变得不善交际，也不热衷于社团活动了。即便如此，他还是坚持给斯坦芬妮写信表达自己的爱意，但是他的这种爱已经在不知不觉中变成了一种偏执，而也正是这种偏执，最终导致了他的毁灭。

八

班迪失恋之后，便寄情于旅行，希望自己的伤痛能够在旅行的途中得到抚平，于是他开始四处游荡。有一天，他突发奇想，决定回到他的出生地佛蒙特去看一看，可是谁又料到，在那里他又遇到了让他走上连环杀人这条不归路的第二个催化剂。

这一天，班迪在整理物品的时候无意中发现了自己的出生证明，他发现在自己亲生父亲那一栏里赫然写着"不详"这两个字，而亲生母亲那一栏里写的则是自己姐姐的名字。直到这个时候，班迪才知道，原来自己叫了二十多年的姐姐竟然是自己的亲生母亲，而自己一直以为是亲生父母的两个慈祥的老人竟然是自己的祖父和祖母！这一事实让班迪一时间根本就反应不过来，"原来周围的这一切都是假的，原来自己一直都是没有父亲的"班迪这样想着，而此时一颗怨恨的种子已经在不经意间悄悄地生根发芽，并且以极快的速度生长起来。

对于法官最后的审判，班迪感到十分意外，他做梦也没有想到自己竟然会被判刑，被关进监狱。他原本一直认为自己的罪行是不可能成立的，但是，他没想到之后还有更多的不可能在等待着他。当班迪心不甘情不愿地在犹他州的监狱服刑的时候，他怎么也想不到，FBI的探员们对他的调查还在继续。探员们在终结了卡罗·德洛克的案子之后转而开始调查在1974年的10月失踪，并且遇害的梅丽莎·史密斯和在1975年1月遇害的卡伦·坎贝尔这两起案件。

此时，FBI所有参与这两起案件的探员们都不约而同地把怀疑的目光投向了班迪。因为他们曾经在班迪的甲壳虫汽车中发现了少量的女性的头发，后来经过验证之后得出结论，这些头发是属于两个不同的人的，而这些头发的特征刚好和梅丽莎以及卡伦的头发特征是相吻合的，更为重要的一点就是，探员们在班迪的车中发现的撬棍和卡伦头上因钝器所致的伤痕是完全吻合的。

于是，科罗拉多州FBI的探员们根据自己手中掌握的这些有力的证据，在1976年10月22日的时候对班迪进行了起诉，他们指控班迪涉嫌谋杀卡伦·坎贝尔。

1977年的4月，班迪被华盛顿州的FBI移送到科罗拉多州的加菲尔德郡监狱，而且现在FBI对他的指控已经从单纯的绑架升级为谋杀。由于前一起案件的败诉，班迪对自己的律师感到十分不满，他认为正是自己律师的责任才使自己在卡罗绑架案中被定罪，所以这一次他决定自己为自己辩护。他认为，就凭借FBI手中掌握的那点可怜的证据，根本就不足以将自己定罪。因为班迪要为自己辩护，所以他被允许使用法院内部的图书馆。

法院的图书馆位于加菲尔德郡监狱之外的白杨镇上，由于班迪经常会来这里借阅图书，所以很多时候，他在阅览的时候，狱警们就会把他的手铐或者脚镣给摘除掉。时间一久，班迪就发现这座图书馆的警戒非常松懈，于是一个计划在他的脑海中渐渐成形。

6月7日这一天，班迪像往常一样到图书馆借阅图书，当他独自坐在图书馆的阅览室的时候，他趁狱警不备，迅速打开了二楼的一扇窗户跳了出去。虽然他在落地的时候有一只脚被扭伤，但是为了自由而付出这些伤痛在他看来是值得的。

班迪的第一次越狱就这样轻易地成功了，他偷偷溜进了白杨镇，因为既没有戴手铐，也没有戴脚镣，所以，他在人群中并不是那么显眼。很快，驻守的狱警就发现班迪越狱了。于是，狱警马上就把这一消息报告给了FBI。随后，他们出动了150多名警察，在各个路口都设置了关卡，他们甚至还出动了警犬，帮忙寻找班迪的下落，但是他们地毯式地接连搜寻了好几天，也没有找到班迪的下落。一时间，他就好像是从人间蒸发了一样，以致FBI一度怀疑班迪是不是已经逃出了白杨镇。

其实，班迪并没有逃走，他知道狱警很快就会发现自己越狱的情况，所以他并不着急往外跑，他仍然躲在白杨镇，只不过他白天会找一些隐蔽的地方休息，等到晚上夜深人静的时候才会从藏身的地方溜出来，从垃圾桶里找些东西果腹。有些时候他也会去偷在附近露营的人们的食物。他十分清楚自己现在的处境，他深知，如果要从这个地方逃出去的话，自己必须要有一辆车才行。而且，他坚信自己最终能够获得自由，现在的境遇只是暂时的。

后来，班迪果然找到了一辆车，这辆汽车的车主在停车去买东西的时候竟忘记把车钥匙拿走了。而班迪见状感到自己的机会来了，于是他立刻跳上汽车，向着白杨镇外疾驰而去。但是，不幸的是，就在班迪驾车疾驰而去的时候，车主刚好从便利店中走出来，他看到自己的车被偷了，就立刻报了警，以致班迪在逃离白杨镇的路上被警察发现并抓了回来。

当班迪被抓回来之后，不论他去哪里，他的手铐和脚镣都不会再被解除掉了。但是，FBI的探员和狱警们却不知道，一个崭新的越狱计划早已在班迪的心中悄然形成，而这一次他决定从空

第六桩 令人发指的『女士杀手』

179

中越狱。

因为班迪在自己住的监牢的天花板上发现了一个夹层，他想要利用这个夹层进行自己的第二次越狱计划。他想尽一切办法让自己在短短七个月的时间内减了50磅的体重，此时的班迪已经能够轻而易举地通过那个窄小的夹层了。12月30日，班迪感到自己的机会来了。因为临近新年，浓郁的新年气氛也逐渐在监狱中弥漫开来。狱警们的戒备在这个时候也开始变得松懈起来。班迪趁他们都不注意的时候，爬进了天花板的夹层中，他在夹层中自由地行动，很快就发现了一个出口，这个出口一直通向警卫房间的壁橱。班迪耐心地在天花板上等了很长时间，直到警卫室里的人都离开了，他才进入到壁橱中，之后把自己的狱服给替换下来，堂而皇之地走出了监狱的大门。

九

班迪这次的越狱计划堪称完美，因为在他越狱整整15个小时之后狱警才发现他不见了。这个时候，班迪早已经用偷来的狱警的钱买了去芝加哥的长途汽车票，但是芝加哥并不是他最终的目的地，他想要去的地方是一年四季都风和日丽的佛罗里达州。

班迪在抵达佛罗里达之后沉寂了一段时间，当他确定自己已经安全了之后，就又开始了新的杀戮。

1978年2月初的一天，FBI探员詹姆斯·帕曼特的女儿在放学之后站在路边等他的哥哥来接她回家，这时，有一辆白色的小型货车停在了帕曼特的身边，并有一个长相俊朗的男子从车里走出来。

他对帕曼特说自己是一名消防队员，随后他就问帕曼特是不是在她身后的那所学校上学。帕曼特感觉眼前的这个男人十分可疑，因为他自称是一名消防员，但是却没有穿消防员应该穿的衣服，而且她的父亲也时常告诫她不要随便和陌生人讲话。所以，帕曼特并没有打算搭理这个一直在跟自己套近乎的男人。

就在班迪想要再深入一点，取得女孩儿信任的时候，她的哥哥开车过来了。帕曼特的哥哥看到妹妹身边站着一个陌生的男人，两个人似乎在僵持着，于是他快速地下车，来到妹妹身边。班迪看到有人来了，就没有再继续纠缠帕曼特，他转身就进到自己的白色小车里，驾车离开。帕曼特随后就跟哥哥讲了刚刚发生的事情，她的哥哥也觉得这个男人形迹十分可疑，于是兄妹二人开车跟踪了他一段时间，并且把他的车牌号记了下来。

两个孩子在回家后就将今天下午的奇怪遭遇讲给自己的父亲老帕曼特听，而老帕曼特也觉得这十分可疑，在对这辆车的车牌进行调查后发现，这辆车的车主是一个名叫兰德尔·雷根的人。可是，当老帕曼特去拜访雷根的时候，却得到了一个让他惊讶万分的消息——雷根的车牌在很早之前就被偷了，自己现在又重新申请了一个车牌。而在经过深入的调查之后老帕曼特发现，那辆白色的小货车也是被偷来的。就在老帕曼特感到整件事情变得毫无头绪的时候，突然有一个人的名字在他心中一闪而过，随即他就带着自己的一双子女来到FBI调查局，给他们看了很多FBI存档的嫌犯照片。

在众多的照片中，帕曼特兄妹一下子就认出了那天的那个男人。老帕曼特看到之后不禁倒吸了一口凉气，照片上的人竟然是班迪。老帕曼特事后回想起这件事情都会觉得后怕——如果帕曼特的哥哥晚到几分钟，那么他很有可能就会永远地失去自己乖巧懂事的女儿了。

但是，林奇夫妇一家就没有这么幸运了。1978年2月9日晚上，林奇夫妇做好了晚餐等着女儿金伯莉回家，而一直到八点钟金伯莉都还没有回来。他们的女儿是一个很乖巧的孩子，这样的事情是以前从来都没有发生过的。坐立难安的林奇夫妇开始给女儿的好朋友们打电话，但是他们却得到了一个一致的消息——金伯莉一放学就离开了。焦急不安的林奇夫妇最终决定报警。

FBI在接到报案后迅速对此事展开了调查，后来他们在金伯莉的一个好朋友那里了解到，她曾经看到金伯莉在学校附近上了一个陌生男人的车，但是由于当时距离太远了，她没有看清楚司机的长相和车牌号。

经过一段时间的调查，FBI的探员们终于在金伯莉失踪八个星期之后，在苏凡尼地区的一个公园里发现了她的尸体。但是，此时尸体已经呈现出高度腐烂的状态，所以探员们能够找到的线索少之又少。而且，他们在公园附近一条僻静的小路上发现了一辆白色的小货车，显而易见，班迪抛弃了这辆车。因为他又找到了一辆他更为喜欢和熟悉的汽车——一辆橘红色的甲壳虫。但是，这辆车却没有给他带来之前那样的好运，反而成了他再次被捕的助力。

2月15日这天夜里十点多的时候，巡警戴维·李巡查到佛罗里达的西潘斯克拉区，他在这里看到了一辆橘红色的甲壳虫。戴维·李在这片区域巡查已经有十多年了，对这一地区的情况可以说是了如指掌，而在他的印象里，这一区域并没有橘红色的甲壳虫，于是，他记下了这辆车的车牌，并打电话到警局查询。后来，他得知这个车牌和这辆车的车主在几天前已经向警察局报案，他的车被盗了。在得知这一消息之后，他立刻驱车跟了上去。

几年前班迪在犹他州被捕的情形又再次上演，当班迪发现有人在跟踪自己的时候，他立刻加快了车速向前驶去。但是在开了一会儿之后，他却突然把车停在了路边，并且主动从车里走了出来。李警官对其举动十分疑惑，但是他还是命令班迪靠在车边，就在李警官给班迪戴手铐的时候，班迪突然转过身来和李警官厮打在一起。后来，班迪挣脱开来，向远处跑去，无奈之下，李警官向着班迪的腿部开了一枪，班迪应声倒地。李警官追上前去，就在他想把班迪拉起来的时候，班迪突然起身想要夺过李警官手中的枪，但是他没有想到看似瘦小的李警官竟然一下就把他的计谋识破了，没有得逞的班迪最后被铐了起来，随后，警车就呼啸着消失在了茫茫的夜色中。

再一次被捕的班迪面临着至少两项谋杀罪名的指控，但是后来FBI的探员们发现，他身上背负的命案远远不止两件这么多。

1979年6月25日，班迪又一次站在了被告席的位置上，这一次的审判地点是在佛罗里达州的迈阿密，而这一次的审判主要是关于1978年1月14日晚上在女生联谊会宿舍发生的那起血案。

这次的审判在全美都受到了极大的关注，大批的媒体记者一时间从全国各地纷纷涌向迈阿密，他们聚集在法庭的外面，等待着审判结果。特大的黑体"班迪"更是频繁地出现在美国的各大主流报纸上。他被控涉嫌36项谋杀罪，他的名字在一夜之间红遍大街小巷，而"泰德"这个名字仿佛在一夜之间成了噩梦的代名词，人们都称他为"复活的魔鬼""女士杀手"等。

在这起案件审判的过程中，班迪决定为自己辩护。他认为自己有足够的把握和信心能够推翻FBI手中那些可怜的证据。班迪的陪审团是由一些非裔美国人组成的。在案件审理的过程中，陪审团的成员对班迪的一举一动都十分关注。

但是有两件事情让陪审团的人们对班迪的罪行深信不疑。一个是证人尼塔·纳尔瑞的证词，还有一个就是理查德·索沃伦博士对于丽莎身上咬痕的描述。

当理查德博士把丽莎身上的咬痕照片展示在众人面前的时候，班迪知道自己这一次输定了。到7月23日这一天，在经过了7个小时的争论之后，陪审团最终达成了协议。当法官念到"罪名成立"的时候，班迪在被告席上大声叫了起来："不可能，这真的不可能！"他绝望地把头埋到了手掌中，他知道自己的末日就要到来了。

✝

在此之后，班迪又经历了几起诉讼的案件。在这几起案件中，班迪的表现都显得十分的激动，他说自己是被人陷害的，而且他还叫嚣着说整个的诉讼程序有问题，他自己是清白的，这些审判完全是一场闹剧。但是，不论班迪怎样辩解也改变不了自己犯下的滔天罪行。最终，法院判处他死刑，执行方式是电椅。

这几起起诉案件的审判一直持续到1986年，在这期间班迪请到了当时著名的律师为自己辩护，在他的律师波利·尼尔森的帮助下，他执行死刑的日期被推迟到了1989年的1月24日。

在班迪被执行死刑之前，他决定向世人坦白自己的罪行。随后，他说自己要和坎普尔博士见面，并且向他坦白自己的一切罪行。

坎普尔博士见到班迪的时候，距离他执行死刑的时间还有11个小时。班迪告诉坎普尔，他有时会把一些被害人的头放在家里，作为纪念品，而且，有时，他甚至还会奸尸，或者将尸体保存在房子里很久，坐在尸体前面反复地端详、回忆。在坎普尔看来，班迪有严重的性倒错和恋尸癖。而按照班迪自己的描述，死在他魔掌下的至少在30人以上，甚至，还有人估计在100人左右。但是，具体的数字，甚至连他自己都难以记清楚了。

在监狱里，班迪一直被单独监禁着，因为就他所犯下的罪行而言，如果将他和别的犯人关在一起，他一定会受到虐待的。他的牢房原来关的是约翰·斯潘克林克，也是个死刑犯。据说，班迪被送上电椅的那天，一个音乐频道还同时播出了一段烤咸肉的"吱吱"声。而这名曾经让人们闻风丧胆的连环杀手，就这样结束了自己的生命。

第六桩　令人发指的『女士杀手』

第七桩

"十二宫"连环
杀人案

FBI 十大惊天大案

20世纪60年代末，美国旧金山地区接连发生20多起恐怖的连环杀人案。虽然一名自称"十二宫杀手"的凶手，每次作案之后都会向FBI和媒体发送含有密码的信件炫耀他的杀人经过，然而"十二宫"系列案件一直未被侦破，以致这起案件甚至一度被档案局置为冷案。但是40年后，丹尼斯·考夫曼却突然向FBI爆料，他发现继父杰克就是"十二宫杀手"！

一

　　Zodiac，在西方占星学中所表示的是太阳在天球上经过黄道的十二个区域，这也就是人们通常所说的黄道十二宫。但是，在上个世纪60年代末，这个单词的含义却因为一个连环杀手的出现而被大大地扩充了。在上个世纪60年代末，有一位自称是"Zodiac"的人，在美国加州的北部犯下了多起凶杀案件，一时间使得美国民众人心惶惶。此案的犯罪嫌疑人被美国FBI的探员们称为"十二宫杀手"，而其制造的连环杀人案则被称为"十二宫"连环杀人案。

　　但是，在很多美国人的眼中，"十二宫杀手"就像是UFO或者是百慕大三角洲一样神秘，因为美国FBI至今也没有找到

"十二宫"连环杀人案的凶手。

"十二宫"连环杀人案，是从一个名叫切莉·琼·贝茨的女孩儿开始的。

1966年10月30日，这一天刚好是万圣节的前夜。晚上9点钟，切莉·琼·贝茨像往常一样从她就读的理沃塞德城市大学的图书馆走出来，准备开车回家，期间她还遇到了两位同学，并笑着和他们打招呼。至此，谁也没有想到这是她最后一次出现在人们的视线当中。

这一夜，切莉到很晚的时候还没有回家，但切莉的父亲老贝茨并没有在意，因为他以为女儿是在万圣节的前夜和朋友们一起出去玩了。即便如此，老贝茨仍想确认一下自己的想法是否正确，于是他拿起电话和他认为最有可能和切莉在一起的朋友通了电话，但是电话那端的声音却告诉他，切莉没有和自己在一起。于是，老贝茨又给切莉其他的好友逐一去了电话，但是电话打得越多，老贝茨的心就觉得越慌，因为他的宝贝女儿没有和任何一个好朋友在一起。"这么晚了，切莉会去哪里呢？"老贝茨越想越担心，因而一夜无眠。

次日清晨，噩耗传来，切莉的尸体在距离理沃塞德城市大学图书馆不远处的一条僻静的小道上被发现了。最早发现切莉尸体的人是理沃塞德城市大学的一名园丁，随后，他向FBI报了案。

FBI在接到报案后，很快就赶到了现场，随即法医就对切莉的尸体进行了尸检，检验表明：切莉全身一共被刺了11刀，其中有3刀是刺在了她的胸部，1刀刺在了她的背部，剩下的7刀全部都刺在了切莉的脖子上，而由于凶手力度过大，切莉被刺的次数过多，以致整个颈部几乎都要断掉了。看样子，凶手似乎是想要把切莉的头颅给切下来。

FBI在现场采集了很多的证据，他们根据这些证据推断出，在案发当时现场曾经发生过激烈的打斗。FBI在切莉的双手和双臂上发现了很多创伤，这应该是她在自卫的时候造成的；而在她的指甲缝中，FBI找到了大量的皮肤纤维，由此推断，凶手当时也被切莉挠得不轻；FBI还在案发现场找到了一块天美时的男士腕表，这块腕表的表带被生生地扯断了，手表的指针停在了12点23分的位置上。

很快，FBI就调阅了切莉被害当天的图书馆的出入记录，从中他们发现：当天夜里，至少在9点之前，切莉都没有离开过图书馆。既然如此，那么从现场找到的那块手表所指示的时间又该怎么解释呢？难道说，切莉9点钟从图书馆出来之后，还和凶手闲聊了3个多小时？或者是打斗了3个多小时？FBI在经过缜密的调查之后还发现，切莉的汽车上用来打火的电线圈被人用刀给割断了。这个人会是谁呢？FBI根本找不到任何的头绪。

这的确是一起令FBI感到头疼的案件，在经过仔细的调查之后，依然找不到凶手杀人的动机，而且现场也没有任何的目击证人，同时切莉的钱包也是完好无损的，里面的现金并没有被翻动过的迹象，切莉本人也没有遭到过性侵犯的迹象，而正是这种种现象使得FBI对这起案件感到十分头痛。由于他们一直都没有办法找到和这起案件有关的犯罪嫌疑人，所以这起案件一直都悬而未决。

二

1966年11月29日，理沃塞德城市大学和当地知名的一家报社——理沃塞德创业报，分别在同一时间收到了一封内容完全相同的信件，而写信人声称自己就是杀害切莉的凶手。这封信的标题是"自白"；这封信的开头，犯罪嫌疑人用威胁的口吻写道："切莉不是第一个，也不会是最后一个受害人。"在信的末尾，他又同样用威胁的口吻写道："姑娘们要小心了，因为我现在正在跟踪你们。"此外，犯罪嫌疑人还在信中说，正是自己用刀子把切莉汽车上用来打火的电线圈给割断的。

整封信的内容都是犯罪嫌疑人使用手提式打字机打出来的，只有信封的收信人地址栏上留下了他的字迹。

虽然，理沃塞德警察局在收到这封信件的第二天，就将此案正式上报给了美国联邦调查局，但联邦调查局在接到报案之后，却并没有对这起案件进行大规模的调查。

1966年12月的一天，理沃塞德图书馆的一名清洁工像往常一样，对图书馆中的桌椅进行清理，无意中在一张折叠桌的背面，发现了一张纸，纸张的上面写着一首诗歌，诗歌的标题是《厌倦了生亦不愿死》。这首诗歌引起了当时一位非常有名的记者鲍尔的关注，于是他对这件事情进行了调查。通过调查，鲍尔惊讶地发现，这首诗歌的语调竟然和"十二宫"寄出的那封信中叙事的口吻十分相似。于是，鲍尔带着这个惊人的发现找到了当时加州最权威的文件鉴别专家谢伍德·莫瑞尔，希望通过莫瑞尔来确定自己的想法是正确的。当莫瑞尔看完诗歌和信件之后，他十分肯定地对鲍尔说："这首诗歌就是'十二宫'本人所写！"

1967年4月30日，这一天刚好是切莉遇害六个月整。就在这一天，理沃塞德警察局、理沃塞德创业报，以及切莉的父亲老贝茨都收到了犯罪嫌疑人寄来的信件。这三封信的内容大致上是相同的，写信人通篇都使用了大写字，而且这三封信均付了多余的邮资，而后来"十二宫"在寄出信件的时候，都会有多付邮资的习惯。FBI认为，像"十二宫"这样的连环杀手，肯定不会在细节上去模仿其他的人，正因为这样，很多人都更加确信，切莉就是被"十二宫"杀害的。整封信的内容十分简短，只有两句话：贝茨必须要死，之后还会有更多的人会步他的后尘。

这三封信的内容都是一致的，只不过在寄给老贝茨的信中，犯罪嫌疑人没有直接写切莉的姓氏，而是用"她"来代替，并且在给老贝茨的这封信中，结尾处没有落款。但是，其他的两封信都有一个相同的落款，是一个看起来像是字母"Z"又有些像数字"2"的符号。此后很长的一段时间里，犯罪嫌疑人都似"销声匿迹"了一般，没有一点消息。

他的再一次出现，是在1968年12月20日的晚上。这天夜里，在美国加利福尼亚州瓦列霍东部，一对情侣正准备前往荷根高中去参加圣诞节演唱会，他们分别是16岁的贝蒂·詹森和17岁的大卫·法拉第。演出的地点距离詹森家只有几个街口的距离，在演唱会结束之后，他们见时间还早，于是决定去附近拜访一位朋友，而在晚上10点15分左右的时候，法拉第将车停在了莱克赫尔曼路的一个僻静之所，然后两个年轻人开始在车里燃烧激情。

就在此时，有一辆汽车从公路上驶过来，缓缓地在他们附近停了下来。不一会儿，有一名男子从车里走了出来，他拿着枪命令他们下车。贝蒂下了车，大卫紧随其后，就在大卫刚刚从车里探出身子的时候，凶手就开枪了。由于子弹近距离击中了大卫的头部，所以他当场死亡。在听到枪声后，贝蒂知道事情不妙，于是她撒腿就跑。但是，在她还没有跑出多远的时候，凶手就对着她的后背一连开了五枪，致使她当场身亡，而凶手随后就开车离去了。几分钟后，两个人的尸体被居住在附近的史黛拉·伯格斯发现了，于是她立即向FBI报了案。

警察随后就赶到了案发现场，他们在现场一共找到了10枚弹壳。后来，警察从尸检报告中得出了这样的结论：击中了大卫头部的子弹是从他左耳的后上方打入的，但是子弹并没有贯穿他的头颅，这使得他的右脸颊因为淤血而鼓起了一个很大的包。而根据大卫头部伤口周围残留的大量火药粉末可以断定，当时枪口距离其头部非常近，甚至有可能是顶着被害者的头部开的枪。另外，根据被害人贝蒂的死亡地点，FBI推断，这个犯罪嫌疑人的枪法十分了得。

FBI的调查并没有取得什么显著的效果，除了从现场取回的弹壳和尸检报告的结论，警察就再也找不到任何有价值的线索，以致案件陷入了僵局。

三

1969年7月4日，在美国独立日这一天，加州北部的本尼西亚，在距离大卫和贝蒂遇害的赫曼湖路仅仅四公里之远的蓝岩泉高尔夫球场，又发生了一起谋杀案件。这一次，死者是一名年仅22岁的单身妈妈，名字叫做达琳·伊丽莎白·凡瑞。这位年轻的妈妈当天夜里和自己19岁的男朋友迈克尔·任纳特·马吉奥在这里约会，正当两个人在车中你侬我侬时，谁也没有注意到，有一辆车悄悄地停在了他们的车后，把他们的退路给堵死了。

之后，从车里下来一个人，这个人的举手投足让人感觉像是一名作风硬派的警察。此时，他的手中拿着一把亮亮的手电筒，向他们的车内照射，刺眼的亮光使他们无法看清楚车窗外的情况，也没有办法看清楚那个人的长相。当这个人走到这辆车的左侧的时候，他突然从腰间拔出一只手枪，对着车内连开五枪。就在犯罪嫌疑人以为车内的人必死无疑，刚刚想要转身离开的时候，却听到车内传出了迈克尔的呻吟声。于是，他立刻返回，又朝着车内连开了四枪，其中一枪打飞了，一枪击中了迈克尔，剩下的两枪全部击中了达琳。

在案发后的几分钟，有三个年轻人恰好路过这个地方，发现了奄奄一息的两个被害人，他们随即向FBI报了案。在警察赶到现场的时候，达琳和迈克尔都依然还有呼吸。但是，在被送往医院的路上，达琳因为失血过多而死去；迈克尔则在医生的全力抢救之下，得以保全性命。之后，他向警察描述了犯罪嫌疑人的特征：他是一个身材魁梧的白种人，身高大概在一米八左右，五官不详。

在这起案件发生大约半个小时后，在7月5日凌晨的时候，瓦列霍警察局值班的警卫员大卫·斯莱特接到了一个匿名的报案电话。

"我要报告一起谋杀案，哦不，是双重谋杀案。死者现在位于公园总部以北两英里的蓝岩泉高尔夫球场；死者有两人，他们在一辆白色的卡中卡曼几亚车里。他们是被直径9毫米的鲁格尔射杀的。"

"你是谁？你现在在什么位置？"大卫·斯莱特警觉地问。

"我就是凶手，而且六个半月之前詹森和法拉第的那起案件也是出自我手！"之后，电话那端就再也没有犯罪嫌疑人的声音了，而大卫隐约听到，听筒的那一端传来了汽车的轰鸣声。随后，警察追踪到了犯罪嫌疑人报案时所处的位置，那是一个公共的投币电话亭，和警察局只有几街之隔。但是，当警察赶到那里的时候，犯罪嫌疑人早已经没了踪影。警察在话筒上提取到了犯罪嫌疑人的指纹，随后带回联邦调查局检验，但是让人感到无奈的是，这个指纹竟然和联邦调查局数据中心里的上百万个记录都对应不上。

就在警察对这个案件感到一筹莫展的时候，犯罪嫌疑人又有了行动。1969年8月1日这一天是星期五，犯罪嫌疑人同时给当地的三家报社寄出了信件，他在信件中声称，自己对以上两起案件负责，并且他还在信中提到了很多作案现场的细节，以此来证明自己的真实性。后来，FBI承认这些信件当中确实提到了一些外界并不知道的关于这两起案件的细节。而且，在这三封信件的结尾处，他分别列出了三组内容不同的神秘符号，还威胁报社必须要在当天下午破译出来，否则的话他就会从周五开始杀人，直到杀够12个人为止。

到1974年，"十二宫"给不同的主流媒体都寄送过以挑衅为主的信件，并且在其中署名"十二宫"。这些信件当中，又包含了四道密码或者是经过加密的内容，而到目前为止，仍然有三道密码没有被破译。由于这些邮件一共有408个字符，所以大家就习惯称之为408密文。

1969年10月11日，沉寂了一年之久的"十二宫"又重新回到了人们的视线当中，这一次，他的目标是一名出租车司机。这一天夜里，有一位衣着怪异的乘客在联合广场上拦下了一辆出租车，并对出租车司机说自己要去旧金山北部的富人巷——凯利大街。年轻的出租车司机没有多想，就载着这名乘客向目的地驶去。当到达目的地之后，这名乘客迅速地从怀里掏出一把手枪，对准出租车司机的太阳穴扣动了扳机。随后，犯罪嫌疑人拿走了出租车司机身上所有的钱和车钥匙，并且在临走的时候，小心翼翼地割下了一大块沾有出租车司机血渍的衬衫。

当"十二宫"实施这一案件的时候，恰好被三个年轻人看到了。当时，他们正在距离案发地点不远处的一个二楼的窗口处聊天，恰好目击了整个案件的经过。被吓得目瞪口呆的几个年轻人赶紧拨打了报警电话，并且向FBI描述了凶手的外貌：他是一个留着平头，年龄在25岁到30岁之间的白种男人，身高大约一米八左右，身材十分魁梧，作案的时候穿着风衣和深色裤子。

FBI在得到这一线索之后随即展开了大规模的搜捕行动，但是不知道因为什么原因，911报案中心的调度员将"白种男人"说成了"黑种男人"。这个致命性的错误，最终使得"十二宫"幸运地逃脱了被抓捕的命运。因为当时两个警察看到了一个衣着外貌和描述十分相似的人，这两名警察在对其进行了3分钟的盘问之后，竟然把他放过去了，而原因竟然只是因为对方是白人！

10月14日这一天，圣弗朗西斯科报业集团再一次收到了"十二宫"寄来的信件，信中还夹着一块被害的出租车司机被鲜血染红的衬衫碎片。他在信中称，自己就是这起案件的凶手，对这起案件负责；他还在信中说，自己在杀人离开之后，曾经和两名警察打过照面，甚至还被盘问了很长时间，但是最终警察却还是放他走了，因而他在信中讽刺地说："你们是一群让犯罪嫌疑人'光明正大'地逃走的'蠢货'。""十二宫"不仅仅在信中嘲笑了警察的无能，而且他还在信中暗示自己很快将要对学校接送孩子的校车下手。

"我想，也许在某一天的清晨，我会血洗一辆校车。方法其实很简单，我只需要将它的前轮胎打爆，然后就可以采取点射的方式，把从校车里跑出来的孩子，一个一个地杀死。"

这封信在警察局内部引起了极大的震动，为了避免这封信的内容在公开后引起市民的恐慌，FBI一面下令封锁消息，严禁报社刊载这封信件；另一方面，美国FBI给每一所学校都配备了持枪警卫，并要求所有警车一定要在特定的时间内，着重关注各个校车途经的线路，美国当局甚至还派出了直升机进行巡航！

但是，中国有句古话：没有不透风的墙。这个放之四海皆准的道理在美国也不会有例外——这条被美国FBI一再强调"一般人不能告诉"的消息，很快就一传十、十传百，成了全美上下尽人皆知的"秘密"，以致整个旧金山顿时乱成了一锅粥：每天都有不计其数的学生家长亲自开车接送自己的孩子上学放学；每天都会有游行、请愿、示威、抗议的民众。如果说在此之前，"十二宫"只是被称为连环杀手的话，那么现在，他已经变成了一个名副其实的恐怖分子了。

四

旧金山在一夜之间，成了美国的恐怖之都，没有人敢去那里旅游，而整座城市上下，也都戒备森严——满大街都是警察和联邦特工。可以说，整个旧金山此时就像是一颗不定时的炸弹，不知道什么时候就会"砰"的一下把人们都给消灭掉。因而旧金山的居民人心惶惶，而政府部门的相关官员们为了安抚民众的情绪，开始粉墨登场。只见他们要么温柔地安抚民众，要么面目铁青、金刚怒目、攥紧拳头、咬牙切齿，向民众表示出定将凶徒缉拿归案的决心。有一位政客就在这场闹剧中表现得十分牛，他是时任加州检察总长的托马斯·林奇——托马斯在面对台下记者的时候，什么废话都没说，而是直接敦促"十二宫"主动投案自首。

　　1969年10月22日，奥克兰警察局接到了一通让他们感到异常惊讶的电话，打电话的人是一名男性，他在电话中声称自己就是大名鼎鼎的"十二宫"，他威胁FBI必须要在次日给自己安排一场"现场直播"，而在当天直播的时候，美国当时著名的两大律师——贝利和拜利——必须有一个人到场。男子在说完这些话之后，就挂断了电话。

　　且不论打电话的人究竟是真的"十二宫"还是有人冒充的，单单就这样的一个行为就激起了千层浪。电视直播如期进行，在直播的当天，很多美国民众都早早地手捧着爆米花，喝着当时最流行的百威啤酒，守在电视机前，等待着即将开幕的这场"大戏"。

　　节目在"十二宫"要求的时间准时播出，当天，大名鼎鼎的刑事辩护律师迈尔文·拜利来到了现场。在"十二宫"的电话还没有打进来的时候，主持人和大律师拜利就只是在胡乱调侃，而直播间里的气氛也显得十分轻松。但是，突然之间，主持人的脸色就变了，他说："噢，天哪，'十二宫'的电话打进来了。"

　　该名自称是"十二宫"的男子在电话中声称，自己真实的名字其实是叫做山姆，并且他提出，想要和大律师拜利在达利城单独见一次面，而拜利没有丝毫犹豫就答应了他的要求。等到拜利按照约定的日期到达达利城的时候，那位自称山姆的人却一直都没有露面。不过，这位山姆也确实很难准时赴约，因为，就在他将电话打入直播间不久后，FBI就追踪到了电话的准确位置，是在纳帕州立医院，再具体一点说，是精神病院部。

事到如今，竟然连精神病人都一起跟着起哄了，"十二宫"在当时对美国社会造成的轰动以及自身的知名度可想而知。

五

这场闹剧结束没多久，圣弗朗西斯科报业集团就分别在11月8日和9日两天，先后收到了两封"十二宫"寄来的信件。第一封信中写着340个密码符号；第二封信长达七页，他还在信里附上了一张自己手绘的炸弹草图——他想利用这颗炸弹炸毁一些比较大的公共目标，比如说，公交车，而且他还给这颗炸弹取名为"死亡机器"。

1969年12月20日，律师拜利——就是两个月前被精神病人要得团团转的那个美国著名的大律师收到了一张来自"十二宫"的贺卡。

"十二宫"在贺卡中十分深情地写道：

亲爱的迈尔文：

我是"十二宫"，首先，我提前祝你圣诞节快乐！我有一件事想要向你求助，请你一定要帮助我。我现在根本不可能向别人求助，因为我身上的某个东西不允许我那样做……请你一定要帮帮我，我已经不能控制自己很久了……

"十二宫"在这封信中的表现，就像是一个在受了委屈之后，没有人去帮助的小孩子，而让人想不明白的是，曾经的杀人恶魔为什么会突然之间变得如此脆弱了呢？其实，问题的答案很简单：像"十二宫"这样凶残的连环杀手，每当遇到节假日的时候，他们的情绪就会变得异常低落，这是因为他们平时都是独来独往，十分孤独，而这种孤独会在节假日的时候被无限地放大，当他们看到其他人都在喜气洋洋欢度佳节的时候，就会越发感到孤独痛苦，他们甚至会因为这样的原因而变得消沉、沮丧，或者是哭泣。

在给拜利寄完贺卡之后，"十二宫"足足有三个月的时间，消失在了人们的视线之中。但是，就在人们心中的恐惧感在渐渐消散的时候，杀人恶魔"十二宫"又出现了。

1970年3月22日，这一天恰好是星期天。这天晚上，已经怀有八个月身孕的准妈妈凯瑟琳·琼斯太太正驾车行驶在公路上，她要带着已经十个月大的女儿回自己的娘家。当天晚上，不知道什么原因，公路上的车比较少，当她把车开到132号高速公路上的时候，她发现自己车的后面突然出现了一辆车，并且正在不断地对她鸣笛，示意她靠边停车。

但是这段路实在是太僻静了，所以胆小的凯瑟琳没敢停车，而是一直把车开到了一个加油站附近才停了下来。这个时候，从后面的车里下来一个人，年龄大概三十岁，身高一米八左右，他的衣着整洁，胡子也刮得很干净。据凯瑟琳后来回忆道："我当时看他像是一个军人，所以觉得他应该是一个值得信赖的人。"

在这样的荒郊野外，凯瑟琳把车停好，但是却不敢下车。这个时候，这名男子大步走到凯瑟琳的车窗边，敲了敲她的车窗，礼貌地对凯瑟琳说："嗨，女士，你汽车的一个后轮胎有点松动了。"

"是吗？"凯瑟琳警觉地问。

这名男子说："是的，女士。你的轮胎真的是有些松动了，这实在是太危险了，而且这荒郊野岭的，万一你的车抛锚了，是多么麻烦的一件事情？不如我帮你紧一紧，这样一会你再上路的时候就安全多了。"

凯瑟琳觉得眼前的这个男人举手投足之间都像是一个极其正派的人，于是她就渐渐地放下了戒备，微笑着对他说："那就麻烦你了。"

"能为你效劳，是我的荣幸。"这名男子礼貌地说，嘴角处还闪现出一抹不易觉察的阴险的笑容。他转身回到自己的车内拿出修车工具开始修车，而凯瑟琳出于防备还是一直坐在车中。不一会儿，这个男人就站起身来，对凯瑟琳说："这下好了，你可以放心地开了。"说完，他就自顾自地回到了自己的车里，发动车子离开了。凯瑟琳听到自己的车子被修好了，于是也发动了车子。但是，她的车子却在开出去没有多远的地方抛锚了。因为之前被那个男人"修理"好的轮胎整个地掉了下来，并且因为惯性的原因，滚出去了很远。

刚刚开出的男人的那辆车并没有走很远，因而男人通过反光镜看到了发生的这一切。由于一切正如他预料的那般，所以他嘴角的冷笑越来越明显，而且他的眼睛还闪着兴奋的光芒，就像是饥饿了很久的野兽看到了唾手可得的猎物一般。他缓缓地把车倒回去，彬彬有礼地对凯瑟琳说："女士，需要我把你送到前面的加油站去吗？"因为凯瑟琳对他的第一印象非常好，于是没有多想，就同意了，之后她就抱着女儿上了那个陌生男人的车。

凯瑟琳上了这个男人的车后，他又下了车，非常细心地帮凯瑟琳把车钥匙拔了下来，微笑着，放在了自己的仪表盘上。紧接着，他的汽车发动了，而随着汽车发动时的震动，陌生男子脸上的微笑，也随之消失了。他带着凯瑟琳母女驶向不远处的加油站，但是就在离加油站还有大概100米的时候，他突然加速超了过去。一开始，因为凯瑟琳对这个男人的第一印象非常好，十分信任他，所以当他驶过第一个加油站之后，她甚至都没有询问为什么没有停车。但是，随后他们又路过了第二家加油站，这名陌生的男人还是没有停车，这致使凯瑟琳的心里开始发慌了，于是她鼓足了勇气向这个陌生的男人询问道："请问，为什么还不停车？"

短暂的沉默之后，陌生男人毫无感情地说："这家不行。"

凯瑟琳还想问什么，但最终没有问出口。汽车就这样漫无目的地在路上行驶，车内一片死寂。凯瑟琳内心越发地慌张，她觉得有必要和眼前的这个男人拉拉关系，缓和一下怪异的气氛。

"先生，你经常这样在路上帮助别人吧？"

"在我终结他们的生命后，他们就再也不需要任何帮助了。"这个男人的声音完全没有了之前的柔和，显得十分冰冷。

"……"凯瑟琳感觉一股寒意从脚跟直冲到头顶，但是她却什么都说不出来。

"我想把你的孩子从车窗扔出去。"声音依然冰冷。

"……"凯瑟琳已经被这话吓蒙了，只能紧紧地抱着怀里的孩子。

"你现在知道了吧？我要杀了你。"这个声音让坐在车里的凯瑟琳浑身发抖。

此时的凯瑟琳已经被完全吓坏了，她感到浑身虚脱，一点力气都没有。她看到，那个男人在说话的时候甚至嘴唇都不需要动一下，而他的声音则冷漠、低沉，不带任何感情色彩。可以说，这个声音是凯瑟琳长这么大以来听到的最恐怖的声音。

在这种情况下，凯瑟琳唯一能做的，就是抱紧怀中的孩子。车厢里又回归到一片死寂，渐渐地，凯瑟琳恐惧的情绪被求生的欲望所覆盖。终于，凯瑟琳在这个男子通过一个十字路口减速慢行的时候，抱着女儿跳车而逃！

凯瑟琳抱着孩子一路疯狂奔跑。她穿过一片又一片田地，终于看到前面有一条干涸的灌溉沟渠，于是凯瑟琳把女儿紧紧地贴在自己胸口，随即跳了下去，躲了起来。她能看到那个男人拿着手电在田地里来回地寻找她，而且她还听到他大声地喊道："你去哪里了？你回来呀！你回来呀！"凯瑟琳感到一阵寒意，虽然她又使劲儿往沟渠底部缩了缩身子，但她依然瑟瑟发抖。

这时，路上又有一辆车开了过来，随即凯瑟琳就听到另外一个声音响起来："嗨，兄弟，你怎么了，需要什么帮助吗？"

凯瑟琳没有听到回答，不一会儿，手电筒的光束也消失了。大概1分钟之后，凯瑟琳听到了汽车疾驰而去的声音。她感到，这个世界一下子就清净了下来，而为了保险起见，凯瑟琳又在沟渠里待了一会才抱着孩子走了出来。这时，她看到马路边上停着一辆卡车，好心的卡车司机见到凯瑟琳孤身一人，还抱着孩子，一脸惊慌失措的表情，于是就提议要送她们母女一程，但是这一次，凯瑟琳却说什么也不上车了，直到卡车司机叫醒了自己在车内熟睡的妻子，凯瑟琳才迟疑着上了车。随后，凯瑟琳向卡车司机讲述了自己在十几分钟前的遭遇，好心的卡车司机在听完凯瑟琳的叙述之后，就将她送到了附近的一家警察局。

警局里面只有一名年纪较大的老警察在值班，他听完凯瑟琳的报案叙述之后，并没有过多在意，只是例行公事地让凯瑟琳先把报案表格填完。刚刚才死里逃生的凯瑟琳此时还有些心慌意乱，她一边填写表格一边不时地抬起头环顾着这家小小的警察局。突然，凯瑟琳看到了贴在墙上的一张通缉令，通缉令上面所描述的那个男人和要杀她的人一模一样！

"哦，天呐！就是他！就是他！"凯瑟琳大声地叫出来："刚刚就是他要杀我的！"

六

可谁知，接下来发生的事情让人有点哭笑不得——老警员一听大名鼎鼎的"十二宫"居然就在自己所管辖的片区里活动，着实被吓了一跳。他居然对凯瑟琳说："孩子，你现在不能待在这里，我们必须要转移到一个安全的地方才行。你要知道，这个家伙随时都有可能找到这里，然后闯进来把咱们俩一块儿干掉！"说完，他就掏出车钥匙，要带凯瑟琳离开。

很快，老警员就带着凯瑟琳来到了附近的一家咖啡馆，而这个时候，店主早就已经打烊了。但是，老警员此时却顾不了太多，就好像是"十二宫"真的很快会找到这里一样，他"咣咣咣咣"好一顿砸门，并且大声地叫嚷着："快点开门，我是警察，现在正在执行公务，如果你还不开门的话，我就把你给关起来！"老警员一系列的举动，把气氛搞得紧张异常，而凯瑟琳看着这一切，只觉得后背一阵阵发凉，还时不时地环顾一下四周。

店主起初听到砸门的声音感到十分害怕，但是当他听到外面的人在喊，要抓他进监狱的时候，迫于无奈，还是把门打开了。老警察带着凯瑟琳走进咖啡厅，命令店主把灯关掉，随后这位有失体面的老警员坐在漆黑一片的大厅发呆的时候，才想起来要和公路巡警取得联系。公路巡警在接到老警员的报案之后，很快就在另外一条公路上找到了凯瑟琳的车，但是，她的车已被人放火给烧得面目全非了。

在凯瑟琳一案失手以后，"十二宫"仿佛从人间蒸发了一般，消失得无影无踪。而凯瑟琳也"有幸"成了世界上唯一一个经历了一系列的惊险遭遇之后，最终没受伤的目击者，而且她也是最后的目击者。

同年4月20日，圣弗朗西斯科报业集团再一次收到"十二宫"寄来的信件（这已经是第九封信了）。"十二宫"在信中又附了一张炸弹的草图，并且在信中声称，自己有炸校车的打算。这封信中还有一个由13个符号组成的密码，但是这究竟代表了什么意思，FBI至今也没能够破译。在信件的结尾处，"十二宫"向FBI暗示，到目前为止，自己已经杀死了10个人。但是，美国官方认定的数据是："十二宫"一共作案4次，其中7人遭袭，5

人死亡。

4月28日，第10封信悄然而至。其实，这算不上是一封信，严格意义上来讲，它是一张贺卡。"十二宫"在贺卡的背面这样威胁FBI：如果你们不让报社刊登我在8天之前所写的关于要炸毁校车的那封信，那么我就真的会付诸行动。此外，他还要求，所有外出的人，都必须要佩戴"十二宫"的标志。

6月26日，"十二宫"寄出了第11封信。他在信中声称自己已经被激怒了，因为这么长的时间过去了，街上竟然还是没有一个行人佩戴"十二宫"标志，这实在是太不给他面子了！他还在信中说，他已经对这些无知的人们采取了"报复"行动：他在几天前，打死了一名路人，使用的枪支是一把零点三八口径的左轮手枪。但是这一次，"十二宫"却并没有在信中描述作案的详情。显然，这跟他之前的风格完全不同。后来，警方通过调查证实，"十二宫"在信中所提到的射杀行人的案件，其实并不是他所为——FBI当时已经抓到了真正的凶手。

"十二宫"在第11封信中，附上了一张地图，这张地图是关于飞利浦66地区的。他在这张地图上用"十二宫"的标志圈出了一个区域，并在这个区域的上方写了一句暗语：istobesettoMag. N。FBI随后猜测，"十二宫"是在向警察们暗示他将要安置炸弹的地点。但是，后来经过核实后发现，事情并不是像FBI推测的那样，"十二宫"在地图上圈出的地点，竟然是美国海军一处无线电台的发射站！

这一发现验证了FBI之前的一个大胆的猜测："十二宫"和

美国海军有着很深的渊源。"十二宫"每犯下一起案件之后，都会消失很长一段时间，少则几个月，多则大半年，甚至是一年。于是，就有人大胆地猜测："十二宫"消失的几个月，是不是随着海军一起出海了呢？

7月24日，"十二宫"给圣弗朗西斯科报业集团寄出了第12封信，在信中，他承认自己曾经在四个月前绑架挟持过凯瑟琳·琼斯，并且详细描述了整个事件的经过，以及被害人的汽车被焚烧的过程。他在信中所描述的内容，和凯瑟琳之前在警察局里录的口供不差毫分。虽然凯瑟琳被"十二宫"绑架的这起案件曾经被很多的媒体争相报道过，但是烧毁被害人车辆的这一细节却只在案发当地的一家名不见经传的小报上刊登过。

7月26日，在"十二宫"距上次寄出信件两天之后，他再一次给圣弗朗西斯科报业集团寄出了信件。这一次，他在信中详细地描写了自己将会如何收集并折磨他的奴隶，而且他还在信中画了一个巨大的"十二宫"符号，甚至在一旁标注了一行暗语"=13，SFPD="。FBI推测，这很有可能暗示着被他杀死的人数。在这封信的最后，"十二宫"有一句附言，他说，这是用来提醒那些"愚蠢"的警察的。他的附言是这样写的：附在第11封信中的地图，涉及弧度。FBI一直没能将这句暗语破译出来，直到十一年之后，有一位名叫贾雷斯·佩恩的专门研究"十二宫"案件的研究人员发现，将"十二宫"标志中的一个弧度角覆盖在第11封信的地图上，就能够找出"十二宫"作案的两处地点。

"十二宫"在寄出第13封信件之后，沉寂了两个多月。随后在10月5日，他又寄出了他连环杀手生涯中的第14封信，这也是他杀手生涯中最特殊的一封信。这封信从严格意义上来讲，应该是一张明信片。它的特殊之处在于，这张明信片上的所有文字都是他从报纸或者杂志上剪下来拼接而成的。

明信片中一共就拼接了两段话，其中一段是正贴的，一段是反贴的。但是，这两句话都传达出了一个意思，那就是："十二宫"是不可能被战胜的！当圣弗朗西斯科报业集团收到这张特殊明信片的时候，仿佛看到了"十二宫"在粘贴这些话时其内心的狂妄和得意。

9月6日，丧心病狂的"十二宫"又一次对无辜的人们下手了。这一天，25岁的护士多娜·赖斯在下夜班之后竟然离奇失踪！事后，有一名男子打电话到多娜的房东和领导那里，对他们说，多娜的家人病了，她要回去探望，所以就由他代为请假。但是，多娜的家人很快就向FBI证实，根本就没有这么一回事！

随后，虽然警察开始进行大面积的搜查，但是最终也没能找到多娜的尸体。

七

"十二宫"的第15封信是在1970年的10月27日寄出去的，而圣弗朗西斯科报业集团的记者鲍尔·艾弗里"有幸"收到了这封信。这是一张万圣节的卡通明信片，"十二宫"在明信片中很明确地暗示出自己将要使用手枪射杀鲍尔。这是因为，在最近几年，鲍尔一直在不间断地对他的事件进行追踪报道。

鉴于这种情况，FBI特许受到生命威胁的鲍尔随身佩带枪支。之后，在圣弗朗西斯科报业集团发生了一件十分好笑的事情：这个报社中所有负责报道"十二宫"案件的工作人员，都因为这张明信片的内容而惶惶不可终日——他们生怕"十二宫"认错了人，把他们中的任何一个当做是鲍尔而误杀了，于是为了确保自身的安全，他们每个人都在自己的胸前佩戴了一个标志，上面写着：我不是鲍尔·艾弗里。

随后，这张明信片及其内容就被该报社作为头版头条刊登在了万圣节当日发行的报纸上。一时间，"十二宫"再度掀起轩然大波，随即，就不断地有记者对鲍尔进行采访。

1971年3月17日，"十二宫"再次有所活动，这一次他把自己的第16封信件寄给了《洛杉矶时报》。"十二宫"在信的开头再次强调："我是不可战胜的！"在信的正文部分，他声称自己就是1966年切莉被杀案的犯罪嫌疑人，而且他还不无炫耀地写道："那些愚蠢的警察们只能够发现我所做的最为明显的案件，其实，我在那个地区作的案子还有很多，但是他们一件都没有发现！"此外，在信的结尾处，他解释自己之所以会把信件寄到《洛杉矶时报》，是因为他相信《洛杉矶时报》不会像其他报社一样，把他的信件刊登在末版的位置上。

同年3月22日，记者鲍尔收到了"十二宫"寄来的第二张明信片。明信片的内容是由一些从报纸上剪下来的单词拼凑而成的。具体内容是这样的："歇尔拉俱乐部，搜寻第12名受害者，透过松树窥视、经过塔霍湖区域、在雪地周围。"鲍尔随即将这张明信片交给了联邦调查局，警员们在对这张明信片的内容进行分析之后，推测"十二宫"在明信片中提到的地方很有可能就是去年遭遇不测的多娜的尸体埋藏地。但是，洛杉矶的FBI在对这一地区进行搜寻之后，竟然一无所获！

在此之后，"十二宫"再一次销声匿迹，而这一次竟然长达三年之久。直到1974年，他才又"重出江湖"。但是这一次，"十二宫"却开始显得有些"不务正业"了。

八

人都是想要得到别人关注的，即便像"十二宫"这样冷血的连环杀手也不例外。在沉寂了近3年后，"十二宫"可能是感觉到了那种被人遗忘后所带来的孤独的寒冷，所以，他又开始给媒体写信了，不过这一次，他所写的内容和之前的相比却是大相径庭——此时的"十二宫"给人的感觉少了之前的杀气，变得温和了很多，就像是一个极其苛刻的艺术和媒体评论家，一个普通的热心市民。

从1974年年初开始，半年多的时间里"十二宫"先后三次给圣弗朗西斯科报业集团寄过信件。通过信件上的邮戳显示，所有的信件都是从旧金山的海湾地区寄出的。

1974年1月29日，"十二宫"寄出了第18封信，他在信中说："《驱魔人》是迄今为止我看过的最好看的一部喜剧。"此外，他甚至还在信中摘抄了一段《米卡多》歌剧的台词，但是到最后他还是没有忘记自己的杀手身份，他在信件的末尾威胁道：

"如果第二天，我在贵报上看不到关于这封信的任何报道，那么我将会做出一些让你们感到十分不愉快的事情。你们知道的，我言出必行！"末尾处，他又留下了一串暗语：Me-37SFPD-0。如果说这一次"十二宫"按照常理出牌的话，那么这就表示他已经杀了37个人了。

5月8日，"十二宫"寄出第19封信，而让人们感到惊讶的是，在这封信中"十二宫"完全没有谈及任何杀戮问题，而是在信中对媒体的做法进行了大肆批判："先生们，我对你们这种低级的趣味和对公众冷漠的态度感到惊讶。这一点完全可以在你们对电影《荒蛮之地》的夸大广告宣传上体现出来。鉴于最近发生的几起案件，你们这种赞颂杀戮的行为是十分差劲的，你们为什么不能够对公众表现出一点同情心，砍掉那个广告呢？"这封信在结尾处的署名是"一个市民"。

7月8日，"十二宫"寄出了第20封信。在这封信中，"十二宫"声称要打倒一个人，而且他说，他想要把这个人打到"地狱洞眼里去"。这个人，就是圣弗朗西斯科报业集团的专栏作家——马克·斯匹利内。"十二宫"在信中抨击马克是一个傲慢无礼、自视高人一等的家伙，他甚至要求报社删除掉马克的专栏。由于马克在写作的时候一直都使用笔名——"马克公爵"，所以，"十二宫"在信的结尾处这样写道："既然那位公爵可以匿名写文章，我也可以。"于是，他在信的末尾处署名为"红色幽灵"。

其实，马克作为一名反对女权主义者的作者，多年来一直都

饱受着来自各方的嘲讽和辱骂，有些时候甚至还会有人对其进行威胁。即便如此，他都能够做到平心静气，云淡风轻。但是，马克·斯匹利内在得知信的内容的第一时间就宣布辞职，火速隐退到了夏威夷。

此后，"十二宫"再次沉寂，这一次的时间更长，达到了4年之久。

1978年4月24日，"十二宫"寄出了最后一封信。

九

"亲爱的编辑：

我是"十二宫"，我回来了……事实上，我从来都没有离开过……我在等待一部关于我的电影。谁会扮演我呢？现在一切尽在我掌握。

你忠诚的，

猜猜看。"

这封信件寄出后，"十二宫"就真正销声匿迹了，而联邦调查局的探员们也一直没有找出"十二宫"的真实身份。

2002年10月11日，美国洛杉矶警局DNA实验室终于从"十二宫"所发信件的信封封口处，成功提取到了他的DNA样品，并据此绘制出DNA图谱，而这一天，恰逢出租车司机保罗遇害的33周年纪念日。

2004年4月，美国旧金山警察部将此案档案冻结，列为冷案。

　　2008年8月29日，"十二宫"连环杀人案在沉寂了近40年之后，又重新吸引了人们的眼球——美国萨克拉门托市的KOVR电视台报道了一则与此案相关的新闻，即一位名叫丹尼斯·考夫曼的人在整理他的继父杰克的遗物时，发现有许多与此案相关的线索。但当时杰克已经去世两年了。

　　丹尼斯发现在杰克遗留的一个箱子内有一个黑色的头巾，头巾上的十字架符号与当年十二宫杀手写给FBI的信件上的符号相同，同时还有一些受害者的照片。此外，杰克还留下了一封信件，信内他承认自己就是十二宫杀手。

　　2008年9月1日，媒体报道称美国联邦调查局已经开始调查这一最新的线索，并取得了一些额外的证据。丹尼斯已经将他的发现全部交给了联邦调查局，而如果这些确实能证实丹尼斯的继父杰克·塔兰斯就是十二宫杀手，那么将意味着这一困扰美国多年的历史疑案就此水落石出。

　　有媒体报道，2009年6月26日，经DNA测试，杰克的DNA与当年案发现场遗留的血迹相吻合，但2010年4月，DNA检测结果却被推翻了。有人指责洛杉矶FBI保存DNA结果和检测DNA结果的方法都不正确，但洛杉矶FBI仍认定他是最大的嫌疑犯。迄今为止，美国FBI已经先后排查了超过2500名嫌疑犯，但是，没有人为此遭到过起诉。

　　曾经跟踪调查此案多年的美国退休警官林登·拉菲提在一本

日前出版的新书《十二宫杀手隐蔽》中披露，其实美国FBI早在1971年的时候就已经知道"十二宫"杀手的真实身份了，但是由于他一直都受到一些高官的"秘密保护"，所以才一直没有被抓捕，并且活到了现在。他在书中称，"十二宫"杀手目前正居住在加州的索拉诺县，现在已经是一名91岁高龄的老头了。

据拉菲提披露，当时有一个名为"七训令"的调查小组，由退休执法人员、联邦特工、部长和一名区检察长组成。调查小组早在1971年3月15日就掌握了充分的证据，并确定了"十二宫杀手"的真实身份以及他杀人的动机——"十二宫杀手"的妻子背叛他与一名索拉诺县高等法院法官偷情，他极度自卑之后就开始通过疯狂杀戮他人，以此来报复妻子的通奸行为。

更令人吃惊的是，拉菲提声称他本人曾当过军方密码破译员，他在对"十二宫杀手"发出的密码信进行破译之后发现，其中竟然暗藏了"十二宫杀手"的名字。不过拉菲提披露，由于"十二宫杀手"的真实身份受到一些高级官员的"秘密保护"，因此他得以活到了现在！

拉菲提还称，他在调查期间曾收到一封来自"十二宫杀手"本人寄来的密码信，信中威胁他立即停止调查此案。信中这样写道："如果真相被公开的话，许多无辜的人可能都将在监狱里度过他们的余生！"这封信令拉菲提深感顾虑，他被迫将这个秘密一直保守了多年，直到不久前"十二宫杀手"的妻子以及涉案的"敏感关键人物"去世之后，才决定将真相公开。拉菲提说："我不得不等待，直到一些人包括犯罪嫌疑人的妻子最后死去。

不久前，他们都去世了，因此到了该曝光真相的时候了。"即便拉菲提说了这样的话，但最终他也没说出谁是"十二宫"。

时至今日，可以说"十二宫杀手"仍是美国历史上最大的悬案之一。

第七桩 『十二宫』连环杀人案

第八桩

拉斯维加斯的
黑寡妇

FBI 十大惊天大案

拉斯维加斯千万富翁罗恩·鲁丁突然失踪，罗恩公司的员工们紧张寻找，罗恩·鲁丁的妻子玛格丽特·鲁丁并不惊慌，等待四日后才联系联邦警察，上报失踪案件。一个月后，罗恩·鲁丁的尸骨惊现纳尔逊港莫哈维湖沙滩，失踪案件升级为谋杀案。听到丈夫的死讯后，玛格丽特·鲁丁从容镇定，这引起了调查人员的怀疑。深入调查之后，更多的疑点将罗恩·鲁丁的死与他貌美和善的妻子玛格丽特联系起来。真凶到底是谁？玛格丽特·鲁丁的妹妹多纳·坎特雷尔的证词成为案件侦破的关键。

第八桩　拉斯维加斯的黑寡妇

一

拉斯维加斯是美国内华达州一个美丽的城市，它一度因优美的风景而成为世界各地旅游爱好者的向往之地，而在人们的心目中，拉斯维加斯似乎就该与绝佳的风光联系在一起。然而有一段时间，拉斯维加斯却令人们失望了——它成为了黑寡妇的前缀，与邪恶和犯罪紧密联系了起来。

事情要从一宗失踪案说起。1994年12月19日的早晨，阳光明媚，空气清新，城市的每个角落都非常安静。显然，这个城市尚未从沉睡中完全清醒过来。对于有着沙漠绿洲美誉的拉斯维加斯来说，这只不过是一个同往常一样平凡的日子。然而对于位于拉斯维加斯的罗恩房地产公司来说，这天却是一个不平凡的日子。

这天是星期一，一大早，罗恩房地产公司的员工们就像往常一样来到公司。虽然规定的上班时间已经过去了几分钟，但老板罗恩·鲁丁却依然没有出现。而在此之前的每一个工作日，这位64岁的大地产商都会在同一个时间出现在公司，就连每天车子停放的位置，也总是在同一个车位。而这天，向来准时的老板居然没有出现在公司，向来停在同一车位的奥迪A6，也同样不见踪影。两个小时过去了，他们无数次拨打着老板的电话号码，却无人接听，以致员工们纷纷猜测，难道是出了什么事情？秘书瑟琳娜决定去问问罗恩·鲁丁的妻子玛格丽特。

玛格丽特的古玩店就在隔壁，瑟琳娜来到店门前，却发现她的店门居然也紧闭着，而在往常的时候，这家店也早就开始接待四面八方的来客了。罗恩·鲁丁和玛格丽特的房子就在阿尔卑斯路5113号，和房地产以及古董店仅隔着一条街。瑟琳娜按响了罗恩·鲁丁家的门，足足两分钟后，玛格丽特才出来开门。开门后，她告诉瑟琳娜，罗恩·鲁丁不在家，而当听到瑟琳娜告诉自己罗恩并未去公司时，她也丝毫没有流露出惊讶的表情，只是告诉瑟琳娜不用担心，可能罗恩出去谈生意了，走得太急，忘了跟周围人交代。

看到瑟琳娜欲言又止的表情，玛格丽特甚至还安慰了她几句。在瑟琳娜带着疑惑的神情离开后，玛格丽特才慢悠悠地离开家向自己的古董店走去。接下来的四天中，罗恩·鲁丁始终没有出现。第五天，联邦调查局拉斯维加斯分局接到了玛格丽特·鲁丁的报案，说自己的丈夫罗恩·鲁丁失踪了。

拉斯维加斯分局的探员赶到罗恩·鲁丁和玛格丽特的房子，这栋房子没有他们想象中那么豪华，它的外立面甚至不是石头做的。显然，房子的外观与罗恩千万富翁的身份并不相符。不过，这处住所看上去十分安全，整栋房子四周都是七尺高的栏杆，院子里还有几条看起来凶神恶煞的看门狗。探员们看看四周，房子里居然还安了报警系统和监控摄像头。负责这件案子的菲尔·拉莫斯探长首先询问了玛格丽特事情发生的经过。

在了解到罗恩失踪已经四天的情况后，菲尔·拉莫斯奇怪地问玛格丽特，为什么没有在发现罗恩·鲁丁失踪的第一时间报案。玛格丽特回答说："我最后一次见到罗恩的时候，是在他失踪之前的那个晚上，那天，他和往常一样下班回家，然后和我一起吃晚餐。洗漱完毕，他坐在床上看报纸，而且他看上去心情不错，不时会露出开心的笑容。上周末，他因为我一直忙于工作而发了一些牢骚，我想，他可能是对我还有些不满，所以决定出去走走。我们以前吵架他也会出去住上两三天，所以我也没有太在意。后来发现都四天了，他还没有回来，所以我才报了案。"探员们四下看了看罗恩·鲁丁的房子，希望能获得一些破案的线索。

然而在看过后，他们却失望地发现，整座房子没有任何强行进入的迹象，房门的警报器也没有发出过任何警报。但是，这个一米九的百万富翁罗恩·鲁丁，却毫无征兆地消失在了人们的视

第八桩
拉斯维加斯的黑寡妇

223

野中。菲尔探长又询问了玛格丽特对丈夫失踪的看法，玛格丽特回答说："罗恩平时比较沉默，他很少向我说起工作上的事情，所以我也不是很清楚他的情况。不过，他对人一向很好，应该不会因为生意或者私事与人结怨。"到底发生了什么事？难道，罗恩·鲁丁就这样从人间蒸发了？从罗恩·鲁丁的房子出来之后，探员们又走访了罗恩和玛格丽特的邻居以及亲戚朋友，都说没有罗恩·鲁丁的消息，因而调查几乎毫无进展。

二

探员们考虑到罗恩千万富翁的身份，想到会不会是被绑架，然而很快，他们便排除了这个侦查方向。因为，如果是绑架的话，必然会有人与被绑架者的亲属取得联系，索要赎金或者开出其他条件，然而罗恩的所有亲属都并未收到类似的信息，因而负责侦办此案的探员们只好另寻思路。千万富翁失踪的消息很快由媒体曝光出来，探长还通过媒体呼吁市民提供破案线索，并留下了联邦调查局拉斯维加斯分局市民协查专线的号码。

几天之后，一个旧汽车旅店的老板打电话给联邦调查局拉斯维加斯分局，说罗恩失踪前一晚，曾经带着一名妓女到他的店里过夜。后来，一名便衣警察来到店里，带走了好多房客，罗恩也在其中，而在这以后，这名老板就再也没有见到罗恩。探员们于是走访了拉斯维加斯的脱衣舞俱乐部等娱乐场所，也询问了该旅店所处辖区的警察。三个礼拜之后，探员们依然一无所获。

尽管根据警方记录显示，确实有个叫罗恩·鲁丁的人曾经被警方从旅店带走，但警察的目的主要是为了迷惑同样也住在旅馆的逮捕对象大毒枭埃迪，而在将埃迪抓进监狱之后，警方便将罗恩等人放回了家。与罗恩一起的妓女也证实，罗恩从警察局出来后就直接回了自己家里。探员们又气又急，将近一个月的努力白费了不要紧，关键是根据以往的经验，失踪人员越晚找到，他活着的希望就越渺茫。

1995年1月21日，联邦调查局拉斯维加斯分局接到一位渔民的报案，他说自己当日到纳尔逊港莫哈维湖边捕鱼时，发现了一个烧焦的头骨。菲尔探长和探员们立刻驱车赶到100公里外的那个风景优美的溪谷，找到了那名报案的渔民以及那个烧焦的头骨。菲尔·拉莫斯小心翼翼地用戴着手套的手将头骨拿起来，发现这头颅的左侧牢牢嵌入了三颗子弹。看看四周，就在发现头骨的地方，还依稀可见一些痕迹。

乍一看上去，人们会很自然地想起出来野营的人在崎岖的山谷中燃放未尽的篝火。然而仔细看就会发现，那灰烬中存有人体的残骸。菲尔·拉莫斯当即下令，要求警员们立刻以头骨发现地点为中心，展开地毯式搜索。很快，探员们在几步远的地方，就发现了一个金色手链，而且手链上罗恩的字样清晰可见。除了这些，菲尔·拉莫斯还在附近找到了一些不明物体的残片。

菲尔·拉莫斯当即将这些尸体残骸以及不明物体残片送到证物科进行化验。很快，结合牙科记录，探员们证实，这具人体残骸就是失踪一个多月的罗恩·鲁丁。

罗恩·鲁丁失踪案性质顿时改变成了罗恩·鲁丁被谋杀案。

按照程序，探员们需要通知受害者的家属。于是，菲尔·拉莫斯带着几名探员来到玛格丽特·鲁丁的家里，告诉她罗恩已经被人害死了。玛格丽特听到这个消息，开始用攥紧的拳头使劲揉她的眼睛，看起来是要把自己的手关节深入到眼睛里去。菲尔·拉莫斯想，大概是想哭又哭不出来吧，这个可怜的妇人。他看着玛格丽特，一边想着一些安慰的说辞一边告诉她，罗恩是被枪射杀的，死后还被纵火焚烧，探员们在百公里外的溪谷找到了他烧焦的尸体。

无疑，这种残忍的杀人手段足以令任何人震惊。按照常理推测，作为与受害人关系亲密的妻子，她应该是一副悲痛欲绝的样子。然而，令菲尔感到惊讶的是，听到这个消息之后，玛格丽特，这个看起来性格柔弱的妇女却表现得非常镇静。她这副若无其事的样子引起了探员们的怀疑。

探员们开始集中精力对玛格丽特展开调查，当菲尔·拉莫斯以盘问的口吻询问玛格丽特时，玛格丽特当即表示，自己绝对和罗恩·鲁丁的死没有一丁点的关系，她一再强调，她和罗恩·鲁丁的关系非常好，她非常爱他。她还告诉了探员们自己的看法：一定有人知道罗恩被害的真相，只是没有人出来作证，他们或许是被人恐吓，也或者是受到了惊吓……看来，从玛格丽特的口中得不到有价值的线索了。探员们转而从邻居以及罗恩·鲁丁和玛格丽特的亲戚朋友入手，希望能从他们那里发现新的线索。果然，在听说玛格丽特和丈夫的关系后，探员们更加怀疑她了。

三

通过调查，探员们得知，罗恩和玛格丽特都是伊利诺伊州人，他们各自在严格的家教下成长起来。在遇到彼此之前，他们两人都结过四次婚。玛格丽特二十多岁的时候，已经是两个孩子的母亲。在她的前四次婚姻中，她的前夫一个比一个有钱，她也因此一直在比较宽松的环境中生活。然而，每次和前夫离婚的时候，她都没有分到多少财产。1987年夏天，罗恩在教堂里遇上了玛格丽特。罗恩当时已经是身价千万的房地产商，而玛格丽特却几乎没有多少钱。

罗恩的表妹多丽丝·考曼回忆罗恩一家和玛格丽特初次相遇的情景时说："当时，玛格丽特在人群中间，一头红发格外吸引人，她的穿着大方考究，举手投足间透着一种优雅的气质。她不像别人那样滔滔不绝地与人交谈，很多时候，她只静静地倾听别人说话，不时露出会心的微笑。在看到她的那一天，我就感觉到，她如果和罗恩在一起，一定是非常理想的一对。"事实上，罗恩和家人当时也是这么想的。在那次会面之后，两人开始约会。9月，罗恩和玛格丽特举行了结婚典礼，玛格丽特搬到了鲁丁拉斯维加斯阿尔卑斯路5113号的房子里。在此之前，鲁丁曾经先后和前四任妻子在这里生活。

邻居们告诉参与调查的探员，玛格丽特给人的第一印象非常好，举止优雅，穿着考究，温柔善良，然而在开始对她熟悉之后，人们就会发现她其实是一个操纵欲非常强，并且很偏执的人——她想做的事情，就一定要做到。就拿古董店来说，罗恩本来不同意玛格丽特开店的，他觉得自己在日常生活中给玛格丽特的零用钱已经够她花了，玛格丽特根本没有必要出去工作，然而玛格丽特却坚持认为她应该有自己的事业，因而她执意要求罗恩为他出资开店。罗恩拗不过她，才租下自己公司附近的店面，并帮她打点好开古董店所需要的一切。就因为这件事，罗恩的家人以及邻居都怀疑玛格丽特和罗恩结婚的动机，不只是要寻找一个可以相伴一生的人，而更重要的是要为自己提供经济保障，即他们认为玛格丽特是看上了罗恩的财产。

罗恩的第三任妻子卡拉琳妮·鲁丁在和罗恩离婚后，反而和罗恩成了很要好的朋友。罗恩有时会把自己的事情告诉她。她告诉调查人员，罗恩在平常的时候只是给玛格丽特一些零用钱，而且由于罗恩向来花钱适度，因此他的生意一直在不断扩大，他的财产对玛格丽特来说也一直是一个谜——罗恩从来不会跟玛格丽特提起自己的生意，也不会告诉玛格丽特自己的钱放在哪里。然而有一段时间，罗恩发现，玛格丽特好像知道罗恩的每一宗交易，她甚至对罗恩的一举一动都了如指掌。

她能了解这些对罗恩来说非常私密的事情，要么是公司员工或者生意合作伙伴告诉了她，要么是玛格丽特在罗恩的办公室安装了窃听器。无论哪种情况，都让罗恩感觉非常担忧，以至于他开始担心自己的妻子会对自己图谋不轨。由于一直无法消除对妻子的怀疑，罗恩还说过要更改遗嘱。

菲尔·拉莫斯立刻就卡拉琳妮·鲁丁提供的情况询问了罗

恩的律师，律师证实了这些说法。他告诉菲尔探长，1991年，罗恩确实曾经修改遗嘱，在最初写的草案中，罗恩多次提到玛格丽特，说如果自己死于他杀，那么自己的妻子玛格丽特将得不到一分钱。几年之后，罗恩将自己的妻子玛格丽特改为"我财产的直接或间接受益人"，根据罗恩的遗嘱，一旦他被谋杀，那他的这份遗嘱就会立即生效。

圣诞节前夕，探员们继续寻找着破案线索。调查人员在罗恩的房地产公司进行调查时，罗恩的秘书凯瑟琳提供了一条关于玛格丽特的线索——在罗恩失踪还不到一个星期的时候，玛格丽特曾经到过房地产公司，她曾经询问自己罗恩的私人文件都放在什么地方。丈夫失踪，不急着找人，反而关心他的私人文件，难道她是在找丈夫的财务证明？难道她已经确信罗恩回不来了？在此之后，探员们更是把怀疑的重点放在了玛格丽特的身上。

四

发现罗恩的尸体后，联邦调查局拉斯维加斯分局通过媒体向拉斯维加斯市民发出了协查通告，希望市民们能够提供可疑人物信息或者有力的破案线索。一名叫奥古斯丁·洛瓦托的杂工找到了菲尔探长，他告诉菲尔，在一段时间之前，自己曾经被玛格丽特雇佣翻新卧室，当时，玛格丽特让他销毁，并且丢弃了一块铺在卧室的地毯。他将地毯拉起来的时候，闻到了一股非常类似发霉的强烈的臭味，把地毯拿开的时候，他还发现地毯上有一些黑色的污点。

除了脏地毯，他还按照玛格丽特的要求扔了一床弄脏的被褥，这些都给他一种非常不好的感觉，他联想到联邦调查局拉斯维加斯分局的协查通告，于是就想看看这些线索有没有用。探员们根据奥古斯汀·洛瓦托的口供，找到了那块带有血迹的地毯以及弄脏了的被褥。事实上，不只是地毯上，探员们发现在找到的被褥上也沾染了血迹。在获得这些物证之后，探员们申请了搜查许可证，进入罗恩的家里进行搜查。

对房屋翻新的问题，玛格丽特作了辩解，她说，自己打算在家里开一间咖啡馆，然而探员们立刻意识到，她是在撒谎。因为他们的房子位于一条非常安静甚至有些偏僻的街上，如果在这里开咖啡馆，肯定不会有人来光顾。在菲尔·拉莫斯记下玛格丽特口供的同时，探员们对罗恩和玛格丽特的卧室进行了细致的搜索。尽管卧室已经被翻新过，探员们还是在卧室的天花板以及墙壁上发现了微量的血迹。探员们立即将这些血迹搜集起来，连同地毯以及被褥上发现的血迹提交到法医那里做DNA测试。

对于这些血迹，玛格丽特也有自己的解释，她告诉探员们，就在罗恩和自己同住的这间卧室里，曾经发生过一桩悲剧。事情发生在1978年的夏天，罗恩的第四任妻子佩吉·伦道夫·鲁丁在进行身体检查时得知自己的身体发现了肿块，八月中旬，肿块检验结果不容乐观，即佩吉不幸患了恶性肿瘤，而在接下来的时间里，佩吉需要接受化疗，在痛苦挣扎中延续自己的生命。由于她无法忍受这样的事实，于是在罗恩上班期间，她在卧室内用一把手枪结束了自己的生命。玛格丽特认为，这些血迹应该就是佩吉的。菲尔探长就玛格丽特的说法询问了罗恩的表妹多丽丝·考曼，她告诉探长，佩吉·伦道夫·鲁丁的死确有其事，玛格丽特并未撒谎。然而她却不认为地毯以及被褥上的血迹是佩吉的，因为在玛格丽特与罗恩结婚之时，他们就彻底装修了整座房子，而且地毯以及被褥都是结婚时重新购置的。显然，这些血迹属于佩吉的可能性微乎其微。

菲尔探长还拿到了法医对受害者的头骨分析，罗恩是在床上被枪杀的，其头骨内的弹孔都集中在左侧区域。这就说明，在整个射杀过程中，凶手应该一直都在受害者的左边，如果罗恩是睡在床的右边，则正好暴露了他的左侧，很容易受到攻击。在罗恩的家里，有着十分精密的安全保护系统，除非经过主人的允许，否则别人是没有办法进入这栋房子的。

自始至终，看门狗以及防盗系统都没有任何异常，那么，在这种情况下就只剩下一个合理的怀疑了，即罗恩·鲁丁是被自己熟悉的人，也就是有权进入这个房子的人杀害的。而除了罗恩，唯一能够自由出入这个房屋的，就只剩下玛格丽特了。她之所以翻新卧室，无疑是为了掩盖她留在卧室的关键证据。只是她肯定没想到，这样反而让探员们获得了更多的线索。

五

经过对罗恩的尸骨现场发现的残片进行分析，技术人员得出结论，残片来自一种并不常见的后部凸起的古董箱，这种箱子应该是由翻新的橡胶制成的。菲尔探长立刻想到了玛格丽特的古董店，于是他带领探员们调查了玛格丽特的进货单以及发票，发现她曾经买过两只驼色的古董箱，而现在店里只剩下一只，另外一只不知去向。对此，玛格丽特称自己不记得了，而探员们显然不这么认为。他们认为，玛格丽特在枪杀罗恩之后，将他的尸体放在了古董箱里，带到偏僻的沙漠深处毁尸灭迹。

只是，按照这样的推测，探员们还有一个疑点，玛格丽特看起来非常柔弱，一个弱女子是没有力气把一个装有将近两百斤尸体的箱子搬到那样崎岖的山谷中去的。除非，她有帮凶。于是，菲尔探长开始派人监视玛格丽特的行踪。跟踪很快有了进展，跟踪人员拍到玛格丽特和一名男子关系密切。于是，探长立即让人对这名男子进行了调查。

这名男子名叫胡亚达·沙伦，以色列人，自称是一名电脑程序员，在空闲时间还兼职一些销售工作。探员们在调查过程中发现，在发现罗恩失踪前的那个周末，沙伦曾经租过一辆面包车，这辆车子足以装下那个大古董箱子。沙伦声称自己与玛格丽特只是普通朋友，除此之外没有任何关系。但他的话后来被玛格丽特的妹妹证实是在撒谎。

玛格丽特的妹妹多纳·坎特雷尔太太43岁，她和姐姐很要好。起初，她很拒绝和探员们合作，是探员们做了很多动员工作后，她才勉强同意配合调查的。在多纳那里，探员们获得了很多重要的情报。

六

多纳的证词显示，玛格丽特和罗恩结婚之初非常美满，而且玛格丽特也确实很幸福。但仅仅过了一年，玛格丽特就发现罗恩和他以前的一名雇员苏·利勒斯有婚外情，当她得知罗恩为苏·利勒斯购得很多珍贵礼品后，变得异常恼怒。然而，她并没有立即采取措施，她担心罗恩因此和自己离婚，自己就会变得一无所有。在和罗恩经历了非常短暂的分居之后，两人开始和解，然而，两人间的关系却没有得到缓和，而是越加紧张。尤其是在钱的问题上，罗恩更加注重保密。

此前，他从来不会向玛格丽特谈起自己生意的细节，而在争吵之后，罗恩在玛格丽特面前甚至只字不提自己的生意。对此，玛格丽特非常愤怒，她绞尽脑汁想探得罗恩的钱放在哪里，他的财产到底有多少，以致后来她决定对罗恩进行监视。于是，她买了一套窃听设备，并找借口趁罗恩不注意安装在了他的办公室。她还详细描述了这套窃听设备，这套设备有四个不同的组件，其中有两个完全相同的能插入电源插座的插头，另一个是接收器，最后一个是声控录音机。通过这套设备，玛格丽特监听到了罗恩的所有房产交易，并且录下了他的所有谈话。探员们就此分析，玛格丽特杀害罗恩不只因为嫉妒和怨恨罗恩与那名女子有染，还因为她贪恋罗恩的巨额财产。

菲尔探长在多纳的桌子上看到一张玛格丽特的照片，而这一张照片也很快成为了重要线索——照片背景是刚开业的古董店，玛格丽特笑容满面地站在前边，左下方是一只驼色古董箱，这和玛格丽特店里的那一只有些相似，却并不相同。多纳表示，在罗恩失踪之后，自己再也没有在姐姐店里看到过这只古董箱。

探员们拿出亚胡达·沙伦的照片让多纳辨认，多纳很快说出了他的名字，并告诉探员亚胡达·沙伦和姐姐之间有非常亲密的关系。玛格丽特常常说，沙伦是一个非常聪明的男人，她非常在乎他，非常喜欢和他在一起，因为他们在一起的时候，她感觉非常美妙。探员们将残片与照片中的古董箱对比后更加确定，玛格丽特的帮凶就是亚胡达·沙伦，是他帮助玛格丽特处理了罗恩的尸体。

尽管理论上证明玛格丽特就是凶手，然而检察官认为，就目前掌握的情况来看，探员们没有有关她杀人的物证，没有毛发纤维，没有指纹以及她杀害或者销毁尸体的目击证人，她也从未向人承认自己杀害了丈夫。换句话说，要起诉玛格丽特杀人的证据是不充分的，因此，暂时还不能够控告玛格丽特，而探员们只能进一步寻找破案线索。

七

1996年7月，罗恩遇害一年半之后，案情有了突破性的进展。在距离拉斯维加斯60多公里的地方，有一个美丽的米德湖。游客们很喜欢来这里潜水。7月6日，一群游客在这里潜水的时候，发现了一个层层包裹的塑料袋。打开来看，里面装着的是一只消音器以及一把口径为22毫米的鲁格手枪。探员们立即联想到了罗恩·鲁丁的谋杀案，于是将手枪的图片拿给罗恩的亲人以及朋友进行辨认。

多纳表示自己并不清楚这手枪是否属于罗恩，但她提到了这样一件事：一次，玛格丽特接到了罗恩的情人苏·利勒斯打给罗恩的电话，她非常生气，和罗恩吵了起来。在争吵的过程中，她掏出一把手枪，罗恩试图阻止她的行为，最终在两人争抢的过程中，枪走火了。而在警方问及手枪是什么样的，是谁扣下的扳机，枪口当时是否对准罗恩，是不是在罗恩抓住枪之前玛格丽特就已经开枪了等问题时，多纳却表示自己并不清楚，她告诉调查人员，玛格丽特当时说得很含糊，而自己也并没有在意，所以没有仔细打听。

罗恩的第三任妻子卡拉琳妮·鲁丁证实这把手枪属于罗恩。她告诉探员们，罗恩对收藏枪支十分狂热，"他的床头只有两本杂志，一本是房产新闻，另一本是爱枪者新闻，这两本杂志都是他的最爱，他每天都会读上一部分才舍得睡觉。罗恩对这把手枪爱不释手，没事的时候总会拿出来仔细擦拭一番。不过，在和玛格丽特结婚后没多久，罗恩的这只手枪便不见了踪迹，罗恩为此懊恼了很长时间。"

这个发现更加重了玛格丽特的嫌疑，法医将在罗恩头骨里的子弹放在这把枪里，发现这把枪和那些子弹完全匹配。显然，这把枪就是罗恩谋杀案的凶器。与此同时，检察官还拿到了玛格丽特丢弃的被褥和地毯上的血迹，以及天花板和墙壁上的血迹的DNA检测报告，结果证实了探员们的判断，血迹确实属于罗恩。有了作案工具，有了新的证据，有了阵容强大的陪审团，检察官终于可以以有力的证据来起诉玛格丽特了。

1997年4月18日，在罗恩被谋杀两年多之后，拉斯维加斯当局正式向检察官提起了诉讼，要求起诉玛格丽特谋害丈夫罗恩。与此同时，联邦调查局拉斯维加斯分局决定以谋杀罪逮捕玛格丽特。按照程序，探员们首先通知玛格丽特的律师将玛格丽特带到拉斯维加斯分局，然而，律师却告诉探员们，他将不再担任玛格丽特的代表，而且他也不知道玛格丽特去了哪里。

这位53岁的祖母，居然在意识到探员们拿到充足的证据指控她后，选择了逃跑。

玛格丽特逃跑了，在发现她逃跑后，探员们进行了全力追捕——他们搜查了玛格丽特所有可能去到的亲戚以及朋友家，并出动警力对这些地方进行了监视。探员们分析了玛格丽特可能的逃跑路线，在各个关键路口都设置了关卡，严查经过的车辆及行人。探员们还对当日的各种票务登记信息进行了核查，然而，却没有一张票是以玛格丽特·鲁丁的身份记录的。时间一点点过去，联邦调查局拉斯维加斯分局依然没有半点玛格丽特的消息，而玛格丽特这名看似柔弱的祖母，早已经成为拉斯维加斯分局探员们最为头疼的逃犯。

八

为了早日抓捕玛格丽特归案，联邦调查局拉斯维加斯分局再次找到当地媒体。媒体不只将她的照片以及体貌特征等信息发布了出去，还为此制作了一期叫做美国头号通缉的特别节目，在这期节目中，玛格丽特被称为"拉斯维加斯的黑寡妇"。在节目开头，主持人首先介绍了"黑寡妇"的含义。黑寡妇本来是指一种有毒的蜘蛛，这种毒蜘蛛会在与配偶交配后将其咬死。

在现实生活中，人们将那些看似将温柔、智慧、高贵、漂亮等气质集于一身，而实则凶狠、残忍、贪婪，为达目的不择手段，甚至不惜伤人性命的女人称为"黑寡妇"。随后，节目开始介绍玛格丽特，这位拉斯维加斯的"黑寡妇"，介绍罗恩被谋杀的经过以及破案线索。

而这期节目确实起了不小的影响——在此后的一年半时间里，拉斯维加斯分局接到了许多提供线索的电话，有人称自己在宾夕法尼亚州见到过玛格丽特，有人称在伊利诺伊州有个女子自称玛格丽特……拉斯维加斯分局陆续接到来自各地警局的电话，而探员们尚未出动核查，便又收到当地警方带来的否定消息。玛格丽特好像在人间蒸发掉了一般。

1998年8月，拉斯维加斯分局接到了亚利桑那州菲尼克斯警局的电话，称当地一名叫做马歇尔的女市民和当地警方取得了联系，说自己近期在网络上看过《美国头号通缉》这个节目，而自己的邻居安妮·博特赖特和节目里的那个女人样貌非常相似。起初，拉斯维加斯探员们没抱太大希望，他们只是将玛格丽特的相关资料发给当地警方，想等到更确定的消息传来后再采取行动。

菲尼克斯警察梅尔·史密斯奉命负责对安妮·博特赖特的审问工作，在他面前的，是一位看起来温柔和善、谈吐优雅的慈祥祖母。在整个审问过程中，这名妇人一直在强调自己与警方要找的玛格丽特没有任何关系。事实上，乍看上去，他也很难将冷血杀手与面前的慈善妇人联系起来。然而直觉又告诉他，眼前的这位妇人有问题，于是他详细记录了安妮·博特赖特关于自己来自哪里、职业、年龄等问题的答案，并仔细核查了安妮·博特赖特的社会安全卡、护照、驾照等各种证件。然而，尽管对她进行了两次审问，尽管警方觉得事情有些不对劲，但从表面看来，他们却没有掌握任何明确的证据，于是只好将她放回了家。为了能够合法进入到安妮·博特赖特的房子进行搜查，警方想了很多办法。终于，当地一名嫌犯的逃脱为警方提供了灵感，他们以搜捕这名嫌犯为由，进入到安妮·博特赖特住的基督教青年会的房间里。出来应门的是一名年轻女子，她是这所公寓的清洁工。警方没有多想，立刻四处搜查，经过一番搜索，警方找到了一个有罗恩房地产标志的钥匙链，终于证实这就是玛格丽特。警方兴奋地询问清洁工安妮·博特赖特的去向，却得知她在警方到来之前已经办理好退房手续离开了。

玛格丽特这个狡猾的妇人，又一次在办案人员的眼皮底下逃脱了。玛格丽特的逃跑也再次向警方证明，她确实不像她的外表那么柔弱，她不只搞到了虚假的身份，搞到了社会安全卡、护照、驾照等各种伪造证件，还很擅长躲避警方的追查，以致警方再次陷入了毫无头绪的追踪中。

九

1999年圣诞节前夕，罗恩住在犹他州的三个孙子同时收到了来自玛格丽特的包裹，里面是玛格丽特买给他们的圣诞礼物。拉斯维加斯分局的探员们了解到这一情况后，立即对这几个包裹的邮寄地址进行了调查，包裹是从马萨诸塞州里维尔市的一个邮箱寄出的。在马萨诸塞州里维尔市警方的配合下，探员们根据邮箱的线索，查到这个邮箱属于当地一个名叫汤姆·里维斯的退休消防员。进一步调查后发现，汤姆·里维斯在半年前和一名女子同居。马萨诸塞州里维尔市警方拿玛格丽特的照片给汤姆·里维斯的邻居辨认，邻居表示这名女子和照片上的人非常相似，但不敢肯定。

当地警方一边将情况告诉给拉斯维加斯分局的探员们，一边出动警力对汤姆·里维斯的公寓进行了监视。拉斯维加斯分局的探员们吸取了前次的教训，得到消息后便火速派人前往马萨诸塞州里维尔市进行调查。很快，一直负责这个案件的菲尔·莫拉斯带领三名探员出现在里维尔市警局。为了不打草惊蛇，菲尔·莫拉斯并没有立即对汤姆·里维斯以及这名女子进行审问，而是和当地警方寻找对策，直接进入汤姆·里维斯的房间内进行搜查，而假如确实是玛格丽特，他们就可以立即实行抓捕。

正在菲尔·莫拉斯寻找进入房屋的理由时，迎面走来一位比萨送餐员，原来，公寓里的人刚好叫了多米诺比萨外卖。当这位送餐员走过菲尔·莫拉斯的车子时，菲尔·莫拉斯立即从车里出来。菲尔·莫拉斯掏出自己的证件，告诉他自己将以联邦调查局探员的身份征用他的比萨盒子以及外卖员制服。在穿上外卖员的装束后，菲尔·莫拉斯带着比萨饼敲响了汤姆·里维斯的门，而来开门的就是汤姆·里维斯，尽管那名女子只是抬头看了一眼，菲尔·莫拉斯却立刻确定，这就是他们找了两年的玛格丽特。玛格丽特好像并没有认出菲尔·莫拉斯。确认了玛格丽特的身份后，菲尔·莫拉斯不动声色地退了出来。

几分钟后，探员们敲响了汤姆·里维斯的房门，来开门的还是汤姆，他不耐烦地问外边的人是谁，当得知是联邦调查局探员的时候，他下意识地作出关门的动作，然而探员们迅速用枪将他制服。一眼望去，玛格丽特似乎不在房间里，菲尔·莫拉斯立即指挥探员们在整个公寓进行搜索，很快，借助手电筒、梅格灯等照明工具，探员们在幽暗的洗澡间里找到了蜷缩在角落的玛格丽特。

起初，玛格丽特还试图通过虚构各种说辞让探员们相信自己并不是玛格丽特，然而在看清眼前是和自己打了好多次交道的探长菲尔·莫拉斯时，她失望地低下头来。当探员们问她知不知道自己为什么被拘捕时，她回答说可能是因为拉斯维加斯的事情。不过，她在被捕前还依然惦记着丈夫的千万资产，她甚至还承认在潜逃的时候很害怕那些能从她丈夫遗嘱中获利的人找到她。菲尔·莫拉斯及其他三名探员将玛格丽特引渡回拉斯维加斯，拖延了好久的玛格丽特谋杀罗恩案终于可以开庭了。

如果说玛格丽特在杀害丈夫以及在整个逃跑过程中都算是聪明的话，那么，在挑选律师的时候，她则充分表现了自己的愚蠢——她选择了迈克尔·阿马多尔律师作为自己辩护律师团的首席辩护律师，而这个决定最终使她更加恶名远扬。

2001年3月2日，广受关注的玛格丽特谋杀丈夫罗恩案在内华达州拉斯维加斯的克拉克县法院正式开庭审判。阿马多尔的策略是想让玛格丽特得到陪审团的同情，为了达到这个目的，他费尽心思，甚至从模特机构聘用了450美元1小时的化妆师，为玛格丽特化妆出身体虚弱、受到惊吓、情绪失控的虚弱老妇的效果。审判开始，公诉人克里斯·欧文斯首先提出，玛格丽特为了谋得丈夫罗恩名下的财产，用枪将罗恩杀害，并放火焚烧了其尸体。为了证明这一点，他指出了很多怀疑之处：疑点一，玛格丽特和罗恩在结婚之前已经有过四次婚姻经历，而据说她是因为贪图鲁丁的钱财而和他结婚，她希望继承丈夫千万家产中的一部分；疑点二，她对丈夫和情人苏·利勒斯的婚外情怀恨在心，甚至在罗恩的办公室安装了窃听设备；疑点三，罗恩在遗言中不只预言自己可能死于他杀，而且多次在遗嘱原稿中提到如果遭遇谋杀，将剥夺玛格丽特的财产继承权，而玛格丽特直到开庭之前还言之凿凿，称自己与丈夫一直互敬互爱，而对于丈夫与苏·利勒斯的暧昧关系却只字未提；疑点四，警方在罗恩和玛格丽特的卧室天花板以及墙壁上发现了罗恩的血迹；疑点五，玛格丽特在案发后翻新房屋，扔出去的被褥以及地毯上有罗恩的血迹；疑点六，玛格丽特在罗恩失踪4天后才报案；疑点七，在得知自己被控诉谋杀罪后，玛格丽特仓皇而逃。

但阿马多尔却提出，他的当事人认为杀害丈夫的凶手是罗恩的生意伙伴，因为罗恩生前的很多生意都是非法的地下交易，他在失踪之前已经负债累累，并因涉嫌参与诈骗受到了警方调查。罗恩的生意伙伴实力强大，并且有杀害他的动机。

对于控方提出的疑点，阿马多尔是这样辩护的，在与玛格丽特结婚之前，罗恩也结过四次婚，罗恩可能是贪图玛格丽特的美貌而与她结婚，而且玛格丽特前几任丈夫也非常有钱，她的第四任丈夫比罗恩还富有，如果玛格丽特为了财产谋财害命，那么早在和第四任丈夫一起的时候便可以下手；至于玛格丽特在丈夫办公室安装窃听设备，完全是因为她太爱自己的丈夫，她希望分享丈夫的一切；罗恩的预言可能是因为在两人偶尔有矛盾时一时冲动产生的出气行为，而在气消后忘了更改；玛格丽特隐瞒丈夫外遇的消息是想维护丈夫在公众眼中的美好形象；罗恩患有非常严重的鼻炎，他常常在病情发作时流鼻血不止，血迹可能就是病情发作时打喷嚏溅在天花板以及墙壁上的；玛格丽特翻新房屋是因为她一进屋子就感觉头疼，另外屋子是自己的，她有随意翻新的权利，而血迹是罗恩的第三任妻子佩吉开枪自杀时留下的；玛格丽特未及时报案，是因为此前她并不确定丈夫是失踪还是负气出走；阿马多尔还声称，玛格丽特之所以潜逃是因为觉得自己被错当成嫌疑人，她相信自己被警方逮捕后将得不到公正的审判。

　　显然，辩方的说法看起来非常荒唐。而更为荒唐的，则是阿马多尔随后的开场白——"我可以是个慈祥的父亲，指导孩子玩橄榄球或者打篮球，教孩子们做作业；我很年轻就结了婚，我是一个作风强硬的律师，大家可以叫我击碎者阿多尔；我工作时喜欢激发别人的激情，有时也会对同事大发脾气……"阿马多尔就这样把法庭开场白做成了自我介绍秀，这显然让人摸不着头脑，而且这对玛格丽特的辩护也没有任何好处。法官约瑟夫·博纳旺蒂尔对此更是非常不满，他谴责了阿马多尔，并告诉他，开场白的目的是为了表明证据的指向，他这样不但是浪费时间，还会毁掉为委托人辩护的机会。

✝

随后，信心十足的检察官开始传召证人、法医以及警察证明在罗恩家里搜到的血迹经过DNA检验确实与罗恩本人的血样吻合，检方还向法官以及陪审团出示了凶手枪杀罗恩所用的手枪以及消音器；杂工奥古斯丁·洛瓦托作证证明曾经帮助被告扔掉带有血迹的地毯以及被褥；多丽丝·考曼证明玛格丽特与罗恩结婚时被褥及地毯都是新的，房屋也在那时翻新过。最后，控方传召了罗恩被杀案的最关键证人，玛格丽特·鲁丁的妹妹多纳·坎特雷尔，她能把罗恩案所有的旁证都联系在一起。

对于自己妹妹的作证，玛格丽特自然是始料未及的，她在看到妹妹出现的刹那便出现了痛恨与失望的表情。多纳不只证实姐姐与罗恩·鲁丁的婚姻存在问题，证实她在罗恩·鲁丁的办公室安装窃听设备，还作证说自己在姐姐的古董店见过罗恩尸体旁发现的那种箱子，证实姐姐和亚胡达·沙伦的外遇关系。

除了对妹妹出卖自己的愤怒，玛格丽特更多的则是对自己状况的担忧。妹妹的证词对她来说简直是灭顶的一击，形势越来越对她不利，她将阿马多尔对多纳的交叉质证当成能拯救自己的唯一一线希望。然而，阿马多尔如往常一样，做出了令人失望的举动。整整4个小时的时间，阿马多尔都在询问关于玛格丽特的前4次婚姻以及她是否服用处方药上。检察官多次催促法官叫这位首席辩护律师说些与论证相关的事，而阿马多尔，似乎根本不明白讯问的意义与价值，他甚至颇有自信地认为自己采用了非常好的辩护策略，而玛格丽特再也无法忍受他的做法，于是她在第二天向法庭递交了一份申请，她认为阿马多尔不能胜任首席辩护律师一职，希望法官作出无效审判的裁决，而阿马多尔则配合玛格丽特做了无效审判申请。

然而，根据法律，想要证明自己不能胜任，就必须想办法证实自己的无能，但阿马多尔居然连这个能力都不具有。因此，4天后，法官判定，阿马多尔是可以胜任的，案件继续审理。

以阿马多尔为首的玛格丽特辩护律师团开始编造各种并不符合实际的情况，他们甚至按照罗恩的卧室，在法庭上建构了一个一般大小的模型，而且在床上摆设了一个罗恩头骨的仿制品，他们想通过各种表演来证实，控方对罗恩被杀死在床上的说法并不成立。然而，博纳旺蒂尔法官对此非常不满，他告诉陪审团要公正审判，不必理会辩护律师们的闹剧。

在案件最后调查阶段，玛格丽特也最终无法忍受这位无能的首席辩护律师，将他踢出了自己辩护律师的队伍。2001年5月1日，陪审团对玛格丽特谋杀丈夫罗恩一案作出了最终裁定，受害者罗恩死于致命武器，玛格丽特被认定犯有一级谋杀罪。8月31日，玛格丽特·鲁丁被法官判处终身监禁，假释期20年。

值得一提的是，案件宣判后，阿马多尔受到了来自各方面的抨击，民众一致认为，即便玛格丽特难逃谋财害命的事实，然而在审判过程中如果没有无能的阿马多尔的参与，她可能会有所挽回，而不会落得如此惨败的下场。阿马多尔坚称自己受到了不公平的对待，甚至大言不惭地称自己的工作完成得相当漂亮。

戏剧性的是，当玛格丽特案在法庭二楼宣布审判结果时，这位曾经声称非常关心和同情玛格丽特，定然会全力以赴为她讨回清白的律师却在一楼递交了结婚申请，而他的准新娘就是他在这场官司当中认识的。

9月1日，玛格丽特被警方送到南内华达州女子监狱，然而，令人惊讶的是，在铁证如山的情况下，玛格丽特依然在监狱里向内华达州最高法院提出了上诉，继续维护着自己的清白。可惜，她的上诉请求很快被驳回，而她注定要在监狱里度过自己的余生。

第八桩

拉斯维加斯的黑寡妇

第九桩

"小丑"杀人案

FBI 十大惊天大案

1978年12月11日，一名叫罗伯特·皮埃斯特的15岁男孩在与约翰·维恩·卡西会面后就离奇失踪。FBI在经过多方调查之后，最终决定搜查约翰·维恩·卡西这个模范公民的住处。FBI在那里找到了很多奇怪的东西，和一些卡西根本没有办法穿的小号的衣服。后来，探员们竟然在一道隐藏门下的地库找到了7具已经腐烂的尸体。而随后，他们就在卡西的屋内和后花园进行了大规模的发掘活动，最后竟然又发现了28具尸体，而包括罗伯特·皮埃斯特在内的其余5名被害者，则因为家中再没空位而被弃尸河中。这些受害者，无一例外都是年轻的男性。至此，好好公民约翰·维恩·卡西的真面目彻底展现在众人面前……

一

　　芝加哥这座有着160多年历史的美国第三大城市，坐落在风景如画的密歇根湖边。当人们驱车穿过这座城市的时候，时常会从城区满是涂鸦的店铺和房屋转换到高档社区的花园和游泳池。这个城市还有一个十分好听的别名——"风之城"。每当夏季来临的时候，这座年轻的城市，总是会沐浴在温暖的阳光和和煦的风中。

1978年5月22日，在这个初夏的夜晚，刚刚从佛罗里达州度假归来的杰弗瑞·林格在吃过晚饭之后，像往常一样走出家门，打算去距离他家不远的公园散步。在微风拂面、让人沉醉的环境下，杰弗瑞一边走还一边回忆着佛罗里达和煦的阳光与迷人的海滩，而行至中途他打算改道去新镇看看。新镇是芝加哥的繁华地带，这里的酒吧和舞厅会在华灯初上的时候开始营业，而且有各色的美女站在门口招揽顾客。

但是，天不遂人愿，就在杰弗瑞走到半路的时候，天空突然就下起了雨，原本醉人的微风在那一刻也变得奇冷无比。就在杰弗瑞犹豫自己是否要回家的时候，有一辆黑色的奥兹莫尔比突然在他面前停了下来。随即，一个身材富态的男子从车中探出头来，询问杰弗瑞是否刚刚度假回来，在得到肯定的回答之后，司机就开始和杰弗瑞攀谈起来，在得知杰弗瑞是在佛罗里达度假的时候，他开始热情地称赞佛罗里达州。两个人越聊越起兴，随即，司机就询问杰弗瑞要不要搭乘顺风车，还说两个人可以一边聊天，一边欣赏这个城市的夜景。而且，司机还悄悄地对杰弗瑞说，自己的车里有大麻。

杰弗瑞仔细打量了一下这个司机，他看起来胖胖的，脸上一团和气，甚至还有点憨态可掬的样子。由于杰弗瑞见这名司机并不像是什么穷凶极恶的坏人，而且他也很高兴能够这么快就摆脱这样糟糕的天气，更何况，车里还有诱人的大麻，所以他很高兴地就跳上了车，而司机随即就递给他一根烟。接下来，两人就聊起天来。

或许是因为杰弗瑞十分庆幸自己能够在这样糟糕的天气中遇到这样一位和善的人。所以他的话渐渐多了起来——他开始跟司机谈自己的假期、自己的规划以及即将要和自己结婚的女友。不知不觉，手中的烟已经燃了近大半，杰弗瑞突然感觉到自己十分地放松。但就在这个时候，司机却突然把车停在了路边，一只手把杰弗瑞拉向自己这一边，另一只手不知从哪里拿出一块浸了氯仿的布团儿，迅速地捂向杰弗瑞的口鼻。很快，杰弗瑞就失去了知觉。

当杰弗瑞醒来的时候他发现自己还在车里，他从车窗向外望出去，恍惚中看到了一个路牌，但是，由于车速过快，再加上他还没有完全恢复意识，所以他并没有看清楚路牌上写着的到底是什么路。他的意识还有些恍惚，他已经忘记了自己的处境。他转过头来看着自己身边的这个男人，大概有30多岁的样子，身材魁梧，胖胖的脸上带着野兽捕捉到猎物一样兴奋的表情。

但是，此时杰弗瑞却怎么也想不起来这个男人究竟是谁，自己是怎么坐到他的车里的。就在杰弗瑞盯着身边的司机出神的时候，他旁边的司机也恰好转过头来看他，当司机看到杰弗瑞已经睁开眼睛的时候，就立刻又把那团浸满了氯仿的布团儿盖在了他的脸上，以致杰弗瑞又一次失去了知觉。

当杰弗瑞再次醒来的时候，他发现自己的处境就如同在地狱中一般——他的双手戴着手铐，两只脚也分别被拴上了铁链，整个人就这样躺在冷冰冰的地板上；当他试图挣脱手铐和铁链的束

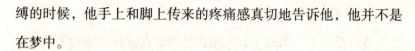

缚的时候，他手上和脚上传来的疼痛感真切地告诉他，他并不是在梦中。

就在杰弗瑞还在试图挣扎着脱离手铐和脚镣的束缚的时候，那个身材魁梧的男人又出现在了他的面前。唯一不同的是，这一次，他赤裸着身体。他慢慢地走到杰弗瑞的身边，说道："你醒了？"虽然他的说话语气是不带任何感情色彩的，但是在杰弗瑞听起来，却带有来自地狱般的寒冷。

"你是谁？这是哪里？你为什么要把我带到这里来？"此时，杰弗瑞的心中有一连串的疑问需要眼前的这个男人回答。

但是，这个胖胖的男人似乎并不急于回答他的问题，他微笑着上下打量着杰弗瑞，狞笑着对他说："嗨，甜心，这些你都不必知道，你只需要知道今晚你将会度过一个令你永生难忘的夜晚就可以了。"这个男人一边说着，一边伸手去撕杰弗瑞的衣服，而此时的杰弗瑞却没有丝毫抵抗的能力，甚至他的挣扎在这个男人的眼里都变成了欲迎还羞的挑逗。随后，杰弗瑞被这个男人粗暴地强奸了。之后，杰弗瑞不仅又被那个男人百般折磨，还被他强迫服下了一些药物。或许是这些药很快就发挥了作用，不一会儿杰弗瑞就感到自己仿佛悬浮在空中，而他身上的那种疼痛，却是杰弗瑞在之后的岁月中都不敢再去回想的。

之后，1978年5月22日这一天晚上，成了杰弗瑞心中一道不论什么都填补不了的伤痛。每次从噩梦中惊醒，他都会感到那种深深的绝望和撕裂般的疼痛感。

杰弗瑞再一次苏醒过来已经是第二天早上的事情了，他发现自己穿着衣服躺在草丛中，虽然他挣扎着想要坐起来，但是他的身上立刻就传来了撕心裂肺般的疼痛。当他爬起来四处张望的时候，才发现自己被扔在了林肯公园的一座雕像下面。随后，他想到了昨晚痛不欲生的遭遇，而让他感到奇怪的是，自己在经历了这样一个令人毛骨悚然的夜晚之后，竟然还活着。

杰弗瑞一路步履蹒跚地来到了女朋友的家中。女友看到杰弗瑞的样子被吓了一大跳，随后她就开车把杰弗瑞送到医院里去了。杰弗瑞在医院里整整待了6天，他身上的创伤才完全恢复。他身上的皮肤出现了多处撕裂，有些地方还有被烧伤的痕迹，而让杰弗瑞感到绝望的是，氯仿对他的肝脏造成了永久性的伤害。但是，对他而言，最大的伤害还是心理上的创伤。他让女友帮他报警，而且他在心里暗暗地告诉自己，一定要把那个恶魔给找出来，让他付出应有的代价。

二

杰弗瑞尽管向FBI报了案，但是他能够给FBI的探员们提供的线索实在是太少了。要知道，在那个年代的芝加哥，想要在茫茫人海中找一个开奥斯莫比的中年男人并不是一件容易的事儿。所以，FBI从一开始就不想接手这个案子。

但是，杰弗瑞却是下定了决心，自己一定要将这个男人绳之以法，为自己报仇。所以，杰弗瑞一出院就在自己苏醒时看到的那个路牌边蹲守着——他耐心地坐在车里，观察着马路上来往的车辆。

　　终于，在他苦等了5个多小时之后，有一辆经过的黑色奥斯莫比引起了他的注意。"没错，就是这辆车！"杰弗瑞激动地说，而且他立刻发动汽车跟了上去。后来，他看到那辆黑色的奥斯莫比停在了诺伍德公园镇的西苏莫戴尔大街8213号，这是一座带有车库的平房。

　　奥斯莫比的车主在停好车后，就从车中走了出来，他身材魁梧，正在一步一步走进他的家中。杰弗瑞经过多次确认后，认定这个男人就是那天强奸他的那个人。于是，他马上驱车赶往FBI，向探员报告说，他已经找到了那个强奸自己的男人。但是，当杰弗瑞报出犯罪嫌疑人居住的地址的时候，他的话遭到了探员们的质疑。因为住在那座平房里的是一个在当地十分有名的模范公民——约翰·维恩·卡西。

　　尽管FBI的探员们都对杰弗瑞的遭遇表示十分同情，但是他们无论如何也不会相信，约翰·维恩·卡西会做出这样的事情来，甚至有些探员认为，杰弗瑞是因为太想要找出犯罪嫌疑人了，所以当他看到和犯罪嫌疑人相似的人的时候，都会忍不住去怀疑。

　　卡西是在1970年10月，买下这栋位于中产阶级社区的带有车库的平房的。当时买这栋房子的钱，他的母亲和姐姐为他付了一半，他自己付了剩余的一半。当时正在餐馆做厨师的卡西十分喜欢这套始建于20世纪50年代的房子，以至于他在买回来这栋房子的前两年，把自己的业余时间全部花在了房屋的修缮上面。卡西不光是在修缮房屋方面十分用功，在餐馆里，他也一样勤勤恳恳地做着自己的本职工作。

　　卡西居住的街区十分整洁，他的邻居们也都是一些有着很好的文化素养的中产阶级。卡西的邻居有一对老夫妇，他们分别是爱德华·葛莱萨和莉莉·葛莱萨，他们在这个街区开始建设的时候就已经居住在这里了。喜欢聊天的卡西很快就和葛莱萨夫妇熟悉了起来，他们时常会隔着篱笆聊天，或者坐在家门前的草坪上一起喝酒、打牌。由于卡西是出了名的好人缘，所以周围的邻居一提到卡西，无不对他称赞有加。

　　1972年6月，卡西和一名叫做卡洛尔·霍夫的女人结了婚。那个时候，卡洛尔刚刚和自己的前夫离婚不久，情绪十分低落。而她正是在这个时候意外和卡西邂逅了，卡西对这个离了婚的女人一见钟情，随后就对她展开了浪漫的追求。卡洛尔很快就在卡西的柔情攻势中沦陷了，她感觉卡西是值得她托付终身的人，因为他不仅对自己十分照顾，而且与自己的两个女儿相处得也十分融洽，他甚至能够包容女儿们的任性和吵闹。因而，卡洛尔认为，卡西会是一个好丈夫和好父亲。

　　起初，他们在一起生活得十分愉快，而卡洛尔的两个女儿更是能让这个小房子里充满欢声笑语。值得一提的是，这一对夫妇也不吝啬向众人展示他们的幸福——卡西经常会在自己的房子里举办各种各样的聚会，有时他会邀请他的邻居，而有些时候他邀请的则是朋友和家人。有一次，他甚至举办了一个近300人参加的烧烤聚会。那一天，卡西站在他的卧室里，透过落地窗看着那些兴高采烈的客人们，听着他们对自己的称赞，从心理上得到了极大的满足。

不论卡西举办什么样的聚会，葛莱萨夫妇都会在被邀请的行列当中。葛莱萨夫妇很高兴自己能够有这么一个热情好客的邻居——这为他们平淡的生活也增添了很多的乐趣。但是，这个新邻居的家里却一直有一个问题困扰着他们，那就是，卡西的房子里时常会有一股莫名的恶臭传出来。莉莉曾经对卡洛尔说过，她认为他们家的地板下面肯定有一只死老鼠，于是她劝卡洛尔四处找找看。

但是，当卡西听到莉莉这个建议的时候，无奈地说："这个房子下面的某个地方是一个下水道，可能是那里出了问题。而且，地板下面的空间也十分地潮湿，因为之前那里有一个水塘，但是后来被我填埋了。如果要找到是哪里出了问题，真的是十分麻烦的一件事情，不过，好在也不是每天都会有这样的味道。"卡西的解释合情合理，其实即便是卡西不解释什么，大家也还是喜欢来他家里聚会的。即便是在多年之后，还是有很多人怀念曾经在卡西家里举办的西部风情聚会和夏威夷烧烤聚会。

卡西的身上似乎有一种一定要出人头地的决心，他在1974年的时候，毅然决然地离开了自己工作多年的餐馆，转而开了一家公司，并且命名为"油漆、装饰和环保公司"，简称PDM公司。在卡西的公司成立不久之后，人们就看到了卡西身为商人成功的一面——他十分精明，总是能够通过各种各样的方法来降低成本。他跟他的朋友说，他节省成本最为常用的一个方法就是雇佣一些年轻的小伙子来为他工作。

1975年，就在卡西的公司做得风生水起的时候，却发生了一件让很多人都感到意外的事情，那就是卡西和卡洛尔这对让人羡慕的恩爱夫妻竟然离婚了。尽管这件事情让很多人难以相信，但是在那个年代的美国，有将近一半的婚姻都是以离婚而告终的，所以，人们尽管会感到诧异，可也没有想到这其中会有什么样的问题。而且，离婚似乎也没有给卡西带来过多的困扰，他还是像之前那样开朗且上进，甚至他生活得比他的婚姻存在的时候还要充实——他一方面经营着自己的生意，另一方面还积极地投身到民主党的政治活动中去了。

有一次，卡西带着公司的员工为民主党的总部进行了免费的清洗和修缮，他的这一举动引起了诺伍德公园镇民主党委员会主席罗伯特·F·麦特维克的注意。在随后的接触中，他被卡西的热情深深地打动，他认为民主党就需要像卡西这样的充满热情和活力的人。而且有一次，麦特维克在对当地的一家儿童医院进行慰问的时候，他看到了扮成小丑的卡西将那些患有抑郁症的患儿逗得前仰后合的样子，于是当下他就决定让卡西管理社区的街灯委员会。此后不久，卡西又被任命为民主芝加哥委员会财务秘书。

所有认识卡西的人都会被他身上的热情所感染，而且几乎所有认识他的人都认为他是一个精明但是不算计，可爱且谦虚有礼的人。在很多人的眼中，他不仅是一个虔诚的天主教徒，还是一个热情好客的男主人。而且，卡西的语言极富感染力，所有和他有过接触的人，都会被他的言语打动。

皮埃斯特夫人说，自己永远都不会忘记1978年9月的那一天。那天她开车来到一家药店门前来接自己在这里做兼职的儿子罗伯特。15岁的罗伯特是皮埃斯特夫人的骄傲，他十分聪颖懂事。虽然他特别喜欢收集各种汽车模型，但从来不会要求父母给自己买这些昂贵的车模。而为了满足自己的愿望，小小年纪的他就已经像是一个大人一样在工作了。皮埃斯特夫人今天特意来接罗伯特回家吃饭，就是对他努力工作的奖励。

罗伯特看到母亲的汽车停在自己打工的药店前，就欢快地跑了出来，蓝眼睛里还闪烁着兴奋的光芒。尽管他才15岁，但是他的身高已经明显高于其他同龄的孩子了。他几步就跑到母亲的车前，对她说："哦，妈妈，你知道吗？有一个建筑商答应给我介绍另外一份工作，这样一来我很快就能够凑足钱去买最新的车模了。他说要跟我谈几句，你等我一会儿，我马上就回来。"

"噢，儿子，我真为你高兴。你真是我的骄傲！快点去吧，我等你回来。"皮埃斯特夫人笑着对罗伯特说。

罗伯特冲皮埃斯特夫人挥挥手就向远处跑去了，而皮埃斯特夫人看着罗伯特远去的背影笑了起来。但是，谁也没有想到，这竟然是她最后一次见到自己可爱的儿子。

三

时间一分一秒地过去了，但是说"马上回来"的罗伯特却再也没有出现过。皮埃斯特夫人渐渐开始感到不安，而随着时间的流逝，她心中的不安越来越深，最后她把车开出了停车场，再一次来到罗伯特打工的药店前。但是，她没有从忙碌的人群中找到自己的儿子。随后，她又从药店的后门出去，在周围寻找了半天，但是她始终没有发现罗伯特的身影，以致她的担心在寻找罗伯特的过程中，渐渐变成了恐惧。罗伯特一直以来都是一个乖巧听话的孩子，这样的事情是从来没有发生过的。

在罗伯特离开3个小时之后，满心不安的皮埃斯特夫人向FBI报了警。约瑟夫·科泽斯克探员在接到报案后，很快就赶到了罗伯特打工的那家药店。随后，药店的所有雇员就被召集在一起，由约瑟夫向他们询问最后一次见到罗伯特的情景。最后，他从一个雇员那里得到了一个十分有用的线索。这名雇员声称，他曾经看到罗伯特和一个身材魁梧的中年男人讲了几句话之后就一起从药店的后门出去了，而那个男人好像是约翰·维恩·卡西。

在掌握了这个线索之后，约瑟夫探员就立刻向FBI作了报告，并且得到了卡西的家庭住址。当他来到卡西家的时候，为他开门的人正是卡西本人。卡西穿着家居服，看起来十分疑惑地看着约瑟夫探员，并询问他有何贵干。约瑟夫探员首先表明了自己的身份，随后对他说："是这样的，卡西先生，罗伯特·皮埃斯特失踪了，我听说您在他失踪之前是和他在一起的，所以，我希望您能够跟我一起回局里，我想了解一下当时的情况。"

"探员先生，我很高兴能够为您效劳，但是现在我的家里刚刚有人过世，我需要待在家里等几个非常重要的电话。等我把这些事情处理完之后，马上就去FBI调查局。您看这样可以吗？"卡西面露难色地对约瑟夫探员说。

听到卡西这样说，约瑟夫答道："好的，先生。"随后他便

转身离开了卡西的家。

在约瑟夫离开几个小时之后，卡西走进了FBI调查局的大门。他对约瑟夫探员说："我确实是见到过罗伯特，因为我去药店的时候偶然看到这个孩子十分机灵能干，我的建筑公司现在也正缺人手，就想让他来这里兼职，他似乎也十分乐意。随后我们约了时间见面，商定好了上班的时间之后，就把他送走了。从那之后，我就再也没有见到过罗伯特。他怎么会失踪了呢？"

"那你们商定的上班时间是什么时候？"约瑟夫问道。

"是在这周六的下午。"卡西回答。

约瑟夫探员点了点头。很快，约瑟夫对于卡西的询问就结束了。尽管卡西在讲述这一切的时候显得十分镇定自若，但是约瑟夫还是隐约觉得哪里有些不对。按照皮埃斯特夫人的说法，罗伯特近乎疯狂地喜欢汽车模型，而且在每周六的下午他都会和一群志同道合的朋友在郊外举行聚会。如果是这样的话，即便罗伯特再缺钱，他又怎么会选择在周六下午开始他新的工作呢？而且，约瑟夫还注意到，卡西在回答一些问题的时候，他的表情显得有些犹豫不定。于是，他决定先调查一下卡西的身份背景，而当他找到标着约翰·维恩·卡西姓名的档案，打开这本档案的时候立刻惊呆了——约瑟夫看到了模范公民约翰·维恩·卡西的另外一面：他曾经因为鸡奸一个少年获得了10年的刑期。

四

这件事情还得追溯到十多年前，那个时候约翰·维恩·卡西刚刚从一个大学的商学院毕业，他在经商这方面的天赋开始逐渐显现出来，他有能力将一件不存在的事情讲得天花乱坠，并且使别人深信不疑。在卡西刚刚毕业的时候，他来到纳恩·布什鞋业公司，成为了一名店员。但是由于他的商业战略逐渐显现出来，所以在很短的时间内就开始带领一部分实习售货员。不久之后，他就被调到一家位于伊利诺伊州斯普林菲尔德的男装店做店长。

就在他的工作开始变得顺风顺水的时候，他的健康却出了问题。那个时候，卡西开始发福，不知道是不是因为过于肥胖的原因，他的心脏功能也开始变得越来越差，到最后不得不住院接受治疗，而就在他的心脏手术恢复得差不多的时候，他又在一次室外活动中不小心伤到了脊椎，从此落下了背痛的毛病。

尽管自己的身体状况不是很好，但是这却丝毫都没有影响到卡西参加社区活动，而且在此期间他成为了芝加哥青年俱乐部的会员主席、天主教俱乐部理事会成员。之后，他还陆续加入了人民兵组织、圣名社团。但是，更多的时候他还是在美国青年会做义工，而后来他还成为了青年会分会的副主席。

卡西是十分重视自己参加的这些社会活动的，他耗费了大量的时间和精力在这上面，以至于在一次组织活动的时候因为精疲力竭而被送进了医院。但是他出院不久之后，就又重新恢复了之前那种忙碌且充实的生活。

1964年9月的一天，卡西又一次陷入了恋爱之中。这一次，他爱上了自己所管理的男装店里的一个女孩儿。这个女孩有一个很好听的名字，叫做玛丽莲·麦尔斯。两个人在恋爱后不久就结了婚。玛丽莲的父亲弗雷德·W·麦尔斯当时在滑铁卢有几家肯德基的连锁店，他十分喜欢卡西的精明和能干，于是在卡西和自己的女儿结婚不久之后，他就邀请自己的女婿加盟，并且参与自己的家族企业，而卡西也并没有推辞，很爽快地就同意了。几个月之后，他就和玛丽莲搬到了依阿华州。

这个时候，卡西的生活开始变得比之前更加充实。他辞去了之前的工作，并且开始在自己岳父的店里工作。他每天都很勤恳，经常一工作就是12到14个小时，他就像是一台不知疲倦的机器一样，每天都快速地旋转着，而且对于所有的新东西他都感到十分好奇，都会想要去学习。

即便如此，在闲暇的时候他还是会去位于滑铁卢的美国青年会分会里面做义工。在这里他认识到了很多好朋友。他的一位名叫查理·希尔的朋友曾经这样评价过卡西："可以看得出来，他十分渴望成功，他也渴望自己能够得到同辈的认同，所以他才会任劳任怨地不停地为青年会一个又一个的项目工作着。毫不夸张地说，这个俱乐部就是他生活的全部。"

让人感到高兴的是，就在他们搬到依阿华州不久之后，玛丽莲就生了一个儿子，而且很快她又生了一个女儿。卡西因此十分高兴，而他与妻子分工明确——玛丽莲负责照顾孩子，收拾家务；卡西则忙于生意上的各种应酬和青年会的日常事务，他甚至还打算去竞选滑铁卢青年会的主席。显然，这一切看起来显得是那么美好。

然而，这一切都显得太过完美了，甚至美好得好像不是真的一样——随着卡西在青年会的活动越来越频繁，关于他的流言蜚语也开始多了起来。其中有很大一部分都是关于卡西的性取向的。因为有人注意到，在卡西的周围总是会有很多年轻的男孩子出现，而且他还经常会挑逗在自己的快餐店工作的男孩子。

于是，他们就认为卡西是一个同性恋者。但是，也有很多人认为这不是真的，尤其是卡西的妻子玛丽莲，因为他们已经有了两个可爱的孩子，而且一家四口生活得十分幸福美满。这样的人又怎么可能会是同性恋呢？

但是，在1968年初春的时候，一张来自法院的传票揭开了卡西的面具，同时也无情地将玛丽莲仅存的一丝幻想给撕裂了。这一年，有一位名叫马克·米勒的男孩向黑鹰县法院提起诉讼，他控告约翰·维恩·卡西犯有强奸罪。米勒声称，卡西把自己骗到他的家中，给他的双手戴上了手铐，随后又把米勒粗暴地绑在了铁链上，强暴了他。

但是，卡西却在法庭上矢口否认了这一切的控诉。他承认自己曾经和米勒发生过性关系，但是却是米勒这个家伙自愿的，而且他说米勒是为了赚钱才和他发生性关系的，而米勒现在的控诉只不过是为了想从他那里再敲诈一部分钱罢了。此外，他还声称那些关于自己是同性恋的传闻，更是荒谬至极。在他看来，这完全是因为他要参加青年会会长的竞选，有些人图谋不轨而散布出去的谣言。

由于原被告双方都各执一词，所以这起案件在一时间无法结案，闹得沸沸扬扬。两个人都坚持自己才是受害者，并且提供了相关的证据，这也让审判此案的法官没有办法给案件一个最终的定论。但就在法院的法官都倾向于卡西这一边的时候，他却干了一件愚蠢至极的事情，而也正是因为这件事情，他将自己亲手送进了监狱。

五

卡西一直都被米勒的控诉搅得不得安生，为了早日平息这场官司，他找到了一个名叫德维特·安德森的年轻人。卡西给了他10美元，让他去把米勒揍一顿，并且威胁他赶紧结束这场诉讼。而且，卡西还向安德森许诺，事成之后还会帮他付清300美元的汽车贷款。

那一年，安德森才刚刚18岁，在这个一无所有的年纪里，卡西开出的条件无疑是诱人的。于是，安德森想方设法把米勒骗到了自己的车里，之后他开车到了一片树林中。就在米勒开始怀疑的时候，安德森将一袋肉豆蔻粉撒到了米勒的脸上。而在米勒慌乱之际，安德森一下就扑到米勒的身上，开始殴打他，并且一边打一边威胁米勒以后不要再找卡西的麻烦。

可是，安德森没有想到，米勒竟然很快就开始反击了，他一拳打到安德森的鼻子上，鲜血顿时流了出来。他趁安德森疼痛倒地的时候，逃跑了。随后，他就来到FBI调查局报了案。探员们很快就找到了满身是血的安德森，并且将他带了回去。在调查局里，安德森交代了一切。他不仅供出了卡西的名字，而且还交代这一切都是卡西指使自己去做的。

安德森的被捕使得卡西的案情出现了戏剧性的变化，原本已经快要败诉的米勒开始掌握了主动权。FBI随即就传唤了卡西，他们首先对卡西进行了精神方面的检测，没想到，检测的结果让人们大吃一惊——卡西的精神十分正常，但是他有强烈的反社会人格，而且，这种反社会人格是没有办法医治的。在经过了精神鉴定之后，卡西向警方交代了一切，是他指使安德森去打米勒的，并且他还承认自己之前确实是强奸了米勒。

法官在得到了最终的证词之后，判定卡西是有罪的，并且裁决卡西入狱服刑10年的时间（这个刑期是这种罪名所需要服刑的最长时间）。这一年，卡西才仅仅26岁。在他看来，他的灿烂前程因此就完全毁了。但是，受到最大打击的人却是他的妻子玛丽莲。在卡西认罪之前，玛丽莲一直都认为自己的丈夫是清白的，而当卡西被法官判定有罪之后，玛丽莲一时间就感觉自己的生活完全毁灭了。在卡西被判刑不久之后，玛丽莲就向卡西提出了离婚，因为他违背了他们结婚时的誓言。

虽然卡西同意了玛丽莲的要求，但是他依然对妻子的离开充满了怨恨。在最后一次和妻子见面的时候，他恶毒地告诉玛丽莲说，他们之间的一切都会随着婚姻的结束而结束，他们之间不会再有任何的瓜葛，她不要妄想自己能够再去看她一眼，也不要妄想自己会去看两个孩子。他们对于卡西来说，就如同死了一般，而且卡西也果然遵守了自己的话——在他后半生的时间里，真的再也没有去找过玛丽莲和他的两个孩子。

其实，这对玛丽莲和孩子们来说，未尝不是一件好事。因为这样，他们的孩子就不会知道自己的父亲，在和蔼的外表下有一颗多么丑恶和肮脏的内心。

尽管卡西被判了10年的刑期，但是他被囚禁在监狱里的时间其实并不长。卡西在服刑期间一直表现得十分突出，他从来不会给自己招惹任何的麻烦，所以他仅仅在监狱里待了18个月就获得了假释。1970年6月18日，约翰·维恩·卡西离开了关押他整整18个月的伊利诺伊州监狱，回到了芝加哥和自己的母亲生活在一起。在这里，他犯下的罪恶震惊了整个美国。

六

约瑟夫在看完卡西曾经袭击和强奸少年的历史之后，就联想到了最近几年不断失踪的男孩们，现在想来，他们似乎在某种程度上都和卡西有着这样或那样的联系。

约瑟夫首先想到的是一个叫乔尼·布克维奇的孩子，他是一个疯狂的汽车爱好者，他把自己大部分的业余时间都花在了他新买的那辆1968年款的道奇车上；他时常会开着它去参加各种赛车比赛，但这是一项耗时耗力又耗金钱的运动，所以，为了满足自己的愿望，他总是会找尽量多的兼职来维持自己在赛车上面的开销。

乔尼在失踪之前，曾经在卡西的建筑公司做过兼职，帮他干一些零活儿。因为乔尼一直都十分满意卡西给他的工资，所以，他还是很乐意为卡西打工的。而且，卡西是一个能说会道的人，尽管两个人的工作时间都很长，但是乔尼从来都不感到闷。可是，后来不知道出于什么原因，卡西在乔尼为自己干了两个星期之后，竟然开始拒绝支付乔尼工资，而卡西的这一举动，则让两个人原本融洽的关系瞬时变得紧张起来。

在和卡西经过几次没有结果的交涉之后，忍无可忍的乔尼带着自己的两个朋友来到卡西的家里讨要工资，而且他下定决心，这一次一定要从卡西的手里把自己应得的工资要回来。但是，乔尼并不知道，卡西其实是经常拖欠工人们工资的，这也是他为自己节省费用的一个好方法。乔尼和他的两个朋友在卡西的家中与卡西争吵了起来，双方互不相让，最终乔尼威胁卡西，如果卡西不把工资支付给他，那么他将会去告发卡西蓄意逃税。

卡西听到这里勃然大怒，他大声地对乔尼叫嚷着。到最后，乔尼看到他的工资暂时也没有办法要回，于是就和朋友们一起离开了卡西的家。而乔尼在将两个朋友送回家之后，他就开车回自己的家了。但是，从此之后，就再也没有人见到过乔尼——他失踪了。

迈克尔·邦妮的失踪也显得尤为离奇。迈克尔平时十分喜欢做一些木工活，他最大的爱好就是制作各种各样的小家具。1976年6月9日，迈克尔正在忙着修理一台自动点唱机，在修理到中途时，他接到继父打来的电话。继父在电话中说，想让迈克尔到火车站接一下自己的兄弟。于是，迈克尔就放下了手中的活，开车向火车站奔去。但是直到天黑，迈克尔的叔叔也没有等到来接自己的人，而迈克尔就这样神秘地失踪了。虽然迈克尔的父母很快报了警，但是警察在经过调查之后并没有找到什么实质性的线索，这起案件也就不了了之了。

比利·卡罗尔和之前两个失踪的男孩完全不同，他从小就四处惹是生非，而且在他9岁的时候还因为盗窃钱包而被送进了儿童之家；在他11岁的时候，他又因为偷窃枪支而被劳教。在小的时候他经常会逃课到芝加哥城外的住宅区闲逛；在他16岁的时候成为了一个皮条客，但是他却专门为男妓们拉皮条，而且他会将一些同性恋的男孩儿介绍给成年男人，随后从中抽取一部分的佣金。在他的老主顾里，就有约翰·维恩·卡西。1976年6月13日，比利像往常一样离开了家去工作，但是，这一次他却再也没有回来。

葛列格里·高斯克是PDM公司的一名职员，他十分喜欢自己的工作。在公司里，有时他会主动做一些打扫卫生的零活。平日里，他和卡西的关系也是十分融洽的。1976年12月12日这一天夜里，葛列格里开车把自己的女朋友送回家之后，就再也没有在同事的眼中出现过。第二天，FBI的探员们发现了他的车子，但是却没有人知道他去了哪里。

1977年1月20日，年仅19岁的约翰·西克也像之前提到的几个男孩一样，神秘失踪了，和他一起失踪的还有他的普利茅斯卫星牌汽车。在西克失踪几天之后，有一名巡警在一个加油站抓住了一个加完油之后没有付钱就想要开溜的男孩儿，他当时驾驶的正是西克的汽车。随后FBI的探员们赶到现场，向他询问汽车的来历。这个男孩儿说这辆汽车是和他同居的约翰·维恩·卡西送给他的，而当探员找到卡西的时候，卡西很坦诚地对探员说，这辆汽车是西克卖给他的。探员们在听到这个合理的解释之后就没有再继续追查下去，而这也是他们犯下的一个大错。因为，在卡西后来出示的相关购车证明中，西克的签名是伪造的，而且卡西是在西克失踪18天后才从他手中买到这辆汽车的，这显然是不可能的事情。

在这些失踪的人当中甚至还有一些是FBI探员的孩子。1977年9月15日，FBI探员基尔罗依的儿子罗伯特在放学回家的途中离奇失踪。由于事件的特殊性，FBI当时还进行过一次地毯式的大规模搜查行动，但是最终还是一无所获。

在回想起这些案件之后，约瑟夫决定先去找卡西的第二任妻子卡洛尔·霍夫了解一下卡西的生活。当约瑟夫找到卡洛尔并声称自己向她了解一些关于卡西的生活的时候，她说自己一点都没有感到惊讶。

卡洛尔对约瑟夫说，自己和卡西从相识到结婚其实只有很短的一段时间，当时自己刚刚和前夫离婚，一个人要带着两个孩子过日子，生活很是艰难，而且她还要忍受离婚给自己带来的伤害。就在自己最脆弱的时候，卡西适时地出现了，他幽默的语言、乐观的心态以及浪漫的情怀，都让卡洛尔有一种被关怀的感觉。而且，卡西还是一名成功的商人，他对卡洛尔和她的两个女儿都十分慷慨。在卡洛尔的眼中，更为难得的是卡西对自己的两个女儿十分友好。因而，在卡洛尔的眼里，卡西是一个好丈夫和好父亲的不二人选。所以，当卡西向卡洛尔求婚的时候，尽管当时两个人相识的时间还很短暂，但是卡洛尔再三考虑之后还是答应了他的求婚。

结婚之后，卡洛尔和卡西之间的生活十分美满幸福，而卡西也向卡洛尔坦白过自己曾经强奸过一个男孩儿而被捕入狱的事情。但卡西向卡洛尔表示，自己当时只是一时糊涂，绝对不会再犯那样的错误，加之自己的两个女儿也十分喜欢卡西，所以，即便如此，卡洛尔还是觉得自己现在的生活非常美好。

可是，当卡西开始成立自己的建筑公司之后，他们的生活开始慢慢发生了变化——卡洛尔发现出现在卡西身边的男孩子逐渐多了起来，而且卡西和卡洛尔的性生活也开始逐渐减少，到最后竟然停止了。后来，卡洛尔无意当中在家里发现了同性恋的杂志，上面净是一些裸体的男人和男孩儿。从那之后，卡洛尔就一直被强烈的不安所困扰着。终于有一天，她忍受不了这样的煎熬，于是在某一天早餐过后，当她的两个女儿都去上学之后，卡洛尔就把她在家里发现的所有同性杂志和画报一股脑儿地摆在了卡西的面前。

卡西在看到那些杂志之后并没有急于辩解些什么，而是一声不响地吃完了盘中的早餐，然后抬起头来，看着卡洛尔。在一片沉寂过后，卡西开口讲道：“没错，我确实是一名同性恋，但是这个是天生的，我自己也改变不了。从很小的时候开始，我就会偷偷地把妈妈那些漂亮的内衣内裤穿到自己身上。为此，我没少挨母亲的斥责和父亲的拳脚。但是，即便如此也没有办法改变我对一些男孩子的爱，我爱他们，是不受控制的，我想要和他们亲近，那种冲动，我控制不住。”在听完卡西的这番话后，卡洛尔瞬间觉得自己的世界崩塌了。于是，两个人在1976年3月2日这一天，协议离婚了。

在从卡洛尔的家中出来之后，约瑟夫觉得有必要到卡西的住宅中搜寻一番。因为他隐约感觉到罗伯特·皮埃斯特很有可能就在卡西的家中。

1978年12月13日，FBI对卡西的住宅进行了一次大规模搜索。当时，卡西并不在家，探员们在卡西的住宅中发现了很多奇怪的东西。随后，考茨探长就对这些怪异物品做了相关的记录。

接下来，探员们还搜查了卡西的车库，并将他停在车库里的三部车全部拖回了调查局。而且，细心的探员们还在一辆黑色的奥兹莫尔比德尔塔88型轿车中发现了一些毛发，后来经过验证，这些毛发正是罗伯特·皮埃斯特的。

值得一提的是，探员们在对卡西的住宅进行搜查的时候，总是会闻到一股臭臭的味道，起初他们以为是下水道的气味，所以并没有十分在意。在卡西房子的地板下面，他们发现有大量的石灰混在泥土中，并且地面有被翻动过的痕迹。探员们在回到调查局之后，就通知了卡西，让他到FBI调查局来一趟。卡西在得知自己的住处在自己毫不知情的情况下被搜查过之后，显得十分愤怒，他立刻叫来了自己的律师，并且在律师的建议下拒绝了FBI探员们的正式询问。于是，探员们在询问了一些关于罗伯特·皮埃斯特失踪的细节之后，就让卡西回去了。但是，他的住处早已经被FBI的探员们监控了起来。

当卡西回到自己住处的时候，他独自一人面对着这个空荡荡的房子，顿时倍感孤独。他想，如果时间能够倒流的话，他是不是就不会选择这样做了呢？

七

卡西在1942年3月17日出生在芝加哥的一家医院中，他的父母都是爱尔兰人；卡西还有一个姐姐和一个妹妹，而由于他们一家都是虔诚的天主教徒，所以卡西和自己的姐妹在小时候都是在天主教学校上的学。

卡西的家坐落在一个中产阶级的住宅区中，而卡西也像其他普通的男孩儿一样，自很小的时候就做过送牛奶或者是杂货店等类似的临时工。尽管卡西的外表不算突出，但是老师和同学以及自己身边的小伙伴都十分喜欢他。由此而言，卡西的童年，从表面上来看，是再正常不过的。

但是，卡西和他的父亲的关系一直都很糟糕。卡西的父亲嗜酒成性，他时常会在自己喝醉之后向妻子和孩子们大发雷霆，有些时候甚至还会动手打他们。在卡西的记忆中，他的父亲就如同魔鬼一般地存在着——他的父亲时常会无缘无故地冲着卡西发脾气，而且他还时常会骂卡西是没用的东西，说他是一个娘娘腔。而卡西直到死前还能够清晰地记起，每一次被父亲责骂的时候，他总是不敢离他太近，因为他害怕父亲打他。其实，卡西很爱他的父亲，但是，不论他再怎么努力，似乎都没有办法让父亲对自己满意。

而从6岁开始，小卡西就开始感觉到自己和其他的男孩子有些不同——他喜欢穿母亲漂亮的内衣，在听到消防车呼啸的声音的时候会吓得大哭起来；在他11岁的时候，一场意外加深了他们父子之间的误会——卡西在荡秋千的时候不小心磕到了脑袋，从此之后他经常会出现暂时失去知觉的现象，这样的状况使他没有办法参加学校的任何体育活动，他的父亲此时对他更加失望，而且他总是说卡西让他觉得不像是个男孩子。有些时候，他甚至会认为卡西是在故意装病，只是想博得自己的关心和同情。直到卡西16岁的时候，在一次体检的过程中，医生发现了他大脑中的凝血块，这才解决了他的病痛。

但是此时卡西和他父亲的关系已经变得十分僵硬，尽管他和自己的母亲和姐妹的关系十分融洽。即便如此，在卡西的心中，一直都想要得到父亲的认同和赞许。后来，卡西在读了四年高中还是没有办法毕业之后就辍学，独身一人来到了拉斯维加斯。虽然他在拉斯维加斯找到了一份在殡仪馆看门的工作，但是他在这里工作得并不开心。于是，他在勉强维持了一段时间之后，还是选择了回到芝加哥。

卡西的母亲和姐妹得知他要回家的消息十分高兴，但是他的父亲却在他离家的这段时间病逝了。这对于卡西来说是一个十分沉重的打击。尽管家里再也没有人大声地骂他了，但是他却感觉自己对父亲有很多话想要讲。

此时，卡西仿佛又听到了父亲对自己毫不留情地责骂着："你这个没用的东西，你这个娘娘腔的废物！"卡西大声嚷道："是的，你说的一切都是对的。我没用，我是废物，我是一个彻头彻尾的失败者！现在，一切都要结束了！"

尽管FBI的探员们怀疑卡西和男孩失踪的案件有关，但是就目前他们手中掌握的证据来看，是远远不够的。于是，他们便以非法持有大麻和安定药物的罪名将卡西抓了回来。在此期间，杰弗瑞·林格也再一次向法院提起诉讼，控告卡西犯有强奸罪。当卡西被关进监狱之后，FBI的探员们又对他们搜出来的物证进行了细致的调查。

在物证中有一枚刻有"西缅因高中1975"字样的戒指，后来，FBI确认这枚戒指是约翰·西克的。他们在调查之后还发现，单单是约翰所在的那家PDM公司，就有三个年轻的男性雇员神秘失踪。他们在卡西家还找到一卷未冲洗的胶卷的收据，后来经过调查后确认，这是属于罗伯特·皮埃斯特一个朋友的。在罗伯特失踪的当天，他曾经拜托罗伯特帮自己把这些冲洗出来的照片取回来。随着这些物证一件一件地找到主人，FBI感觉到，这起案件不一般。

于是，探员们再一次提审了卡西。这一次，卡西知道自己是无论如何也逃不过去了。于是，他向FBI交代，自己确实是杀了一个男孩儿，因为当时他们两个人在聊天的过程中发生了争执，那个男孩儿先动手袭击他，出于自卫他就将他杀了，而随后他就把那个男孩儿埋在了自家车库底下（他还给FBI画了一个埋藏尸体的示意图）。

八

FBI拿着卡西画的示意图再一次来到他的家，但是他们并没有立刻就去寻找那具被埋藏的尸体，因为之前那股奇怪的味道现在越发明显，这引起了FBI的注意。于是，他们开始搜查卡西住宅地板的下面。很快，他们就发现了几个奇怪的小土堆，而在进行了几分钟的挖掘之后，一具惨白的遗骸露出了地面。

探员们随即找来了库克县最为著名的法医罗伯特·斯坦因博士。当他一进入卡西院子的时候，就闻到了一股他十分熟悉的味道——尸体腐烂的气味。随即，探员们意识到，或许还有更多的尸体被埋藏在地板下面。而斯坦因博士随后要求探员们将这间房子的地板全部拆除掉。之后，他们就像是考古专家发掘考古现场那样，将地面划分为不同的区域，如果想要完整地发掘出那些已经腐烂的尸体，就必须要对地板下的每一寸土地进行细致的搜索。身为法医的斯坦因博士深知这一点的重要性，于是，从那一天开始，他就认真地监督着探员们对现场进行发掘。

终于，在经过了漫长的等待之后，被关在监狱中的卡西再也沉不住气了——1978年12月22日，他主动向FBI坦白，自己已经杀了至少30个人，其中大多数尸体都被他埋在了自家的地板下面。他说，自己在1972年1月杀了第一个男孩儿，第二次则是在1974年的1月，这个时间大约是在他第二次结婚一年半之后。每一次杀人的时候，他都是以能够向对方提供兼职或者自己的家里有大麻等为说辞，将对方骗到自己家中。

而有一些男孩则是从事特殊职业的男妓，这样他会以和他们进行交易的名义将他们带到自己的家中。不论是男妓还是正常的少年，每一次他都会先试图跟他们开一些玩笑，在表演完几个小魔术之后，他就会说自己有一种奇特的方式打开手铐，随后他就骗这些男孩子戴上手铐，之后这些男孩子就只得任他摆布，而这个时候卡西的真面目也就会露出来。

通常他会残暴地将他们强奸，之后会用鞭子抽打他们，用烟头烫他们，或者他在施行强奸的时候用绳子勒住他们的脖子，而很多男孩就是这样被勒死的。有些时候，为了不让他们喊叫，他会用内裤、袜子、纸巾等一些东西堵住他们的嘴，也有很多的人是这样窒息而死的。当卡西发现他们死后，就会把他们埋在自家的地板下面。为了能让尸体尽快腐烂消失，他在地下加了很多的石灰。有些时候，因为时间不对，他也不得不将尸体藏在床底下几个小时甚至几天的时间，随后再找机会将这些尸体掩埋掉。

在联邦探员进行发掘的第一天就找到了两具尸体。其中一具是乔尼·布克维奇，他被卡西埋在了车库的下面；另一个男孩儿的尸体则被埋在了地板下面。随着时间的推进，被发掘出来的尸体也越来越多。美国各大媒体在得知这一消息之后，纷纷赶到卡西的住处，他们都希望自己能够得到第一手的独家资料。

这些媒体人每天都会尽职尽责地将FBI探员们的发现传播到全国各地。这段时间，美国上下，不论是电视还是报纸，铺天盖地的都是关于卡西的消息，而卡西的住宅也瞬间变成了能够和白宫齐名的建筑。

有一些尸体在出土的时候，在他们的喉咙里还深深地塞着他们的内裤；也有一些尸体紧紧地挨在一起。探员们认为，这些紧挨在一起的男孩即便不是同时被杀死的，也是在同一时间被掩埋的。卡西也曾经承认过，自己有几次在同一天里杀了不止一个人。但是，他将一些尸体埋得那么紧密的一个主要原因是，地板下的空间越来越小，为了节约空间，他只得这样做。

到12月28日的时候，FBI已经从卡西的地板下面发现了27具尸体。由于美国上下各大媒体都对此事争相报道，所以人们每天都能够从电视或者报纸上看到卡西案件进展的情况。探员在对尸体进行发掘的过程中再一次搜查了卡西的物品。这一次他们发现了一个名叫弗兰克·韦恩·戴尔·兰丁金的人的驾照。

兰丁金的尸体，一个多月前在一条河中被发现。当时，他全身赤裸，脖子上有明显的被勒过的痕迹。在同一天，探员们在发现兰丁金的那条河里也发现了另外一具尸体，这个男孩的尸体被发现的时候，他的喉咙里还塞着内裤，后来法医经过鉴定后表示他是因为内裤而窒息的。探员们因为这个意外的发现，再一次提审了卡西，卡西很快就对自己的罪行供认不讳，他说他之所以会把尸体抛到河里是因为他的地板下面已经没有多余的空间了，而且他的背也因为之前不断地挖掘开始疼了。于是，卡西索性就将尸体扔到河里去。

由于时值严冬，使得尸体的发掘速度进行得异常缓慢，所以这一场声势浩大的尸体发掘活动一直持续到了第二年的2月底。当探员们将卡西的地板下面全都挖了个遍之后，就开始对房子的其他部分进行检查；当他们砸开卡西房子前的水泥台的时候，所有人都被眼前的景象惊呆了——在凝固的水泥之中有一个穿着牛仔内裤的男人的尸体栩栩如生地呈现在人们面前，而且他的左手上还戴着婚戒。至此，被害人的范围已经扩大到了成年的男同性恋者。

虽然卡西的房子的地面被翻了个底朝天，但是第32具尸体却是在他的房子里找到的——在卡西住宅的康乐室下面，探员们发现了在苏莫戴尔街8213号的最后一具尸体。当这具尸体被找到的时候，卡西的整栋房子已经被翻了个遍，只剩下一些残垣断壁。于是，FBI很快就把剩下的房子推成了瓦砾。

但是，让约瑟夫感到疑惑的是，在这么久的发掘过程中却始终没有见到罗伯特·皮埃斯特的尸体。他的尸体一直到1979年的4月份，才被人在伊利诺斯河的河面上发现。FBI的探员们推断，罗伯特的尸体之所以现在才被发现，肯定是因为之前被卡在了某个地方。后来，随着水流的冲刷，他最终得以浮出水面。

法医赶到现场后对罗伯特进行了尸检，最后得出结论，将他致死的是一团塞在他喉咙里的纸巾。看到自己儿子惨死的状况，皮埃斯特夫妇悲痛欲绝，随后他们就向法院提起诉讼，控告卡西犯有谋杀罪。

与此同时，FBI方面也正在对这些尸体的身份进行积极辨认。但是，依然有九具尸体的身份没有办法得到确认。探员们发现，大多数死者都是活跃在芝加哥的一些同志酒吧的男妓，其中有五个人还是PDM的员工。

1980年2月6日，伊利诺伊州库克县刑事犯罪法庭对约翰·维恩·卡西的审判正式开始了。这一天，在法庭外聚集了很多人，他们之中不乏美国各大媒体和主流报社的记者，同时也聚集了很多抗议和围观的群众。

面对着由12人组成的陪审团，身为库克县检察官的鲍勃·艾根讲述了罗伯特·皮埃斯特的失踪和死亡。此外，还有FBI的探员们是怎样在卡西的庭院中发掘出28具尸体，以及卡西在施暴过程中对被害人实施的种种令人发指的酷刑。

尽管人们之前已经从电视和报纸上或多或少地了解到了一些关于卡西的案情，但是当他们听到鲍勃检察官的控诉的时候，还是不约而同地陷入了沉默。卡西的残忍让现场的很多人都感到震惊和愤怒，而很多人看着站在被告席上泰然自若的卡西的时候，不禁心生疑惑，如此和气的一个人，他真的像检察官描述的那样凶残，还是他其实是一个疯子？

九

疯子，似乎成为了让人们能够理解卡西这所有行为的一个很好的理由。卡西的律师罗伯特·莫塔也试图让众人相信卡西的精神是有问题的。这是他唯一想到的能够让卡西摆脱罪名的方式。因为，如果卡西被法官裁定为精神病患者，那么他就不必为自己犯下的滔天罪行负责。他最多只会被送到精神病医院进行精神病的治疗，而且精神病医院也会在病人的精神状态稳定之后让其重新回到社会中来。

但是，原告的律师已经洞察了卡西律师的策略，所以他们传唤了一系列的证人来证明卡西是正常的。第一个来到法庭上作证的是乔尼·布克维奇的父亲，这个男人详细地讲述了乔尼失踪的整个过程。之后，又有其他被害者的家人走上了证人席，他们回忆起亲人遇害的情景都忍不住潸然泪下。在这些被害人家属陈述结束之后，原告方的律师还请到了一些熟悉卡恩的人到场作证，其中很多都是卡恩PDM公司的员工，他们都表示，自己的老板是一个阴晴不定的人，情绪波动幅度很大，而且他还经常对一些年轻的男孩子动手动脚。

在证人席上，有一个名叫托尼·安东尼克的少年向众人讲述了自己的遭遇。那是在为民主党芝加哥总部修缮房屋的时候，当时现场只有卡西和自己两个人。开始时，卡西只是讲一些黄色的笑话，后来逐渐就发展成对托尼动手动脚。托尼见情况不对，于是立刻拉起一把椅子进行自卫。卡西见势不妙就悻悻地对托尼说，自己是开玩笑的，让托尼别当真。几个礼拜之后，卡西邀请托尼到自己的家中做客，托尼找不到合适的托辞，于是只得前去赴约。最开始的时候，卡西穿上自己设计的小丑形象的服装变了几个魔术，随后他就对托尼说，自己有一种神奇的开手铐的方法，紧接着他就诱骗托尼戴上了手铐。他见托尼将手铐拷好之后，就开始伸手去脱托尼的衣服。

其实，托尼一直都是对卡西存有戒心的，所以他在戴手铐的时候，就故意戴得很松。很快，挣脱出来一只手的托尼就和卡西扭打到了一起，而托尼在经过了奋力的反抗之后终于将卡西制服。最后，托尼将手铐铐在了卡西的手腕上，而这个时候，失去了主动性的卡西，要求托尼放了自己，并且许诺自己今后再也不会找他的麻烦了。在得到了再三的确认之后，托尼将卡西放了，而卡西也遵守了自己的诺言，在之后一年多的工作当中，再也没有骚扰过托尼。时至今日，托尼才意识到自己那一天是多么幸运。毕竟和死神擦肩而过的经历不是每个人都能有的。

在原告方传唤了60多名证人之后，为卡西辩护的一方也开始让他们的证人闪亮登场。但是让所有人都感到惊讶的是，他们传唤的第一个证人竟然是杰弗瑞·林格，那个被卡西强暴过后扔到林肯公园中的侥幸活了下来的男人。在法庭上，卡西的律师让杰弗瑞详细地叙述他被卡西强暴的经过，而当他讲到卡西是如何用尼龙绳将自己捆绑起来，如何一边勒着他的脖子一边疯狂地实施强暴，如何用烟头烫伤他的身体时，他仿佛再一次感觉到了那种撕裂般的疼痛，冰凉的地板和在他耳边挥之不去的狰狞的笑声。

这个29岁的男人，在回忆起这段经历的时候，在法庭上放声大哭起来。到最后，他竟然呕吐不止。但是他一直在口中喃喃自语，他说这一切简直是太疯狂了，卡西不属于人类，他是一个彻头彻尾的魔鬼。而杰弗瑞最后是被人抬出法庭的，因为他过于激动而导致了自己休克，不得不被送去医院接受治疗。

杰弗瑞的失声控诉最终竟然成了对卡西有利的证词，因为他这样的表述可以证明卡西当时的行为完全是非理性的，那种残暴的程度是常人所不能及的。在整个的控诉过程中，卡西都面无表情地看着他，就好像他们是从来都没有见过面的陌生人一样。

为了进一步证明卡西是有精神问题的，他的律师还找来了卡西的朋友和家人。卡西的母亲对法官说，卡西的一切罪行都应该归咎于他有一个不幸的童年。她说卡西从小就经常遭受父亲无缘无故的毒打，这一点也得到了卡西姐姐的证实。卡西的朋友则认为卡西是一个慷慨善良的人，而卡西的老邻居莉莉·葛莱萨也在证人席中。她对陪审团讲述了卡西是一个多么和善的邻居，他们在一起度过了很多快乐且难以忘怀的时光。但是，她却并不认为卡西有精神病，因为她始终坚持认为卡西是一个十分聪明的人。显然，莉莉的这个说法和被告方的观点是大相径庭的。

现在双方争执的焦点就是卡西究竟是不是精神病。为了验证卡西是否患有精神病，原被告双方都请来了很多著名的心理学家，其中就包括大名鼎鼎的心理学家托马斯·艾丽西奥。托马斯和卡西进行了面对面的交谈，他发现卡西其实是一个非常聪明的人，但是托马斯也怀疑他患有精神分裂症。

而且，被告方请来的证人们也肯定了这一说法，他们认为卡西具有多重人格和反社会行为，而这也就说明，卡西在犯罪的时候并没有办法清楚地认识到自己所犯下的罪行将会有多么严重的后果。他在实施犯罪活动的时候，其实是他人格分裂的行为。换言之，当时的卡西是失去了理性的，是疯狂的。

原被告双方的争论相当地激烈，他们都希望法官能够采纳自己这一方的观点。于是，原来的那些证人又都被叫回来，原告方认为，单单从卡西精心策划如何让那些男孩子相信他的谎言、如何将他们诱骗到自己的家中、诱骗他们戴上手铐，直到自己对他们实施强奸并勒死他们，然后再将尸体掩埋，都说明卡西是一个再正常不过的人，所以他绝对不会是精神失常的病人。

但是，卡西的辩护律师则坚持认为卡西在实施犯罪的时候神智是不清醒的。他提出，当卡西在1978年12月22日向FBI承认自己杀了很多男孩的时候，他就曾经告诉过FBI，在他身上有四个卡西：一个是精明且眼光独到的商人，一个是雄心勃勃的政客，一个是热心公益的义工，而还有一个就是谋杀犯。而且，这四个卡西都分别有自己的名字，那个谋杀犯卡西的名字叫杰克·海利，所以，这一切的责任应该由杰克来承担，而不是约翰·维恩·卡西。此外，很多心理医生也承认卡西确实患有精神分裂。他们说，当FBI的探员们在向卡西询问他的犯罪经过时，卡西通常都是拒绝回答的，他会对探员们说："这个问题，我想你们应该去问杰克·海利，而不是来问我。"

但是，原告方在听到被告律师的辩护之后认为，这些都是卡西找的逃脱责任的借口而已，他企图制造出自己确实是精神分裂症患者的假象，以此来逃脱法律的制裁。

这场审判在持续了五个星期之后，终于有了最终的答案——陪审团最终还是认定卡西的谋杀罪名成立，因而他被判死刑，而处决他的方式是注射毒针。

✝

这场审判一共请到了一百多名证人到现场作证，经过一番激烈的辩论之后，陪审团还是倾向于原告方的观点。后来，在经过两个小时的休庭讨论之后，陪审团最终有了自己的结论。这一天是1980年的3月13日。

在审判结束之后，卡西就被转到了米纳德监狱。他在那里服刑14年，在此期间他虽然几次上诉，但是最终都被驳回了。直到

1994年5月，卡西被转移到了朱利亚特监狱（这座监狱位于芝加哥的郊区）。

卡西通过绘画来消磨在监狱里面漫长的时光，而有些时候他也会花大量的时间给寄信人回信。

卡西在被处决之前，著名的心理学家查尔斯·尼莫曾经对他进行过四次访问。每一次，他们都是聚在一起，聊聊各自的生活，讨论一下哲学问题，而每次在尼莫离开的时候卡西还会送给他一些自己亲手制作的小礼物。比如：雪茄烟、自己的画作。在经过这么多次的接触之后，让尼莫感到最困惑的是，卡西看起来和普通人没有什么不同，他普通得就像我们在街上随处可见的路人甲。他结过两次婚，有两个孩子。尽管他的个子不高还十分胖，但是他总是乐观向上的。

但是，如此善良的人却是一个不可救药的说谎者。在尼莫最开始和他接触的时候，卡西一口否认自己是有罪的。他总是会将自己扮演成一名受害者，他会对着尼莫喋喋不休地讲很多东西，但是这些话到最后往往都很难自圆其说。他说，他的行为让很多的同性恋反对者感到十分震惊，这一点让他感到很开心；他还说，曾经有人捐赠给他五十万美金让他继续为自己进行申诉。而尼莫则说，他真的是一个说谎的天才，任何谎话在他那里，都能够张口就来。但是，每一次到最后，他脸上的汗水和因为尴尬而变成绯红色的脸，总是毫不留情地告诉尼莫他在撒谎。

卡西从自己被逮捕到执行死刑的前一刻，都没有承认过自己有罪。他一再坚持说自己唯一的罪名就是开了一家没有申请执照的殡仪馆，或者说自己在私人领域建立了一个墓地；他甚至还说过，那些在河里发现的尸体，是别人杀死之后抛尸在那里的。很多的研究者认为，约翰·维恩·卡西患有十分严重的人格分裂症，也有些人指出卡西其实一直被一种严重的自恋情结困扰着。其实，正是这种情结使他对待别人极端冷漠。在他的眼里，只有自己是了不起的大人物，是高人一等的，而其他的人都因为在各方面的能力上不如他而变得无足轻重，甚至他们的生命，在约翰的眼里也是毫无意义的。

1994年5月9日，卡西在吃完一顿肯德基快餐之后躺在了行刑台上，而随着针剂的推入，卡西由最开始的抽搐逐渐变得平稳下来。后来，根据给卡西执行死刑的行刑官描述，卡西直至死亡的那一刻都很健谈。

就在他被执行处决之前，他还接受了一名记者的电话采访。

在采访中他对记者这样说："关于我的故事，我想已经不需要说太多了，因为到目前为止已经有11本精装书、31本平装书、两部电视剧、一部电影，还有一个百老汇的剧目、5首歌、超过五千篇文章，这些就足够了，我还能再说些什么呢？当然，我这样说，并不是为自己骄傲。"

在卡西进入行刑室的时候，神父问他是不是要忏悔，而卡西则哈哈大笑，随即说："去你妈的吧！我没有什么好忏悔的！"而这就是卡西留在这个世界上的最后一句话。

第十桩

穷途末路的"罗密欧"
与"朱丽叶"

在20世纪20年代末30年代初的时候，有一个震惊美国的盗窃团伙——"巴罗帮"横空出世。巴罗帮里的主要成员是邦妮和克莱德。他们两个人因为一次偶然的相遇，彼此一见钟情。克莱德在一次盗窃中被捕，后来得到假释，但是他却在一次盗窃的时候失手杀死了老约翰，从此就踏上了流亡的道路。当邦妮得知真相后，义无反顾地跟随克莱德一起四处流亡。他们是巴罗帮中的核心人物，更是行走在穷途末路上的"罗密欧"与"朱丽叶"。

一

1910年10月1日，邦妮·帕克出生于德克萨斯州。她的父亲是一名砖瓦匠，家里有3个孩子，邦妮排行第二。在她4岁的时候，父亲去世了。迫于生计，她的母亲带着3个孩子与自己的父母同住。少女时代的邦妮乖巧美丽，凡是见过她的人都说她长得漂亮。

在学校里，邦妮是个好学生，她的学习成绩一直都很好；在她14岁的时候，还曾经获得过拼写比赛的冠军；她的写作尤其好，很有文学天分；她喜欢红色，只要有机会，她一定会穿一身红色的衣服；她还喜欢收集各种各样的帽子。

而尽管邦妮的家庭环境不是很好，但是她却喜欢文字，喜欢书籍，这给她打开了另一扇生活的门。书中温暖缠绵的爱情故事给了邦妮一种感动，像所有不谙世事的女孩子一样，这些书中的浪漫爱情故事，都让邦妮对爱情充满了幻想与期待。

邦妮这些对爱情的幻想即便是在她的逃亡生涯中，也没有放弃，而且她总是随身带着一架相机——她和克莱德以及"巴罗帮"的其他成员都喜欢手里拿着手枪或者是其他武器，摆出各种姿势拍照，他们似乎对自己闯出来的名气十分满意。相对于集体拍照而言，邦妮与克莱德更喜欢两个人单独拍照，他们会摆出甜蜜拥抱或者接吻的动作，让其他成员帮他们拍。在他们死后，警察还在他们的车里找出了一卷没有冲洗的胶卷，里面全都是邦妮与布莱德的合影，照片中他们的眼神里充满了对彼此的爱意。

在邦妮15岁的时候，爱神第一次光顾了她。她认识了罗依·萨顿这个男孩子，两个人关系很好，罗依很体贴，每天都会等邦妮放学，然后送她回家。虽然罗依是一个不务正业，经常惹是生非的男孩子，但是邦妮就是喜欢他，而且为了表示自己对罗依的爱，她在自己的大腿上纹了两颗缠在一起的心，一颗心里面是她的名字，另一颗心里面是罗依的名字。

虽然在他们认识的第二年，才16岁的邦妮就嫁给了罗依，但是他们婚后的生活并不美好；虽然邦妮身上的文身依旧色彩鲜明，但是他们的生活却极为惨淡无光——罗依在一次街头斗殴中失手杀死了一个人，被警察抓住关了起来，而邦妮为了生活只好在达拉斯的一家咖啡店找了一份工作。

这家咖啡店里都是些贫困的工人，他们大都是靠体力劳动赚取生活费，举止粗野，而邦妮在这些人中很显眼——18岁的邦妮正值青春花季，生活的困苦也没有遮住她的魅力，因而这些工人常常拿漂亮的邦妮开玩笑。

当时，当地一个叫做泰德·欣顿的警察每天都来这个咖啡馆里吃早餐，而邦妮对这个斯文的警察总是报以微笑。在那些一起度过的早餐时光中，他们谁都没有想到，五年之后，邦妮丧命之时，欣顿就是伏击她的警察之一。在后来欣顿与拉里警官合写的书中，欣顿是这样描写邦妮的："邦妮是一个漂亮的女孩，她的皮肤很白，一头红色的头发在阳光下发光，无论多么朴素的衣服，都掩盖不住她的美丽，而当邦妮走在街上的时候，人们都会不自觉地看她。"从这段话中就可以看出，当时年轻的警官对邦妮是充满了好感的。

1929年，大萧条开始，在街上随处可见骨瘦如柴的人在寻找工作，那些施舍食物的救济所门前都排起了很长的队伍。在农村，有将近一半的农民因为还不起抵押贷款而失去了自己的家园，而让人更加恐慌的是，一场干旱侵袭了这里，从而致使这个国度被饥荒困扰着。

克莱德·商博恩·巴罗出生于1909年3月21日。他的家里一共有8个孩子，他排行第五，父亲是个农夫，主要靠在棉花田里摘棉花为生。因为孩子太多，导致他家里又穷又脏，因此也没有什么条件让孩子们都上学，而克莱德断断续续地上了不到5年的学，在12岁那年，他们全家就离开了乡村，搬到了达拉斯居住。

刚搬到达拉斯的时候，克莱德还很小，是个孩子。那一段时间，他们家很穷，基本上就没有钱，一家人只能与其他穷人一起居住在立交桥的下面。当时立交桥的下面住了将近50人，一旦碰到下雨天，人们只能眼睁睁地看着脚下的灰尘在雨水的冲刷下变成泥，这样一来他们晚上将无处栖身。就这样过了半个月，克莱德的父亲亨利·巴罗才在加油站找到了一份收入还好的工作。当时的公司给他们安排了一间屋子，虽然一家10个人挤在一个屋子里很不舒服，但是他们总算是有了一个家，并且几个孩子也可以上学了。

克莱德的父亲是个很勤奋的人，后来自己开了一家加油站，但是因为所有的资金都投进了加油站，他们一家只能全部挤在加油站后面的一个小屋子里。当时克莱德还小，家人把他送到了塞得港的一所中学上学，但是克莱德却并不喜欢上学，他经常逃课、偷东西，而且他还因为偷盗被警察抓捕过几次。

后来，克莱德从家里搬了出来，虽然年龄还小，脸上稚气未脱，但是他已经有了自己的想法。克莱德喜欢吹萨克斯，并且经常模仿影星威廉·S·哈特。他留着当时最流行的发型，一双眼睛炯炯有神。在他被人们熟知之后，很多人都认为他长得很帅气。他虽然有做明星的梦想，但是无奈生活很现实，这注定只能是个梦想。出身的贫贱，让克莱德感受到了生活的艰苦，同时还让克莱德对社会充满了莫名的怨恨。虽然他把这种感觉深藏在了心底，但是这就像是一个休眠的火山，正积累着力量，蓄势待发。

二

1929年的大萧条，让达拉斯陷入了前所未有的困境，曾经繁荣的商业区逐渐变得没落，很多商店都因为业绩不好而关门，在马路上经常能看到因为没有钱交房租而被房东赶出来的人。他们无助地蜷缩在被人们扔出来的被子或者是家具中，茫然地看着街上的一切。公路上，那些想要回家的农夫，都仔细地巡视着周围开往回家方向的汽车，希望它能免费载自己一程。在克莱德眼中，这一切完全都是那些每天都衣食无忧，很悠闲，没事就去打高尔夫球的富人造成的，是这个国家的制度造成的。因此，他开始憎恨政府，而且他有一种强烈的复仇欲望。

1929年10月16日，克莱德与他的两个同伴威廉·特纳以及弗兰克·哈代在德克萨斯州盗窃财物，但是他们很不幸地被FBI的探员逮捕了。由于克莱德与FBI的探员接触过很多次了，所以他有一套应对FBI探员的方法。当时负责审问克莱德的警官是荷利斯·巴龙，克莱德在他面前表现得很可怜，他说自己不认识威廉和弗兰克，之所以会与他们在一起，完全是想搭个便车。最终这个警官竟被他说动了，而克莱德就这样被放出来了。只是人们想不到的是，这是克莱德最后一段自由的时间。

这个世界上，不管是在哪个年代，都有让人心碎的爱情。爱情让人生死相许，但在他和她相遇之初，是平凡并且偶然的。

当时被放出来的克莱德又回到了自己的街道上。他与自己的

第十桩 穷途末路的『罗密欧』与『朱丽叶』

哥哥每天都是昼伏夜出，在街道上观察地形和店铺的情况。那个时候本来经济危机就让繁荣的达拉斯陷入了困境，再加上克莱德以及他的同伴们对商铺的骚扰，这些小店更是雪上加霜，都因维持不下去，相继关门了。

而不断发生的抢劫与盗窃案件，让警局开始对克莱德组建的"巴罗帮"进行深入调查，但是这些事情克莱德并不知情，依旧在街上无所顾忌地游荡。1930年，克莱德去达拉斯的西区看望自己的姐姐，她因为不小心滑倒，摔坏了胳膊。克莱德在与姐姐聊天的时候听到厨房传出声音，便问姐姐是怎么回事。他的姐姐说："我的一个朋友在厨房，她在帮我倒热水，她叫邦妮，去打个招呼吧。"随后，克莱德来到了厨房，他首先看到的就是一个苗条的背影，当邦妮转过身来的时候，两个人都有一种很奇妙的感觉：似乎他（她）就是自己的爱人了。就这样，19岁的邦妮和21岁的克莱德相识了。

他们整个晚上都在厨房聊天，完全忘记了这家的主人，那位生着病的姐姐已经被他们完全抛到了脑后。从那天开始，邦妮与克莱德每天都会见面。很快，两个人便陷入了热恋中。即使在以后的逃亡生活中，他们都没有减少对对方的那份爱意。

但是几个月之后，FBI的探员突然出现在克莱德的家里，他们找到了足够的证据，以抢劫、偷车的罪名逮捕了他。这一次，克莱德以前那些应对FBI探员的方法再也没有了效果——克莱德最终被判处两年徒刑。让人想不到的是，克莱德会与当时与自己一起犯案的威廉·特纳住在同一间牢房。两个兄弟在狱中重逢异常高兴，高兴之余两个人还不约而同地想到了越狱。当时邦妮不断地给克莱德写信，为了见克莱德还放弃了咖啡店的工作，搬到了与克莱德牢房在同一个城市的姐姐家。

邦妮每天都来与克莱德见面，而她这样的行为刺激了克莱德与她在一起的欲望，更是坚定了克莱德越狱的信心。而威廉多次入狱，这一次因为严重，会被关上很久，因此也萌生了越狱的念头。正好威廉家里有枪，他与克莱德合作，画出家里藏枪的地方，让邦妮去偷，然后带进来，之后他再与克莱德一起越狱。

邦妮按照克莱德所说的做了，把枪带来交给了他。拿到枪的那天晚上，克莱德与威廉·特纳一起从监狱里逃了出来，但是克莱德却不能去找邦妮，因为邦妮家周围都是FBI的探员。之后，克莱德与特纳只能靠抢劫和偷车为生。但是在一次偷车时，因为疏忽没有换掉车牌，所以他们很快被FBI的探员抓住了。有了这次教训，克莱德以后偷完车之后，都会在第一时间更换车牌。

克莱德在被捕之后就被关进了德克萨斯州立监狱，这一次，克莱德的刑期被延长至14年。这所州立监狱可以用"人间地狱"四个字来描述，犯人们每天都要顶着烈日去摘棉花，而在一旁监工的警卫们每天都以抽签决定揍哪个犯人为乐。在这里，任何一个细微的过失都会招致一顿毒打。在这里，克莱德有一种度日如年的感觉，而他唯一的寄托就是每周邦妮的来信。邦妮在信中倾诉着自己对克莱德的思念之情，并且希望他能够早一天获释。

后来，克莱德在母亲的奔走下终于在1932年2月获得假释，原因是他们家实在是太穷了，而且他的父母也都已经年迈，需要克莱德出来挣钱贴补家用。不过，克莱德之前并没有想到自己能够获得假释，而他为了避免自己在烈日下劳作，故意让自己的同伙将自己的两个脚趾给削掉了。于是，他只得挂着拐杖一步一步地离开监狱。

三

克莱德在假释出狱之后做的第一件事就是去找邦妮。两个深爱着彼此的年轻人，一见面就再也没有办法分开。邦妮将克莱德家中的贫困和他的不断被捕都归结到政府身上。他们出生在这样萧条的时期，他们低下的出身决定了他们的生活，而这也决定了他们一辈子都没有翻身的可能。但是，又有谁不想过富裕幸福的生活呢？生活越是贫困的人，对于财富的渴求就越大。所以，克莱德很快就又找到了他之前的同伙，而他们所有的同伙加起来就组成了"巴罗帮"犯罪团伙。

而对邦妮来说，和克莱德热烈的感情让她一分钟也不能离开他的身边。于是，当"巴罗帮"第一次在夜间行动的时候，为爱痴狂的邦妮义无反顾地坐到了他们中间。其实，这一举动对于邦妮来说，不只是冒险，更多的是为爱情。

那天夜里，邦妮开着车，克莱德就坐在她的身边。车上还有另外两个同伙，汉密尔顿和富尔茨。这一次他们选中的地点是一家五金店，当邦妮把车停在那家五金店门外的时候，克莱德没有让邦妮和他们一起行动，而是让邦妮待在车里放哨。之后，他和汉密尔顿以及富尔茨悄悄地溜进了店里。邦妮被克莱德从容不迫的样子折服，克莱德的这一形象在邦妮的心中留下了深刻的印象。邦妮后来说："那一刻，我的心为他的男子气概所折服。"

克莱德几人娴熟地撬开了收银台，汉密尔顿和富尔茨拿起钱就往他们准备的那个口袋里面装，一切都显得十分顺利。可是谁也没有料到，就在这个时候，五金店里的警报器响了。报警器是由一个住在店铺后面的雇员拉响的——当时他起夜，突然就听到前面的大厅里有声音，于是他悄悄地走向前厅，发现了正在偷钱的克莱德几个人后就拉响了警报器。

克莱德等人在听到报警器的声音之后，很快就冲出了大厅，而汉密尔顿在惊慌失措中差一点儿被店门口的凸起处绊倒。邦妮见几人慌张地跑出来，于是很快就发动了汽车。在克莱德几个人都跳上车之后，她就飞快地开着车向前跑去。克莱德坐在她身边一言不发，他一直盯着汽车的后视镜。邦妮一路开车狂奔，直到他们已经远离了市区，再也看不见一点灯光。这个时候，克莱德毫无感情地对邦妮说："停车。"随后，他拿出一包钱塞给邦妮，之后用命令的口吻对她说："下车!"

邦妮疑惑地下了车，随后，她就看到克莱德坐到了司机的位置，并摇下车窗对邦妮说："这件事情，我不想让你跟着我们一块儿卷进来。今晚你先找个地方借住一宿，明天一早你就搭车回达拉斯。"克莱德说完就疾驰而去，只留下邦妮一个人呆呆地站在原地，而且此时她还没有完全明白克莱德所说的话。

邦妮在原地站了10多分钟，才渐渐弄明白了这件事。随后，她无奈地回了家。很快，她就从当地的报纸上读到了五金店劫案的报道。但是，现在她却联系不上克莱德，她当下唯一能做的，就是祈祷克莱德能够平安归来，与她相聚。

克莱德、汉密尔顿和富尔茨在逃离之后，就分头藏匿起来。尽管他们打劫五金店的过程还算是顺利，但是其实收获并不大。因而，他们偷来的钱没有几天就全部花光了。而此时，他们几个人已经逃到了希尔斯伯勒，在这里，克莱德很快就找到了一家看上去生意十分红火的杂货店。

这家杂货店的店主人是一对上了年纪的夫妇，他们分别是约翰·布克和玛莎·布克。克莱德经过几天的蹲点之后，觉得这家店应该很好得手，于是他马上联络了汉密尔顿。但是，就在这时，克莱德得知富尔茨已经被FBI抓住了。他感觉FBI很快就能找到他们的藏身之所，而这意味着他们需要找一个更安全的地方躲起来，这一切都需要钱来完成。但是，他们现在最缺的也正是钱。

迫于形势，他们决定当晚就去打劫那家看起来生意还不错的杂货店。那一天，是1932年4月30日，而这一天也奠定了他们几个人之后的逃亡之路。这天夜里，正在睡梦中的约翰和玛莎被一阵悉索的声音惊醒了，他们睁开眼的时候，看到的是乌黑冰凉的枪口。看到这两位老人都醒了，克莱德缓缓地张口道："把你们保险箱里的钱全部交出来，不然你们就都得死！"

约翰在听到克莱德冰冷的话语之后，颤抖着说："好，没有问题。你们跟我来。"汉密尔顿押着约翰，克莱德跟着玛莎，他们一前一后来到了一楼放保险箱的地方。在汉密尔顿的枪口下，约翰只得顺从地打开保险箱。然而，由于约翰过度紧张，导致他在打开保险箱门的时候用力过猛，保险箱的门直接打向了汉密尔顿的肩部，以致汉密尔顿手中的枪一下子就走火了，约翰则应声倒地——子弹射进了他的胸口。

玛莎见状，不禁失声大叫起来。而这场意外也让克莱德和汉密尔顿慌了手脚——尽管他们总是四处打劫，但却从来没有伤过人。也就是说，这是他们第一次伤人。两个人看着鲜血不断地从约翰的身体里流出来，就手忙脚乱地从保险箱里抓了几把钱，仓皇地从布克家中逃了出来。这一次，他们并没有弄到想象中那么多的钱，而更糟糕是，他们很快从报纸上得知了约翰的死讯。

四

事到如今，他们不但没有弄到钱，反而让自己从一个劫匪变成了谋杀犯，而向FBI报案的布克夫人很快就从一群嫌疑人的照片中认出了克莱德和汉密尔顿。因而，两个人很快就成了被FBI调查局通缉的主要犯人。由于每天都有很多身着便衣的探员在克莱德家周围徘徊，所以他无法回家。无奈之下，克莱德只得偷偷溜回达拉斯。每天，他都只能在天黑的时候，开车到他父亲的加油站去加油，而通常他会在加油的时候将一个写着见面地点的汽水瓶扔在地上。他的父亲捡起瓶子后会记下见面地址，然后将瓶子销毁。他回家之后，就会将见面的地点告诉给克莱德的妈妈和姐姐，之后由她们在约好的时间和地点去和他见面。一般情况下，她们都会给他带去换洗的衣服和食物。

就在约翰死后不久，汉密尔顿就被FBI的探员抓到了。汉密尔顿被捕的经历说来着实有些让人感到哭笑不得——有一天，他和克莱德在一起喝酒，之后两个人就分道扬镳。汉密尔顿开车上路后，途中被警察拦住，汉密尔顿见到警察之后顿时心虚，于是他就趁着酒劲儿开枪打死了两个前来检查的警察。随后，他就以谋杀罪被逮捕了，并连夜被押回了达拉斯。法院经过审判，最后判定汉密尔顿至少要服刑263年。但是，警察却一直都没有找到克莱德。

克莱德在东躲西藏的这段日子里，最为牵挂的人就是邦妮。克莱德时常会想，自己究竟还能不能再见到邦妮。可是，即便是和她见了面又能怎么样呢？以他现在的处境，他又能给她什么呢？难道要让自己心爱的人跟着自己一起去逃亡吗？

转眼之间，夏天马上就要到了，克莱德已经东躲西藏了大半年的时间。这段时间里，他要么是流浪在无尽的灰尘漫天的路上，要么就是忍饥挨饿在树林草丛中躲藏。而最终等待他的或许就是一张无情的电椅。也正是因为这样的经历，才使得克莱德更加想念邦妮，因为他们也许永远也见不到彼此了。

一天夜里，邦妮在克莱德姐姐的带领下，见到了克莱德。两个人分开这段时间所发生的事情，克莱德的姐姐都一五一十地告诉了邦妮，而邦妮也想好了之后要走的路。于是，她在给自己的母亲留下了一张纸条之后，就跟着克莱德的姐姐走了。邦妮知道，自从自己见到克莱德的那一刻起，已经别无选择了，而自己身边空缺已久的位置就是为克莱德而留的，他们会相互扶持着走下去，直到他们生命的终点。

邦妮就这样随着克莱德上路了。他们昼伏夜出，在逃亡的过程中，他们尽量选择一些偏僻的小镇。当他们实在是累到不行的时候，就会在河岸边或是别人家的果园里小憩一会儿。逃亡的痛苦生活，让克莱德的脾气变得越来越坏，他知道如果自己被FBI探员捉到的话，那么等待他的就只有死路一条，而他每天都会想自己如果被捕了，会死得很惨。这样的想法，让他变得无所顾忌，也沮丧不已。

"既然自己已经是谋杀犯了，那么再多杀几个人也是无所谓的事情。"抱着这样的想法，克莱德开始在杀人这件事情上变得麻木起来。有一天，他和邦妮来到了一个名叫谢尔曼的小镇，克莱德选择了一家食品店进行抢劫，当食品店的老板哈沃德·希尔在面对着黑洞洞的枪口不服气地辩解的时候，焦躁难耐的克莱德心中的怒火突然就爆发了出来——他没有多想就扣动了扳机。

店里的雇员和街上的一些路人都看到了这惊恐的一幕，所有的人都被这突如其来的枪声吓蒙了，而当他们想起来要报警的时候，克莱德和邦妮早就镇静地从店里走出去了。当时克莱德手中的枪还冒着烟，随后，两人就驾车绝尘而去。虽然这是克莱德生平第一次故意杀人，但从此，他就好像是上了瘾一般，再也无法控制自己的行为了。

五

由于每次抢劫店铺得到的钱都没有想象中的那么多，而且冒的风险也大，克莱德在左思右想之后，把目光转向了银行。克

第十桩　穷途末路的『罗密欧』与『朱丽叶』

301

莱德和邦妮在经过一番商量之后，决定将抢劫银行的计划变成现实。于是，在1932年11月29日，邦妮来到了位于密苏里州迦太基城的奥斯维哥银行。在银行里，她神情自若地跟一名雇员说自己想要新开一个账户，请他为自己介绍一下开户的要求和注意事项。就在那个雇员向她介绍相关事项的时候，邦妮将这个银行的布局仔细地看了一遍。

第二天，克莱德就来到了这家银行。他轻车熟路地来到出纳窗口，随后悄无声息地掏出一把手枪，对准了出纳员，命令她把所有的钱都拿出来。不巧，这个时候有一个巡逻的警卫注意到了克莱德的举动，于是他立刻向克莱德开了一枪。但遗憾的是，这一枪并没有打中克莱德。克莱德听到枪声后就意识到自己的处境十分不妙，于是他立刻抓起柜台上仅有的一点钱，迅速地弯下腰，灵巧地躲避着那个枪法拙劣到家的警卫。不一会儿，克莱德就狼狈地从银行里逃了出来。这一次，克莱德冒了极大的风险，但收获还是不多，甚至还不如他们打劫商铺的时候收获多——这一次，他们冒着生命危险，总共才抢了80多美元。

虽然克莱德第一次抢劫银行的行动可以说是失败的，但是他第二次抢银行就得用可笑来形容了。1932年12月1日，克莱德一边大喊大叫着冲进了一家银行，一边手里晃动着枪，他警告所有的人都不要靠近，并且不断地挥舞着手中的枪，试图吓退任何一个敢于上前的警卫。然而，这一次摆在克莱德面前的竟然是一个空无一人的柜台，空空如也的柜台上面早已经铺上了一层厚厚的灰，就连墙上的挂钟也早就不知道在什么时候停止了摆动。克莱德愤怒地瞪着这家早就已经废弃的银行，感觉自己仿佛是被戏弄了一番。

转眼间，圣诞节就到了。此时，邦妮和克莱德也已经在外逃亡了大半年，在这个举家团圆的节日里，他们两个人悄悄地回到了达拉斯附近。这一次，他们与家人的圣诞聚会很有可能是最为简朴的一次，因为没有办法回家，也无法去任何一家餐馆，于是他们只能在荒郊野外的灌木丛中举办圣诞聚会。

同克莱德的家人一同前来的，还有一个克莱德从小就认识的朋友——威廉·丹尼尔，一个16岁的少年。丹尼尔对克莱德说，自己十分佩服克莱德的"巴罗帮"，并且他很希望自己能够加入。在一开始的时候，克莱德和邦妮都认为威廉年纪实在太小了，如果他们带着一个乳臭未干的小子上路的话，一路上难保他不会制造出什么麻烦。但威廉长得十分结实，如果在路上遇到要打架的活儿的话，他或许可以派上用场，而且威廉的车技相当不错，据威廉自己说他曾经偷过很多部车子。综合种种因素的考量，当邦妮和克莱德离开达拉斯的时候，他们又多了个帮手，他们接受了威廉。

但是，事实很快就向他们证明，他们当初的这个决定有多么愚蠢和致命——就在威廉加入"巴罗邦"的第二天，他们恰好驾车经过泰普尔镇，克莱德路过第13大街606号的时候，看到在住宅前停着一辆最新款的福特车，而克莱德十分喜欢那辆车，于是立刻让威廉下车去看看车钥匙是不是还在车上，如果在的话，就让威廉开车，跟着他和邦妮，等到了安全的地方之后，再把他们旧车里的东西挪到新车上。

这天，估计老天也想让克莱德得到这辆新车，车钥匙果真就在车上。但是，这个刚刚加入的家伙，不知道是因为太紧张了，还是因为他想要在邦妮和克莱德面前好好地表现一番，或者他之前对克莱德说他偷过好几部车的经历只是吹牛，总之，他在福特车里手忙脚乱地忙了半天，最终的结果是，他只弄得发动机一个劲儿地响个不停，但是车子却丝毫没有移动的迹象。

汽车引擎的轰鸣引起了周围邻居的注意，同时也将这部车的车主约翰·道尔叫了出来。当他听到汽车引擎轰鸣声的时候，就从自家的窗户向外望出去，他竟然发现有人正坐在他新买的宝贝汽车里，看样子是想要偷走它。于是，他立刻从楼上往外跑，这时，见势不妙的克莱德已经把威廉推到了一边。当他把这辆惹祸的汽车打着火的时候，车主约翰·道尔也已经赶到了车旁边。他一只手死死拉住克莱德，另一只手试图去拔车钥匙，而周围的邻居看到这个情景，也都从家里跑了出来，向约翰的方向聚集过来。

此时，见势不妙的邦妮大声地对克莱德喊道："不要再管那辆车了，快回来！"从未见过这种阵势的威廉，早就已经吓得哭了起来，他毕竟还是个孩子。就在人们不断叫嚷的时候，克莱德从口袋里掏出了手枪，他将枪口对准了约翰。但是，情急之下的约翰早就已经忘记了手枪的危险性有多么大，他竟然伸手去夺克莱德手中的枪。就在这个时候，不幸的事再次发生了。

约翰恰好抓住了扳机，随之，手枪响了，约翰应声重重地摔倒在地。邻居们都被眼前的一幕惊呆了，而克莱德就趁着众人还没有搞明白究竟是发生了什么事情的时候，加大马力，冲出了人群，随后驾驶着福特车逃也似的离开了这个小镇，而坐在他旁边的威廉，自始至终都在哭个不停。克莱德白了他一眼说："别哭了，要知道，如果不是因为你过于笨拙，行动迟缓，那个人也许只是丢了自己的汽车而不是性命！"

在抢得福特车之后，克莱德就带着邦妮回到了达拉斯。他们沿途不断打劫银行，以致他们打劫的手段也一次比一次高明。其实，他们之所以走上这条道路，是因为他们知道，家里的人需要他们的钱来维持生计。

六

但是一路上，FBI探员们的追踪和检查也越来越紧张。这样一来，邦妮和克莱德，他们不断地和警察周旋着，好像玩猫鼠游戏一般。但是，狡猾的邦妮和克莱德却一次也没有被FBI的探员们抓到过。其实，他们之所以能够如此长时间地逍遥法外的一个重要的原因，是有很多人自愿地庇护他们。

这些人当中，有因为经济萧条而破产的人，有些则是因为看到别人因为经济萧条受苦而感到不满的人，但不论是哪一种人，他们都一致认为这是胡佛政府的责任，所以胡佛政府也应该受到相应的惩罚。尽管这些人并不赞成克莱德的行为，但是至少他们不会揭发检举他们。

时光飞逝，很快就到了1933年3月。克莱德的哥哥，因为盗窃和抢劫被逮捕的"巴克"被假释回家了。兄弟二人相见，显得格外高兴。尽管有很多朋友都劝巴克不要再和克莱德厮混在一起了，但是巴克对于这些建议却充耳不闻——兄弟二人最终还是一起上路了。而此时邦妮和克莱德虽然已经抢到了不少钱，但是他们却已经开始厌倦这样的生活。于是，他们决定和巴克夫妇一起找个安静的地方去度个假。想想整洁的床铺、美味的食物，以及家人们一起开怀畅饮，还有什么会比这更令人向往的呢？

几个人斟酌了很久之后选择了吉普林，这个地区距离达拉斯比较远，他们相信FBI是不会找到这里来的。随后，他们在自由人公园附近找了一个看起来十分不错的房子。他们决定在这里住上一两个月，好好地放松一下再离开。

然而，邻居们看到他们在搬过来的时候带了很多的枪支和弹药，而且他们的行踪也显得十分诡异，除了偶尔有人开车出去采购一些生活必需品之外，从来都不会出门……他们种种怪异举动让人们开始对他们产生了怀疑，终于有一天，有一个居民向当地的警察作了报告。警察以为他们是一群私酒贩子，开始对他们进行监视。但是，很快他们就发现只有一辆福特车会偶尔出门，而其中一次出门的时候，刚好当地的一家银行被打劫了。据在场的人员描述，劫犯包括两个男人和一个女人，这一特征十分符合正在被通缉的"巴罗帮"。至于那辆福特车，吉普林的警察在经过调查之后发现，它正是约翰的。

于是，警察们把这件事情上报给了当地的FBI调查局，而随后FBI就采取了行动。1933年3月13日中午，邦妮正在厨房里准备着午餐；克莱德坐在起居室的沙发上悠闲地读着当日的报纸；威廉则靠在窗旁的长椅上，在阳光下打着盹儿；巴克和布兰奇则正在玩一种纸牌游戏。而就在这个时候，克莱德突然听到楼下有一阵奇怪的声音，他拉开一点窗帘向外望去，发现有很多武警已经把楼下的车库包围了。

"我们被包围了！"他大叫了一声，就马上拿起放在窗台上的枪开始向下射击；威廉也迅速跳到窗边和克莱德一起向下扫射；邦妮在听到叫喊声之后也丢下了手中的厨具，拿起手枪加入了枪战；巴克很快也知道发生了什么，于是他跳到窗边，向下面穿着蓝色制服的警察和穿灰西装的探员们一阵乱射。一时间，被炸碎的窗户和窗框四处飞散，而房间里面则是一片狼藉。

布兰奇是第一次经历这样的场面，她被吓得不知所措，在房间里大声地尖叫着。最后，她竟然跑到屋外的草坪上放声大叫起来。克莱德对巴克说："我们一会儿去接她！"之后，他让所有的人从房子内部的楼梯进到一层的车库。当他们都坐进福特车里之后，克莱德感到对方的炮火在减弱——他们已经发现楼上射击的罪犯都不见了，同时他们也猜出了"巴罗帮"的意图。于是，他们纷纷聚集到了车库门口，等待着他们的下一步行动。克莱德大叫了一声："我们来了！"就将油门一脚踩到底，以致福特车像箭一般冲出了车库的门，将这些警察和探员们远远地抛在了后面。

警察们知道不论怎样也追不上他们了，于是就折回了邦妮他们的住所。探员们在这里，找到了一个还未冲洗的胶卷。探员们把它带回局里，洗出来以后，他们发现照片当中有很多邦妮拿着枪摆的各种造型，同时也有一张在后来尤为出名的照片。那是邦妮抽雪茄烟的照片，照片中，她一只手拎着手枪，另一只手夹着雪茄烟。各地的报纸对这张照片进行了大肆渲染，这些报纸都将邦妮描绘成了一个喜欢抽雪茄的女土匪，但是这一描述却并没有让当事人感到开心。实际上，雪茄是她向威廉借的。而在他们租住的房子里还有很多他们之前剪下来的关于"巴罗帮"的新闻报道，更重要的是，探员们找到了布兰奇的钱包和巴克的假释证明，所以现在，这对夫妇也被FBI列入了"巴罗帮"的黑名单。

在逃离吉普林之后，克莱德认真地分析和检讨了他们的策略。最后他得出结论，下次再找到住所之后，他会首先计划好逃跑的路线。此外，他认为是他偷来的那辆福特车引起了探员们的注意，所以，在那之后他就开始更加频繁地偷车和换车牌。

1933年5月初，他们来到了德克萨斯的拉斯顿。来到这里之后，他们顺手偷走了停在路边的一辆新车。但是，他们在偷车的时候恰好被车主发现了，于是车主要求自己的邻居开车把他的车给追回来。但是，他们追了整整半天的时间，最终还是被克莱德等人给甩掉了，以致车主不得不打消了将自己的爱车追回来的想法。而克莱德等人对于他们能够如此轻松地偷到这样好的汽车而感到高兴。

但是，就在这一行人开心地驾车前行的时候，却没有注意到路边的警示牌。道路前方的桥坏了，由于他们谁都不知道，所以汽车仍然以很快的速度向前行驶着，等到汽车距离前方的深坑只有几十米距离的时候，克莱德才注意到危险。虽然这时他急忙踩住了刹车，但是为时已晚，巨大的惯性使他们连人带车一起掉进了前方的深坑里。

神奇的是，其他人都毫发无伤，只有邦妮被挤在了变形的车门和车架之间，动弹不得。随即，车子起了火，而等几个人七手八脚地将邦妮从车里拖出来时，她的大腿已经被火烧得可以看到骨头了。邦妮刚被人从车里拖出来，着火的汽车就发生了爆炸。瞬间，巨大的爆炸声就淹没了邦妮的惨叫。

汽车爆炸的声音引来了住在附近的农夫汤姆·普瑞查德——当时正在地里干活的汤姆，目睹了这场意外发生的全过程，而他看到有人受伤了就赶忙跑过来，之后他就帮着克莱德他们将邦妮抬到了自己的家中。

这时，他才注意到这些人的身上都带着枪，而且那个受伤的女人看起来很像是那个正在被通缉的女逃犯——邦妮·帕克。汤姆的妻子给邦妮拿来了碘酒，并对她的伤口进行了简单的处理。邦妮的伤势让克莱德暂时忘记了他们危险的处境，他一直和汤姆的妻子一起给邦妮擦洗伤口。当邦妮睡下之后，他才想起了其他人。但是他却不知道，此时汤姆已经悄悄地来到FBI调查局报了案。克莱德看到汤姆不在家，就猜测他一定是去报警了，于是他们一行人立刻决定离开这里。

事情的发展果然和克莱德预料的一样，当他们一行人开着汤姆的车来到公路上的时候，他们就发现，公路上到处都设了路障。无奈之下，他们只得掉头去阿肯萨斯州的边界地区。那里地处偏僻，警察和探员们应该暂时还不会找到那里。因为邦妮还有重伤在身，禁不起长时间的颠簸，她需要休息，更需要治疗。在这里，他们找到了一个被废弃的露营地，于是决定暂时在这里住下来，等邦妮的伤养好之后再作打算。在露营地住下之后，克莱德就让威廉和巴克尽快弄点儿钱来，而他则一直守候在邦妮的身边。

邦妮的状况很是不妙，她时而清醒，时而昏迷。眼见邦妮的伤情越发严重，无奈之下，克莱德只好冒险给圣史密斯医院打电话，找医生来为邦妮治疗。当艾伯利医生急忙赶到克莱德在电话中所说的地点的时候，克莱德谎称邦妮是他的妻子，她在做饭的时候，不小心被烧油的炉子烫伤了。艾伯利医生对邦妮的伤势进行过检查和处理之后，建议克莱德应该尽快将邦妮送到医院去进行系统的治疗，而如果实在不方便的话，他至少应该找一个全职的护士来照看邦妮，以防邦妮的伤势恶化。

于是，克莱德遵从艾伯利医生的建议，雇了一个护士来照顾邦妮，可是即使是这样，他还是日夜守在邦妮的身边，寸步不离。他会主动承担给邦妮换药的任务，且会时常给她挪动一下枕头，让她躺起来更舒服一些，还会每天坚持给邦妮洗澡。慢慢地，在克莱德等人的照顾下，邦妮的伤势开始逐渐好转。

七

虽然出去找钱的巴克和威廉打劫了一家杂货店，但是他们却什么都没有弄到。随后，他们又打算去打劫银行，但是却在打劫的过程中碰上了巡逻的警察，而经过了一番激烈的交火之后，他们打死了一个警察。但是，等到他们回到露营地的时候，却没敢告诉克莱德他们杀了一个警察。而这个时候他们身上的钱已经所剩无几了。

在克莱德又想方设法搞到一辆车之后，他们就决定离开露营地。巧合的是，这次他们偷的这辆车，竟然是一个医生的。车里有一个装满了各种消炎药的药箱。邦妮的伤口尽管没有痊愈，但是依靠着这些药物，她的伤口再也没有被感染。

表面上看起来，"巴罗帮"的情况在逐渐好转，但是事实却恰恰相反，整个团队的士气变得越来越低落——布兰奇开始变得格外敏感，稍有风吹草动她就会被吓得大叫起来；因为没有钱他们没办法买到食物，威廉每天都会抱怨自己没有吃饱，饿得发慌；巴克的脾气也开始变得越来越暴躁，不论对谁都是恶语相向；至于克莱德，他似乎感到了从未有过的疲惫。他看着坐在他身边，因为服了药物而昏昏欲睡的邦妮，心情变得格外沉重。

与此同时，"巴罗帮"在整个美国早就已经声名远播。而联邦调查局（当时叫调查局）则以"跨州界抢劫盗车团伙"的名义，开始对他们进行全美国范围内的通缉。

1933年7月18日，邦妮和克莱德的命运在这一天发生了重要的转折。当天夜里，布兰奇走进了普雷特城的红色王冠旅馆。她穿着短裤，露出了自己引以为傲的长腿，看起来十分漂亮。她对前台说，自己要开两个房间。但是，她却对前台的询问回答得遮遮掩掩，不知所云。由于她的这一行为，引起了在前台值夜班的戴尔伯特·克莱布崔的怀疑，所以当布兰奇把现金支付给戴尔伯特离开之后，戴尔伯特就悄悄地溜到窗边窥视布兰奇。从窗帘的缝隙当中，他看到布兰奇一行一共有5个人，两女三男，还有一个女的腿上似乎还有伤，因为他看到她的腿上缠着厚厚的绷带，被两个男人架着走进了其中一个房间。而且，戴尔伯特还注意到，那几个男人的身上都带着枪。

戴尔伯特在思忖良久之后，还是决定报警。于是，他给当时正在公路上巡逻的威廉·巴克斯特警官打了电话。当巴克斯特警官在听到有一个女人好像是受了很重的伤的时候，他马上就联想到了正在逃亡的"巴罗帮"（当时，警察和FBI的探员们都已经知道邦妮受了重伤）。由于巴克斯特警官感到这一情况事关重大，所以他立刻给当地的FBI打去了电话。

7月19日上午，由于邦妮的药几乎快要用完了，所以克莱德特意起了个大早，决定到城里去给邦妮买点儿药和食物。为了保证安全，他没有选择开车，因为他害怕警察认出是被盗的汽车。于是，他在路上搭了个顺风车。他在买完药之后，又特意去买了一些涂着糖霜的炸面圈（这是邦妮最喜欢的食物），同时他也给其他人买了点儿吃的。返程的时候，他搭上了一辆拖拉机，开车的是一位年迈的长者，他的妻子安静地坐在他的身边。一路上他们聊得十分开心，克莱德在下车的时候，执意给了他们一些钱。这个时候天色刚刚开始暗下来，克莱德站在马路边，出神地望着旅馆的窗户透出来的光线，突然特别渴望自己能够过上平静安稳的生活，这一刻，他无论如何也想不到，就在这样一个平静的夜晚，地狱的大门正在悄悄地朝他们打开。

八

在克莱德回到旅馆房间后不久，满载着警察和FBI探员的几辆装甲车就在这宁静夜幕的遮掩下，悄悄地开到了他们居住的旅馆，并且在邦妮他们居住的两个房间外面停了下来，车上的每个人在下车的时候都十分小心，生怕一丝的声响打草惊蛇，而且每个人手中都握着一杆枪。很快，他们就将这两间房子团团地围了起来。

当所有的一切都在悄无声息中就位以后，车灯在一瞬间同时亮了起来，将面前的两间屋子照得雪亮，如同白昼一般。一名探员走到巴克夫妇住的房间门口，他用力地拍打着房门，同时大声地吆喝道："开门，快点开门！"

其实，屋子里的人早已经被这突如其来的"白昼"唤醒了。布兰奇吓得发抖的声音随即就从房间里传出来了："请稍等一下，我先穿好衣服。"在得到了回复之后，那个探员马上就退到了一旁——接下来将要发生什么，他已经猜到了。

子弹最先从克莱德的房间里射出。其实，对克莱德等人而言，此刻想要活命唯一的办法也只有硬拼了。由于窗外的光线太过耀眼，所以克莱德只能先发制人，向发光的地方连续不断地射击。威廉也靠在窗户的另一边，几乎和克莱德同时开火。随后，巴克的房间里也传出了枪声。就在房间里面的人开始发动袭击的时候，所有布置在外面的警察和探员则开始一起向房间内射击，以致子弹、玻璃的碎片和被打碎的窗框，都像龙卷风一样朝房间里袭来。很快，房间里面就变得一片狼藉了。

巴克并不能看到外面的状况，但是，他感觉自己的负隅顽抗似乎并没有达到预期的效果，于是，性急的他向窗户的位置挪了挪，而就在这个时候，有两颗子弹瞬间击中了他的颅骨。中弹的巴克一下子向后倒去，眼疾手快的布兰奇急忙扶住了他。随之，鲜血就染红了布兰奇的衣裳。

克莱德他们的汽车停在克莱德和巴克的房间之间的车库中。克莱德和威廉把邦妮从房内抬到车上，让她半躺在汽车的后座上，而也就是在这个时候，巴克和布兰奇也迅速地跳进了车里。幸运的是，火力只集中于他们居住的房间，并没有对他们停车的车库进行攻击。因而他们的车子还是完好无损的。就在他们打算冲出去的时候，威廉看到了拦在车库前面的装甲车。威廉知道尽管这种车十分坚固，但是它的门却一点都不结实，于是他们集中火力向车门攻击。果然，不一会儿装甲车的车门就被打得像马蜂窝一样，而装甲车司机海菲尔的腹部和腿部也受了不同程度的伤，以致他不得不把装甲车开离车库，识相地退到了交火双方的后面，以确保自己的安全。

就在这个时候，克莱德瞅准时机，驾驶着汽车飞一般地从车库里冲了出来。由于警察和探员，不论是谁都没有料到会有这样的事情发生，所以他们一下都愣住了。就在这千钧一发之刻，克莱德的车子已经冲到了院子里，而等到警察等人反应过来的时候，克莱德的车已经朝着旅馆外面开去。紧接着，警察与探员就在克莱德他们的车后向他们开枪，克莱德他们的车子的后车窗玻璃被子弹击碎了，一块碎玻璃突然飞过来，一下子就扎进了正弯着腰照看躺在自己怀里的巴克的布兰奇的右眼中，鲜血"哗"地流了出来，而布兰奇惊声尖叫起来："哦，天呐，我的眼睛！我的眼睛看不见了！我要瞎了！"伴随着激烈的枪声和布兰奇的叫喊声，克莱德终于开车冲出了FBI的包围。

在狂奔了几个小时以后，他们距离普雷特城已经越来越远了。在路上的时候，克莱德让威廉去偷来了停在农舍前的一辆车。随后，两辆车一前一后，开进了戴科斯菲尔德公园，这里是个自然保护区，他们至少能在这里避一会儿，吃点东西，喝点儿水了。

天色开始渐渐变得亮了起来，借着从树林间透进的光线，克莱德才发现他同伴们的伤势有多么惨重——巴克的头上全都是血，他时不时地在口中喃喃自语，但是谁也听不懂他到底在说些什么（他躺在布兰奇的怀里）；而布兰奇的状况也十分糟糕，因为她的眼睛受伤的原因，她不得不戴上了巴克的太阳镜，因为任何一点的光线都会让她的眼睛刺痛不已；至于威廉，他因为失血过多脸色显得十分苍白，邦妮用一块布条给他做了个止血带，进行了简单的包扎；尽管邦妮自己的伤还没有痊愈，但和其他人相比，她的状况已经算是好的了。此时，"巴罗帮"的每一个成员都陷入了深深的恐惧之中，因为他们清楚地知道，那张抓捕他们的大网已经张开，而他们被捉住，只是时间问题。

在他们逃跑的同时，FBI也开始了紧张的追捕工作。他们推断，"巴罗帮"在这次的突袭中遭到了重创，应该不会逃得太远。于是，他们当机立断从镇上招募了上百个志愿者，和当地警察一起，开始对邦妮和克莱德逃跑的方向进行地毯式的搜索。随着搜索工作的展开，他们距离"巴罗帮"藏匿的地点也越来越近。就在这个时候，一个在餐馆工作的服务生向当地的FBI反映，最近几天，几乎每一天他都会出去送餐，但是他送餐的地址却有些怪异——它在戴科斯菲尔德公园的一个树林里，而且每次都是五份，不多不少，这让FBI马上就想到了"巴罗帮"。

在疯狂逃离的第三天午后，邦妮看到林子外有人影在晃动。随即，她大声叫道："哦，天呐，克莱德，他们又来了！"听罢这句话，这一伙伤势惨重的人们艰难地起身钻进威廉刚刚偷来的车里。克莱德随后发动了引擎，但是，令他没有想到的是，FBI在每条路上都设下了埋伏。克莱德在试图从一条警戒线突围出去的时候，胳膊上中了一枪，以致他驾驶的车子马上就失去了控制，狠狠地撞向了不远处的一棵大树。之后，这辆车子就再也动弹不得了。车内的人们艰难地从车里爬出来，而由于这个时候"巴罗帮"的成员慌张了，所以在混乱中，他们走散了。

很快，巴克和布兰奇就被FBI抓到了。由于伤势过于严重，巴克在被捕三天后死在了医院里。至于威廉，他实在是受够了这种整日提心吊胆、颠沛流离的生活，所以当他看到一个端着步枪的探员的时候，就立刻举起了双手一声不吭地跟着他走了。

威廉很快就被FBI带回了达拉斯。这个时候，威廉已经彻底厌倦了"巴罗帮"那种看似惊险刺激，但实际上颠沛流离的生活。这一次，负责审讯威廉的是泰德·欣顿警官。就是那个曾经几年前，几乎每天都会到邦妮工作的咖啡店吃早餐的泰德·欣顿。他的上级查德·史密特令欣顿要尽一切努力抓住邦妮和克莱德。由于欣顿认为威廉是一个十分重要的突破口，所以他希望能够从威廉的口中得到自己想要的信息，以便于预测克莱德和邦妮的下一步行动。

九

至于威廉，他再也不想跟"巴罗帮"之间有丝毫的关系了。因而，在审讯的时候，他再三声称自己是无辜的，自己是被迫加入"巴罗帮"的，而且他也十分配合地回答了所有问题。但是，欣顿却并不相信他是被逼加入"巴罗帮"的。在具体到去哪里找邦妮和克莱德的时候，威廉向欣顿他们提供了一条十分重要的线索，那就是邦妮和克莱德一直都在和家人联系，而且在某些特殊节日的时候，他们还会想办法聚一下。

威廉的这一线索让欣顿突然想起之前一件十分可疑的事情，即曾有一个住在达拉斯郊外的农夫向他报告说，在他的农场附近废弃的小路上，经常会有一群人在那里野餐。他们显得十分亲热，并且不断地拥抱；他们之中有一个漂亮又年轻的女人似乎总是在忙着给其他人做三明治，倒饮料，她看起来像是个女招待一样。而有一次，他还看到一辆看起来十分气派的汽车停在附近，并且有几杆步枪倚在车旁边。

于是，欣顿立刻去找那个农夫，他给农夫看了邦妮的照片后，农夫说："照片中的这个女人确实很像那个看似是女招待的女人。"在得到这一肯定的答复之后，欣顿立即开始调查克莱德和邦妮家人的档案，因为他想要知道，就在近期他们的家人有没有什么重要的日子是值得庆祝的。很快，欣顿就发现，11月21日是邦妮母亲的生日，而当时刚好是11月18日，因此欣顿认为，距离两家人聚会的日子应该不远了。

11月21日一大早，欣顿就安排手下的人在克莱德和邦妮家周围进行监视。但是，整个白天这两家一点儿反常的表现都没有。"难道自己的怀疑错了？"欣顿不禁自问。但是，就在傍晚时分，欣顿的疑惑终于解开了。傍晚时分，欣顿接到报告说，克莱德一家人好似要准备外出，而且看起来像是要去野餐。于是，欣顿马上就带着几个较有经验的探员潜伏在了他们将要见面地点的一片草丛中。

不多久，欣顿他们就看见一辆灰色的轿车停在了那里。邦妮和克莱德随后下了车，他们在空地上点燃了篝火，并且不时地向路口张望，就好像在等待什么人的到来一样。

欣顿和几个探员在草丛里等了半天也不见有人来，他害怕再等下去，当别人到来之后，如果双方在那种情况下交火的话，一定会伤及无辜。于是，他从草丛中站了起来，向邦妮和克莱德大声喊道："巴罗，你们逃不掉了，还是赶紧投降吧！"

邦妮和克莱德被这突如其来的喊话声吓到了，他们随即就快速地向停车的地方跑去，而在经过短暂的交火之后，他们还是让"巴罗帮"最为主要的两名成员跑掉了。尽管没有捉到邦妮和克莱德，但是欣顿却在这次行动中总结出了一些东西，那就是对付克莱德与邦妮不能有丝毫的犹豫，因为这样有可能会导致行动失败。

在之后很长的一段时间里，克莱德和邦妮就好像从人间蒸发了一般，消失得无影无踪。正当FBI的调查陷入僵局的时候，一起越狱事件进入了FBI的视线中，而这起越狱事件正是由克莱德和邦妮协助完成的。在依士曼劳改农场他们在打死了一个名叫梅杰·克劳森的警卫之后，成功地救出了自己的老同伙汉密尔顿，和汉密尔顿一起越狱的还有他在监狱中结识的新朋友亨利·麦斯文。在这两个人的帮助之下，从1934年的1月到3月这短短两个月的时间里，他们成功地完成了一系列的银行抢劫案。

这次越狱事件惊动了德克萨斯州监狱长官李·西蒙斯。他在听到这个消息的时候异常震怒，一边怒斥警察无能，一边授意德州监狱花重金雇佣一个赏金杀手。在经过精心地挑选之后，他们最终选定了弗兰克·海默。海默是一个退休的警察，他的职业生涯中，至少亲手开枪打死过80多名逃犯。

当泰德·欣顿得知西蒙斯花重金雇佣杀手去终结"巴罗帮"时，他坚持自己和鲍伯·阿尔贡也应该加入进来，因为他俩都对邦妮和克莱德以及他们的亲属很熟悉，一眼就能认出他们。

这个时候，尽管"巴罗帮"的抢劫还在继续，但是他们的内部却出现了矛盾。每一次在成功地抢劫过后，汉密尔顿都认为克莱德给他的钱太少，所以后来，两个人在一次抢劫之后就分道扬镳了。

那一天是1934年的复活节，他们在一次完美的抢劫之后打算离开，但是就在这时汉密尔顿却嚷了起来，他责怪克莱德给自己的钱实在是太少了，说着两个人差点在银行门口打起来。最后，克莱德建议他们等到上车之后再讨论这个问题。随后，他们就驾车离开，当车子进入114号州际公路以后，克莱德再也忍受不了汉密尔顿的脏话，他索性将车停在路边，让亨利在外面把风，自己在车里和汉密尔顿分赃。

就在这时，有两个公路巡警看到了停在路边的车，他们以为这辆车抛锚了，就好心前来帮忙。但是谁也没想到，亨利看到警察走过来，开始变得紧张起来，他下意识地拿起手枪，在一瞬间扣动了扳机，以致其中一名警察应声倒地。随后，克莱德见势不妙，迅速掏出枪将另一名公路巡警也给打死了。

在他们逃离的时候，另外一名警员赶了上来，但是孤身一人的他根本就不是"巴罗帮"的对手，所以很快他就负了伤。邦妮看到那名警察受伤，就决定让他上车，然后在距离城市很近的地方把他抛了下来。值得一提的是，一路上邦妮和这个警察的交谈十分有趣——她向警察自我介绍道："我是邦妮，克莱德的妻子，同时也是'巴罗帮'的一员。其实，我并不像报纸上报道的那样喜欢吸雪茄烟，这个请你一定要记住，我真的不喜欢雪茄烟。当你见到记者的时候请你一定要记得帮我澄清这件事情。"

这次意外之后，汉密尔顿和亨利就果断地与邦妮和克莱德分手了。但是，不幸的是，汉密尔顿在离开"巴罗帮"之后，没有多久就被FBI逮捕了。1935年，法院开始对汉密尔顿进行审判，并且很快就判定他犯有谋杀罪，执行死刑，而对其行刑的方法是电椅。

"巴罗帮"射杀了两名无辜警察的消息在美国的警察界引起了极大的震动，报纸和电视新闻都将邦妮和克莱德描述成了冷酷无情的杀手，警察们都表示无论付出什么样的代价，都一定要将他们抓出来。至此，邦妮和克莱德与警察之间已经不再是简单的猫鼠游戏，其中还夹杂了敌视和仇恨。因而，他们两个人的照片、指纹和所有的资料都被分发到了每个警察的手中。

随后，一个名叫马锐·高尔特的警察，代表公路巡警加入到了海默的调查小组中。

经验丰富的海默很快就发现，克莱德的移动轨迹是有迹可循的，他们总是沿着一个特定的圈子绕来绕去，从德克萨斯到俄克拉荷马，经密苏里、阿肯萨斯到路易斯安娜，再返回德克萨斯。而现在，他们正朝着俄克拉荷马进发。于是，海默决定紧紧跟在他们身后，寻找对他们下手的机会。

正如海默所料，1934年4月4日，邦妮和克莱德出现在了俄克拉荷马州杜兰特城里一条人声鼎沸的大街上，他们刚好被欣顿警官看到，但由于当时街上的行人太多了，为了避免伤及无辜，FBI没有动手。

而由于在临近密苏里州的德克萨尔康纳发生了一起抢劫案，所以FBI的视线又重新被引到了密苏里州。在这次案件中，克莱德的车陷在了一条小路中的泥土里，而且他无法把车子弄出来，以致不得不找人帮忙，而他想拦下过路的车辆请人帮忙，或者是直接抢了他们的车子。但在他拦车的时候，车主正好看到了克莱德腰间的手枪，因此打消了停车的念头，飞快地离开了，并且马上报了警。

✛

克莱德看到车主先是减速，然后又加速离开，马上明白自己犯错误了。由于想尽快地离开这里，因此克莱德与邦妮拼尽全力把车子拉了出来。但是，这时已经有两个FBI赶到了这里。双方马上就开打了，子弹无眼，其中一个FBI因为躲闪不及时，被克莱德打死了。少了一个FBI的阻拦，克莱德把车直接开进了堪萨斯州。但这里却不是他们平时活动的范围，正是因为这样，他们反而得救了，因为这样FBI就不知道他们到底去了哪里。

在堪萨斯州的几天，克莱德和邦妮偷了一辆当年的最新款福特汽车，由于高级又时尚，所以他们两个都很喜欢这辆车。5月6日，邦妮与克莱德回到了达拉斯。他们捎信给自己的家人，在荒郊野外的一条小路上，与家人们相聚了。但是，这一次相聚没有快乐与兴奋，空气中弥漫着离别的伤痛，每个人都感受到了这种沉重。由于最近FBI对他们家人的盘问越来越频繁，所以他们全都感觉到了事情的严重性。

邦妮抱着自己的母亲，虽然笑着，但她对母亲说的却是怎样处理她的后事。她对母亲说："妈妈，别伤心，总会有这么一天的，不要怪克莱德，我爱他，我想要跟他在一起。虽然跟他在一起过得不是很好，但是离开他我会更痛苦，没有他我会活不下去的。如果那一天来了，妈妈，你一定要把我和克莱德葬在一起。"

因为局势紧张，他们的聚会没有持续太长时间就散了。进入达拉斯之后，邦妮、克莱德找到亨利求助。在亨利的安排下，两个人住进了亨利父亲的一个地处偏僻的房子里。虽然这个时候，亨利感到有些后悔了，但是他明白自己已经杀了人，没有退路了。而一想到自己与克莱德和邦妮在一起是死路一条，亨利就哭着对自己说："我真希望这一切都是一场梦，我还是原来那个无忧无虑的男孩子。"看到自己的儿子流泪了，亨利的父亲突然想到了一个办法，那就是与FBI合作，然后救出自己的儿子。

当听到亨利的父亲找到FBI探员汤姆·布莱恩，想要帮助警察逮捕邦妮与克莱德，以此来为自己的儿子亨利减刑的时候，海默很高兴，他马上约见了亨利的父亲。

5月22日，伏击计划已经制定好了，而刚巧，前一天邦妮与克莱德、亨利一起到他们住所附近的塞利斯路买食物。当亨利走进超市的时候，一个FBI把带有警察标志的车子停在了邦妮与克莱德的车子旁边。因为怕被警察认出来，因此邦妮与克莱德看到警车的时候就马上开着车回到了他们居住的小屋，还安慰亨利的父亲亨利很快就会回来。就这样，FBI利用这件事致使亨利远离了抓捕邦妮与克莱德的现场。

亨利父亲的那所屋子很偏僻，通往小屋的道路很狭窄，并且周围都是茂密的树丛，因此很适合埋伏。亨利的父亲有一辆很破的车，邦妮与克莱德都见过，曾经他们还开过这辆车的玩笑——如果他们两人看到这辆车停在路边，一定会停下来看。因此，已经投降警方的亨利的父亲就把车停在了小路的一个坑里，而FBI

则在周围设置了埋伏。

5月23日，邦妮与克莱德天刚亮就离开了小屋，如果没有意外，他们会在早上九点钟通过一条偏僻的小路，而他们想不到的是，在这个被树丛遮蔽的小路上，已经设好了陷阱——FBI们从凌晨1点开始，就已经埋伏在这里了，而且欣顿也在其中。

在大约九点的时候，这条路上开过来一辆崭新的福特轿车。不一会儿，这辆车就放慢了速度，显然他们注意到了路边亨利父亲的车。这时候因为距离近了，欣顿也看清楚了，车里面的人就是克莱德与邦妮。开车的是克莱德，而邦妮穿着一身红色衣服，坐在克莱德的身边，即她坐在副驾驶座上。

"就是他们。"欣顿对埋伏在他旁边的海默说。这时候克莱德已经停下了车，他好奇地伸出头，看着那辆车。这时候欣顿听到海默说"开枪"，随后，枪响了，所有的枪几乎在一瞬间发出了声响，邦妮喊了一声，然后就只剩下枪响了。瞬间，那辆崭新的福特车所有的玻璃都碎了，而车身上则布满了弹孔。后来，欣顿在自己的书中写道："我的枪至少打出了20发子弹。当FBI们停止射击后，过了很久我们才走上前去。克莱德趴在方向盘上，身上全是鲜血；邦妮倒在克莱德旁边，虽然已经没有了呼吸，但她还是那么美丽。"

在那场伏击中，那辆崭新的福特车子一共中了167发子弹，其中50发打中了邦妮与克莱德，可想而知他们的惨状，邦妮的手指头都被打掉了。在邦妮与克莱德的车里，FBI找出了1个萨克斯、5支枪以及3000多发子弹。此外，还有大量的车牌。

消息不知怎样被传了出去，引得大批的记者与民众赶到了现场，以致现场马上就乱成一团。邦妮与克莱德的衣服都被人们割碎了，而且人们纷纷抢其中的一部分带回家作纪念，甚至就连车子上被打碎的玻璃都被人捡走了。

邦妮与克莱德的尸体被送到了殡仪馆。当时，围观的人很多（超过了两万人），最后有人居然在殡仪馆门前卖起食物与水来，以致工作人员不得不用一些特殊方法驱散人群。接下来，有很多人来为邦妮他们送花，还有很多报童凑钱给他们买了花圈。

5月25日，克莱德被葬在了达拉斯西区的墓地。下葬的时候，上千人来围观，现场乱成了一团。而邦妮的母亲没有原谅克莱德，她没有遵循邦妮的遗言，把他们葬在一起——5月27日，邦妮被葬到了达拉斯西区的猎鱼墓地。葬礼当天也是一样的混乱，连墓地的草坪都被人踩到露出了泥土。

出卖了邦妮与克莱德的亨利虽然没有收到德克萨斯州的控告，但是他却被俄克拉荷马州的FBI逮捕，并被判处了死刑。后来，由于他的表现较好，所以改判终身监禁。再后来，服役了12年之后出狱，但是出狱不久就出了意外——被火车撞死了（有人怀疑是克莱德家的人制造了这场意外）。这个案件一共有23个人因为帮助邦妮与克莱德而被指控，他们都受到了相应的惩罚。而弗兰克·海默则得到了很好的名声，在事后收到了很多贺信，在1955年终老于家乡。

这个案件影响甚广，以至于后来邦妮与克莱德的所有东西都成为了文物，而那辆被打了很多孔的福特轿车还曾经在展览中展出过。其实，这个案件中最让人们叹息的是邦妮与克莱德短暂的爱情。有人提出，邦妮其实从头到尾都没有杀过一个人，她只是想与克莱德在一起而已。

虽然邦妮与克莱德的爱情生活中没有浪漫与鲜花，有的只是无休止的逃亡，但是即使是这样，邦妮也心甘情愿地与克莱德在一起。而也正是他们上演的穷途末路中至死不渝的爱情故事，致使平淡生活中的人们对他们的故事念念不忘。